2024年度国家社科基金艺术学项目

"龙泉窑'非遗传承人'口述史料整理与研究"（24BH181）阶段性成果

宋韵

青瓷文化的传续

雷慧珍 —— 著

中国大百科全书出版社

图书在版编目（CIP）数据

宋韵青瓷文化的传续 / 雷慧珍著 . -- 北京：中国
大百科全书出版社，2025. 6. -- ISBN 978-7-5202-1943-
3

Ⅰ. K876.34

中国国家版本馆 CIP 数据核字第 2025ME8108 号

出 版 人　刘祚臣
策 划 人　程广媛
责任编辑　臧文文
责任校对　何　欢
封面设计　付　莉
版式设计　博越创想
责任印制　魏　婷
出版发行　中国大百科全书出版社
地　　址　北京市西城区阜成门北大街 17 号
邮　　编　100037
电　　话　010-88390703
网　　址　http://www.ecph.com.cn
印　　刷　北京九天鸿程印刷有限责任公司
开　　本　787 毫米 × 1092 毫米　1/16
印　　张　12.75
字　　数　234 千字
版　　次　2025 年 6 月第 1 版
印　　次　2025 年 6 月第 1 次印刷
书　　号　ISBN 978-7-5202-1943-3
定　　价　78.00 元

前　言

　　党的二十大强调，推进文化自信自强，铸就社会主义文化新辉煌，要健全现代文化产业体系和市场体系，实施重大文化产业项目带动战略。习近平总书记为浙江量身定制了"八八战略"，亲自擘画了加快建设"文化大省"的宏伟蓝图，"八八战略"的要义之一就是进一步发挥浙江的人文优势，打造好浙江历史文化的金名片，推进科教兴省、人才强省。在这样的背景下，浙江省推出"宋韵文化传世工程"。宋韵是什么呢？宋韵就是两宋在中国历史上的独特韵味，简单地说，就是指辉煌的两宋文明①。所谓宋韵文化，特指宋代文化中优秀的文明元素、内在精神和当代价值。宋代文化堪称中华文化发展史上的瑰宝，其独特的艺术内涵和风雅的精神气韵，充分展现了中华民族的审美观念和深厚的文化底蕴。龙泉青瓷作为浙江历史文化的金字招牌，是宋韵文化的代表性符号，理应不遗余力地发扬光大，使龙泉青瓷这一历史经典产业在新时代欣欣向荣，如花绽放。

　　浙江是中国青瓷的发祥地，商周时期就出现了原始青瓷，历经东汉至宋代发展，孕育出德清窑、越窑、婺窑、瓯窑、龙泉窑等众多青瓷窑系。在中国陶瓷史上，唐代即已形成"南青北白"格局，浙江青瓷占据中国瓷器的半壁江山。浙江青瓷中享有"青瓷瑰宝"美誉的龙泉青瓷，起源于三国两晋，历经北宋繁荣，至南宋达到巅峰，集青瓷文化之大成，与官窑相提并论，成为中国青瓷文化的翘楚。元明时期，龙泉窑亦在中国青瓷领域独树一帜。延续烧制年代长、产品质量优、生产规模大、外销范围广的特点，使得龙泉窑在中国乃至全球陶瓷史中都具有举足轻重的地位，深受国内外陶瓷业、艺术界及收藏界的青睐。自宋代起，龙泉青瓷在传承过程中形成了青釉配制、多次施釉、厚釉烧成、开片控制四大独特技艺，2009 年龙泉青瓷传统烧制技艺成功入选联合国教科文组织《人类非物质文化遗产代表作名录》，成为全球首个获此殊荣的陶瓷类非遗项目。因此，作为"宋韵文化"的标志性符号，龙泉青瓷实至名归。

---

① 陆少华：《宋风流韵》，杭州出版社，2022 年，第 3 页。

习近平总书记强调，龙泉青瓷是民族文化的瑰宝，一定要好好保护、传承和弘扬。在中国特色社会主义新时代的背景下，作为宋韵文化的典型符号、浙江省"宋韵文化传世工程"的重要研究内容之一，龙泉青瓷被赋予了更深层次的时代内涵，日益被人们所感知和释读，并逐步融入创意文化领域中，展现出崭新的发展前景。

龙泉青瓷有着深厚的历史底蕴，其独到的烧制技艺和千年的薪火相传在每一时代都创造了别具一格的视觉盛宴。中国瓷艺传承不绝，创新不断，其间蕴涵了丰富的技术经验和深厚的人文思想，彰显了中华民族博大精深的精神世界和审美情怀。当代青瓷艺人如何在历史的高度面前再出发，通过不断融合与创新，持续提高龙泉青瓷在国内外的声誉，推动其生产向更高层次发展，成为一项紧迫的任务。

学术领域提出了注重人本、倡导公正公平、实现社会与个体和谐共生、达成人与自然互利共赢的"新型现代性"观念，旨在推动经济的持续发展及社会的新型现代性转变①。在此背景下，文化产业发展战略日益受到关注。利用优秀民族文化资源推动经济发展，提升社会文明水平，实现人与自然和谐共处，追求人类自由与解放，已经成为我国经济可持续发展和社会向新型现代性转型的重要模式。当前，我国社会已步入大众文化时代，以优秀民族文化资源为基础开发当代文化产业，应秉持开放态度，借鉴前人艺术成就，遵循文化艺术产品的审美规律，致力于提升大众文化产品的精神愉悦性。因此，以创新为核心的传统文化资源的现代转型，是传统文化资本的结构转型，并形成新的身体化、物质化、制度化形态，促进青瓷产业的良性运行和可持续发展。从某种意义上说这不仅是传统文化资源现代转型的新模式，更是一种文化创造。除了向传统文化资源的回归外，还要实施传统文化资源的现代转型，即龙泉青瓷产业的现代性转换——将传统文化资源性产业转换成文化创意产业。

近年来，笔者专注于龙泉青瓷艺术和文化产业现状的调研，积累了大量资料。该书从宋韵青瓷文化艺术的现代传承视角，重新审视其社会政治、文化形态、审美取向、工艺美学、当代价值、现代转型以及当代文化产业开发等各个层面，期望对龙泉青瓷有更为深入的理解。

---

① 王洪伟：《传统文化隐喻——禹州神垕钧瓷文化产业现代性转型的社会学研究》，中州古籍出版社，2011年。

目　录

第一章　宋代青瓷的文化呈现

第二章　龙泉青瓷美学的宋代渊源

第三章　宋元时期龙泉青瓷的工艺美学

第四章　龙泉青瓷文化传续的时代价值

第五章　宋韵青瓷文化传续的实践

第一章
宋代青瓷的文化呈现

第一节　宋代青瓷艺术审美特征

一、宋代青瓷艺术审美情趣

中国原始瓷器最早以青瓷形式呈现，这足以证实青瓷历史之悠久。在中国传统陶瓷艺术里，青瓷釉极具代表性且应用广泛，即便在陶瓷业高度发达的宋代，它依然是最具代表性与最为出色的釉色之一。北宋统治者为满足自身审美情趣，将青瓷釉视为日常生活之必需。五代时期的后周皇帝柴荣对青瓷颜色的描述："雨过天青云破处，这般颜色做将来。"确切地说，这既是他个人的理想化奢望，也是对已有瓷质釉色的高度赞誉，其中明显流露出难以抑制的冲动情感。这种情感不但表现在对瓷器色彩变化的渴望中，更体现在当时人们对社会生活及审美情趣的追求上。其中美好的启示、引人入胜的描述以及冲动的情绪，激励着后续无数陶工为之努力和奋斗。

宋代青瓷所展现的纯粹与宁静之美，是中国传统美学中极具魅力的一部分，是宋代审美观念的一种体现，可以被视为宋代美学的一个缩影。中国古代陶瓷艺术的境界之所以能达到如此高度，正是由于宋代文人士大夫以一种独特的视角来观察和创造着这个世界。正如宋代的哲学家们在精神层面上聚焦于朱熹和"二程"的强大哲学思想，宋代的青瓷艺术为我们展现了宋代文化的深厚内涵和精神内核。宋代青瓷不仅是物质形态的产物，更是艺术家对当时社会生活、思想状况的真实写照，体现了宋代文人士大夫追求自然和谐、天人合一的审美观。从美学角度看，宋代青瓷展现给我们的不仅仅是传统意义上的宁静之美，更是一种富有诗意的空灵与意境之美，具有独特而强烈的艺术魅力。这种意境之美不仅体现在瓷器本身，更多表现为一种与之相应的艺术形象——"意"。宋瓷的艺术意象仿佛是云和雾在空间中深邃凝聚，其造型也似乎巧妙地融入了这种朦胧的美感，使得人的精神和艺术作品在这广阔的空间里得到了完美的融合。

《乐记》一书中有言："人生而静，天之性也。感于物而动，性之欲也。"① 这里所谓的"静"指的是一种境界，关键在于纯粹的静谧，纯静便自然安静。唐代司空图在其著作《二十四诗品》中写道："空潭泻春，古镜照神。"② 这里的幽潭与古镜象征着沉静内省的心灵，而春意神情则代表着艺术创作中的瞬间飞跃。这句话似乎是青瓷纯静的审美形象的真实体现：盎然的春色倾泻于幽深清澈的池塘之上，风采流动的神情映照在古雅熠亮的明镜中。青瓷的纯静之美，既是对人性理想的追求，也是对器物修养的培养。前者可能带有某种道佛哲学的内涵，后者则多表现出人文色彩，是一种精神上的愉悦和心灵的平静。它融合了道家文化的韵味，强调对宇宙万物的认识，同时也表现出人文情怀的抒发和生命体验的感受。

宋代青瓷艺术的美学追求与当时社会文化背景紧密相连。文人士大夫阶层的兴起，使得青瓷不仅仅是日常生活用品，更成为文人雅士精神生活的一部分。他们通过青瓷的收藏与鉴赏，表达了对美好生活的向往和对自然和谐的追求。青瓷的釉色、造型和装饰，无不体现出宋代文人对美的独特理解和深刻感悟。

宋代青瓷的美学价值还体现在其对后世的影响上。它不仅在技术层面上达到了前所未有的高度，更在艺术领域上树立了标杆。宋代青瓷的釉色，如龙泉窑的粉青、梅子青等，以其温润如玉的质感和淡雅的色彩，成为后世竞相模仿和追求的对象。这些青瓷作品，不仅是宋代工艺美术的杰出代表，也是中国陶瓷艺术宝库中的瑰宝。

青瓷独特的非天然釉色和色泽，仿佛自然界的神来之笔，超越了人工制造的界限。这种近乎超自然的美学特质，赋予了青瓷一种独特的审美距离感，引领观者步入一个超脱于物质世界之外的、纯粹的审美领域。在这个领域中，人们得以释放内心的疲惫与压抑，舒缓对世俗的不满情绪，获得心灵的宁静，进而实现个人的精神追求和生活理想。青瓷并非仅仅是一种装饰艺术，它更深刻地反映了中国古代文人对于"器"的理解和追求。这种追求融合了儒家的思想，强调了青瓷与日常生活的紧密联系，体现了从实用功能向审美文化的转变。青瓷的釉质和色泽虽然与自然环境有所区别，但

---

① 《十三经》，中州古籍出版社，1992 年，第 131 页。
② 杜黎均：《二十四诗品译注评析》，北京出版社，1988 年，第 94 页。

其实用性与日常生活的紧密联系，使得它在满足人们物质需求的同时，也满足了精神层面的需求，实现了理想与现实之间的沟通。

在中国古代，青瓷的发展受到了儒家、佛教和道教思想的深刻影响。在这样的文化背景下，人们的审美观念是基于现实生活的，强调内在情感与创造之间的交流，追求在使用过程中体验美的价值，以此丰富个人的修为。青瓷的纯净釉质和实用器形，共同构成了一种对人性进行修养的手段，体现了文化与日常生活的密切关联。

宋代文人画家将审美态度提升到了新的高度，他们将"道"与"器"结合起来，赋予瓷器更多人文内涵，以达到超越物态之外的精神层面上的审美境界。对青瓷的审美诠释代表了两种审美观点：一种是追求精神解脱的审美，另一种是追求生活和谐的审美。这两种观点揭示了士大夫思维的两个极端，展现了宋代文化中对青瓷美学价值的深刻理解和多元追求。青瓷因此成为连接自然、艺术与哲学的桥梁，是宋代文化精神的物化表现，也是中国传统美学中不可或缺的一部分。

二、宋代青瓷美学中的人文内涵

在中国古代，青色不仅仅是一种单纯的颜色，而且承载着深厚的文化意义和审美价值。《说文》："青，东方色也。木生火，从生、丹。"青色之所以受到钟爱，源于汉民族的传统色彩观和对大自然的热爱。汉民族的色彩观念深受古代哲学中五行五色观的影响，这一观念将宇宙间的自然元素与色彩紧密相连。白色、青色、黑色、赤色和黄色各自代表着金、木、水、火、土这五行的属性，除此之外，它们还与西、东、北、南、中这五个方位相对应。青色，作为木的象征，代表着生机勃勃的自然力量和万物生长的开始，因而在东方文化中占据着至关重要的地位。在古代，青色不仅是一种颜色，更是一种吉祥和美好的象征，人们相信它能带来好运并驱除邪恶。

古人对青色的推崇，也与大自然中的色彩息息相关。"科学研究表明，人眼在明亮处对波长为 555 纳米的绿色光最敏感，在黑暗处则对波长为 507 纳米的青色光最敏感。而历代青瓷的分光反射率峰值恰好波动在 450 ～ 600 纳米的波长范围之间。由此可知，人们对青瓷的尚好，实际上反映了视觉器官的生理本质需求，也体现了人类对美丽大自然的依恋之情。"[①] 碧绿的湖水、青翠的山坡，郁郁葱葱的山林和湛蓝的天空，给古人留下了舒畅的视觉记忆，这是无法用语言表述的色彩的旋律，同时古人又赋予青绿

---

① 杨寒桥，马骋：《龙泉窑》，上海大学出版社，2022 年，第 90 页。

色更多的文化内涵。古人将这种对自然色彩的欣赏，转化为对青瓷釉色的追求，使得青瓷成为一种文化符号，承载着对自然和谐之美的向往。

青色在中国文化中的地位，不仅因为其在自然界中的普遍存在，更因为它与儒家思想中的君子品德相契合。"君子比德于玉"，孔子将玉的温润、坚贞等特质比作君子的德行，这种比喻深入人心，使得青色在中国文化中具有特殊的象征意义。青瓷以其独特的釉色和质感，成为这种文化象征的载体。南宋时期，龙泉窑的青瓷以其碧玉般的釉色著称，这种釉色不仅体现了使用者的高尚品德，更蕴含了深刻的哲学思想和美学理念。粉青釉和梅子青釉的色泽，表面看似简单，实则蕴含着丰富的审美内涵，它们展现了"技艺载道"的工艺理念，是宋代陶瓷艺术的杰出代表。

宋代文人士大夫的审美情趣，成就了宋代青瓷的品格。审美趣味是时代的产物。随着社会的变迁，宋代社会逐渐转向温和的立场，精神文化转向内向，士大夫的审美趣味逐渐转向内心的审美体验和自我完善。宋人的兴趣从沙场建功转到精神文化的创造上，人文活动占据了士大夫大部分日常生活，作画赏瓷、听琴玩玉、焚香品茗、玩碑弄帖、谈禅论道，宋诗中也难再看到唐人"功名只向马上取，真是英雄一丈夫"的豪壮气概。这种转变反映在他们对青瓷的欣赏上，青瓷成为他们精神生活的一部分，成为他们追求内心和谐与自然美的象征。

在这种文化背景下，青瓷以其碧玉般的质地和青翠的色泽，满足了中国人"崇玉"和"崇青"的心理需求，因而深受宋代文人雅士的喜爱。他们追求的内敛、婉约、典雅含蓄的审美情趣，与青瓷的美学特征相得益彰。

青瓷作为一种文化载体，不仅反映了古人对美的追求，也展现了他们对自然和谐与文化传承的深刻理解。通过对青瓷的欣赏和研究，我们可以更深入地理解中国古代的文化和审美观念，以及它们在当代的传承和发展。

第二节　青瓷历史概览

一、历代青瓷名窑

中国的青瓷烧制技艺源远流长，遍及全国各地，且延续不断，各时期都有其独特的艺术风格。东汉时结束了对原始瓷器的制作，这一转变标志着瓷器质量的巨大飞跃。

从东汉至北宋的早期，华夏土地上瓷窑遍布，以青釉瓷器最为盛行，它是中国陶瓷史上一个重要的时期。早在唐代，就已经形成了"南青北白"的格局，南方主要烧制青瓷，而北方则主要烧制白瓷，逐渐发展出了八大窑系。这些窑系中烧制青瓷的有南方的越窑、龙泉窑、瓯窑、婺窑、德清窑、景德镇窑，以及北方的汝窑、耀州窑，还有专为皇宫制作瓷器的官窑，每个窑场都有其特色和影响力。在这些窑场中，龙泉窑尤为著名，它不仅在中国陶瓷史上占据着举足轻重的地位，而且也成为世界上最重要的青瓷产区之一。

本节将从烧制地点、时间、风格特色、产品种类和文献记录等多个角度，对这些青瓷窑场进行详细的叙述。这些窑场不仅展示了中国青瓷的多样性和丰富性，也反映了中国陶瓷艺术的深厚底蕴和独特魅力。通过这些窑场的介绍，我们可以更深入地了解中国青瓷的发展历程，以及它们在不同历史时期所展现出的艺术风格和技术成就。

（一）越窑略览

越窑青瓷历史悠久、名扬四海、影响深远。越窑之名最早见于唐代陆羽的《茶经》，书中提到："碗，越州上，鼎州次，婺州次，岳州次，寿州洪州次。"[①]越窑在所有瓷窑之中对龙泉窑影响最为深远。越窑被誉为我国青瓷艺术的鼻祖，从其诞生之初的原始瓷器烧制到最后的停烧，整个过程持续了超过两千年的时间。三国两晋时期，越窑的窑址遍布今浙江省的绍兴、上虞、余姚、宁波、萧山、余杭、湖州等多个地区，其分布范围非常广泛，成为江南瓷业的主导青瓷窑系。唐代中期以后，随着制瓷技术的成熟和经济文化的繁荣，越窑烧制的产品不仅满足当时国内市场的需求，而且远销海外。从唐代晚期到北宋时期，越窑制造的"秘色瓷器"成为贡瓷，其制作技术达到了巅峰。在北宋之前，越窑因其青瓷技艺的领先地位，为我国南北各地瓷窑的创烧和发展提供了巨大的启示和动力。龙泉窑自三国两晋时代起，就深受越窑的影响，无论是在

图 1.1 五代 越窑青瓷鸳鸯注子（上虞博物馆藏）

① （唐）陆羽撰，沈冬梅校注：《茶经校注》，中华书局，2021年，第41页。

制瓷技术、形制、釉色还是装饰风格上，都有着越窑留下的明显痕迹。

到了五代和北宋的早期，越窑达到了它的巅峰但也开始衰退，尽管越窑的产品质量有所下滑，但它仍然肩负着向赵宋王朝进贡的重任，其贡献的瓷器质量仍然超过了龙泉青瓷。众多的考古证据和实物研究都表明，在那个时期，越窑和龙泉窑的设计、烧制技术、窑具和胎釉与六朝和唐代相比，显得更为相似和结合。在《浙江省龙泉青瓷窑址调查发掘的主要收获》一文中，朱伯谦和王士伦先生对五代时期的龙泉窑进行了全方位梳理，并明确指出："从出土文物表明，五代龙泉窑是继越窑而发展起来的，并且接受了瓯窑的传统。受越窑影响的五代龙泉窑址，共发现十余处……制作工细，胎骨均匀，底部光洁，高圈足很规则，器身上都有用刀和篦状器刻划成的各种图案花纹，线条粗放，构图简洁，常见的题材有微波激荡、童子戏花、秋菊艳放、花卉缠枝等。"[1] 龙泉窑的创烧时间晚于越窑，但它与其他瓷窑之间有着紧密的相互影响和推动关系。在互相学习和借鉴的过程中，龙泉窑吸收了越窑瓷艺的大部分精华，青出于蓝而胜于蓝，承前启后，扬长避短，从而形成了自己独特的风格。

越窑青瓷有着温润如玉的釉质，青翠莹润，光彩照人，类玉似冰，装饰精美，胎骨较薄，施釉均匀，给人一种宁静的感觉，备受人们的赞赏和青睐。唐代诗人陆龟蒙赞之："九秋风露越窑开，夺得千峰翠色来。"

（二）瓯窑略览

瓯窑位于浙江省温州地区的瓯江两侧，因此得名瓯窑。瓯窑以其独特的窑址分布、精湛的烧制技艺和丰富的文化内涵成为中国南方著名青瓷产区。瓯窑起源于东汉时期，人们制作了淡青釉瓷器，发展至唐代，窑址遍布温州、永嘉、瑞安、苍南和瓯海等地。到了五代和宋元时期，青瓷的制作仍在继续，但宋代以后主要生产青白瓷。《景德镇陶录》中提到："瓯，越也，昔属闽地，今为浙之温州府，自晋已陶，其瓷青，当时著尚。"[2] 瓯窑不仅是一个拥有深厚历史背景和独特风格的青瓷窑系，而且在浙江地区，其制瓷业务仅次于越窑，是浙江的主要瓷窑之一。

瓯窑瓷胎的颜色偏向白色，并在白色中带有些许灰色，釉的颜色是淡青、青绿或青黄，且其玻化程度相当高，釉面呈现出相对透明的特点。在早期，釉的颜色呈现为淡青或青黄，具有很高的透明度，当其开片时釉面会出现冰裂，有碗、盘和杯等器形。晚期的瓯窑青白瓷胎质细腻温润，釉色青中泛黄，其胎釉的结合非常紧密。在这个时

---

① 朱伯谦、王士伦：《浙江省龙泉青瓷窑址调查发掘的主要收获》，《文物》1963 年第 1 期，第 27 页。
② （清）蓝浦、郑廷桂著，余柱青编著：《景德镇陶录》，黄山书社，2016 年，第 160 页。

代，龙泉窑作品呈现一种温润柔和而又清新典雅的美感，与瓯窑的产品非常相似，显然是受到瓯窑的重大影响。龙泉青瓷博物馆珍藏的北宋褐斑瓜腹执壶，其设计特点是壶的腹部有对称的大块蛋形褐斑，这与温州博物馆藏唐瓯窑褐彩双系罐的褐彩色彩和形态非常相似，证明了它们之间的传承关系。

（三）德清窑略览

　　德清窑位于浙江省德清县，是一个以德清县为中心，沿着东苕溪两侧分布的瓷窑。据文献记载和考古发现，德清窑的历史可以追溯到商周时期，经过汉、六朝直到唐宋时期才停止烧制，它的影响深远，是我国另一个具有独特体系和悠久历史的瓷窑。德清窑主要生产青瓷，但因黑瓷而广受赞誉。其青瓷胎质致密细腻，白中泛青；黑瓷胎中铁和钛的含量相对较高，通常展现为砖红、紫色或是浅褐色的外观。德清窑青瓷釉色通常展现为不同深浅的灰色或紫红色，这些釉色都相对较深，并带有良好的光泽。德清窑装饰风格相对简洁，青瓷通常仅进行少量的褐彩点缀，而黑瓷则仅在器物的口沿或肩部和腹部画上几条弦纹作为点缀。

　　从商代至战国，德清窑在超过1000年的时间里，持续不断地生产原始青瓷，其产品不仅数量多、质量好，而且风格独特。生产出的原始青瓷造型庄重，既有青铜器的强劲有力，也有泥土的细腻和温和。这些器物在外观上追求简约，釉面明亮自然，釉色流畅，整体造型更接近于礼器。德清窑的原始青瓷在瓷器历史发展中具有里程碑式的意义。

图 1.2　西周 德清窑镂孔长颈瓶（德清县博物馆藏）

（四）婺窑略览

婺窑，也称婺州窑，与龙泉地区毗邻，位于今浙江金华与衢州地区，在唐代同属婺州，婺州窑由此得名。该窑以青瓷为主要产品，同时烧制黑、褐、花釉、乳浊釉及彩绘瓷。婺窑因盛产茶碗声名远扬，唐人陆羽所著《茶经》中，将其青瓷茶碗列为第三，足见当时婺窑茶碗品质之优，备受认可。婺窑是继越窑之后，又一批专注于制作青瓷器的新兴窑系，在唐代串烧乳浊釉，与当时的越窑、鼎州窑等同属六大青瓷产地之一，颇有名气。

婺窑的起源可以追溯到汉代，在唐宋时期达到鼎盛，在元代结束。它是中国古代陶瓷史上最重要的瓷业中心之一，继承了越窑、瓯窑的传统制瓷工艺，并形成了独特的装饰技法。婺窑青瓷以实用性和审美性为特点，凭借其简朴而淡雅的设计风格赢得了独特的声誉。青瓷器在种类和形态上与瓯窑和越窑有许多相似之处，造型主要以动物和植物为基础。基于实用性，通过观察和想象，它们被塑造成了形态各异、栩栩如生的动物形象，为青瓷器注入了生命的活力和张力。婺窑青瓷装饰手法多样，其中以堆塑为最多，展现了其独有的艺术魅力。经过不断发展，该地区的艺人形成了自己独有的风格和高超的技艺，婺窑青瓷不仅展示了他们在特定历史背景下的精神内核，还以沉稳、坚实、稳定和柔美的方式呈现给世人。婺窑青瓷所展现给大众的不只是古代人们对物品的模仿和提炼，更深层次地反映了他们对生活的深厚情感和热情。

婺窑的产品造型丰富，主要有碗、钵、盏托、盘口壶、罐、水盂、唾壶、虎子、鸡头壶，以及猪圈、鸡笼、谷仓、水井等明器。龙泉窑瓷器的形制、工艺、釉色和纹饰均与婺窑产品有相似之处，是受到当时婺窑影响的有力例证。

（五）龙泉窑略览

龙泉窑位于浙江省西南部的龙泉市境内，这里山岭连绵，林木茂盛，雨量充沛，瓷土矿藏资源丰富，制瓷所需的原料和燃料充足优良。龙泉境内窑场数量有 260 多处，分布在市的南区以及东区的沿溪地区。这里是瓯江的发源地，丰富的水资源保证了青瓷业用水的供应。龙泉窑依托得天独厚的自然条件，利用当地丰富的自然矿产资源，烧制出了闻名世界的龙泉青瓷。

龙泉窑以烧制青瓷而闻名，龙泉青瓷以晶莹润泽的釉色、端庄典雅的造型著称于世。龙泉窑创烧于三国两晋，至南宋时进入鼎盛，结束于清代，是中国制瓷历史较长、影响较深远的一个瓷窑体系。三国两晋南北朝时期，龙泉窑吸取越窑、婺窑和瓯窑的制瓷经验，开始烧制青瓷器。五代末至北宋，龙泉制瓷业受瓯窑、婺窑影响而不断发

展。宋代龙泉青瓷是青瓷技艺的历史高峰，青瓷釉色和质地之美，巧夺天工。根据
《中国青瓷史略》的记载，从北宋开始，越窑已衰微，龙泉随之崛起，龙泉窑逐渐取代
越窑成为"江南第一名窑"。北宋末年庄绰《鸡肋编》说："处州龙泉县……又出青瓷
器，谓之'秘色'，钱氏所贡，盖取于此。"[①]可见，这时龙泉窑已完全取代越窑。明代
的赵彦卫在其著作《云麓漫钞》中提到，龙泉地区的瓷器呈粉青色，与越窑的艾色有
所区别。从五代到北宋，龙泉的瓷业逐渐发展。龙泉金村窑址最下层为北宋早期，出
土的瓷器胎质轻薄且坚硬、细腻，表面的釉色为淡青，主要生产民用的瓷器，同时也
有少量高级贡瓷。由此显示，北宋的龙泉窑已经形成初步规模，为南宋时期的窑业大
规模发展奠定了良好的基础。

　　到南宋，龙泉窑得到空前的发展，龙泉青瓷进入鼎盛时期，瓷窑遍布境内南区和
东区沿溪一带，几乎有村落处皆有窑场，产品质量有了突破性的提高，同时也为宫廷
烧制专用瓷。此时的龙泉青瓷器形
丰富多样，釉色纯正，釉层丰厚。
南宋晚期，随着经济重心向南迁移，
加上北方的定窑和汝窑遭受了战争
带来的损害，同时越窑、瓯窑和婺
窑也都经历了连续的衰退，龙泉青
瓷得到了更多的发展机遇。粉青釉
和梅子青釉被成功创烧，青瓷釉的
美感达到了巅峰。这时期最重大的
突破是将厚胎薄釉改为薄胎厚釉，
为青瓷开辟了发展的新局面，器形
转向精致端巧、简练大方，讲究各
部分的比例、结构和线条的变化，
向小而精的方向发展。随着瓷业的
蓬勃发展、制瓷工艺的不断提高，
龙泉窑青瓷畅销国内外，包括亚洲、
非洲、欧洲等，影响深远。

　　元代龙泉青瓷的生产规模持续

图 1.3　南宋 龙泉窑凤尾瓶（龙泉青瓷博物馆藏）

①（宋）庄绰:《鸡肋编》影印本，上海书店出版社，1990 年，第 4 页。

扩张，窑炉的技术得到提升，瓷器的种类变得更加丰富，而且其装饰也更为精致。在这个阶段，青瓷制品的胎骨开始变得更厚更重，釉层逐渐变薄，釉的颜色从青色逐渐转为黄色。尽管龙泉青瓷在这个时期取得了一些进展，但它已经开始走下坡路。在装饰手法上，使用划、印、刻、贴、堆等多种技巧；在造型上则吸取了一些外来艺术的精华。印花和贴花是龙泉窑青瓷的创新之举，并逐渐成为主导的装饰手法。

明代早期，龙泉的青瓷仍在生产中。然而，由于明代晚期实施的海上禁令，青瓷的外销数量大幅下降，特别是在大窑村和溪口村地区，瓷窑的数量大幅减少，其造型和烧制工艺也不如以往那么精致。

到了清代初期，窑场已所剩无几。随着景德镇瓷业的发展和崛起，清代中期开始，龙泉只剩下南窖、瀑云埠头村、青溪孙坑村等地的 70 多个窑场。尽管之后进行了烧造活动，但其数量已逐渐减少。

1957 年开始，龙泉窑大规模恢复生产，经过 60 余年的发展，龙泉青瓷重振雄风、再度辉煌。现今的龙泉青瓷在继承传统的基础上，更有新的突破，步入了一个全新的繁荣期。2009 年 9 月 30 日，龙泉青瓷传统烧制技艺入选联合国教科文组织《人类非物质文化遗产代表作名录》。

（六）汝窑略览

汝窑是宋代五大名窑之一，因其窑址位于汝州境内而得名。据考古考证，有临汝窑、宝丰窑、鲁山窑等多个窑场。南宋顾文荐《负暄杂录·窑器》记载："本朝以定州白磁器有芒，不堪用，遂命汝州造青窑器，故河北唐、邓、耀州悉有之，汝窑为魁。江南则处州龙泉县窑，质颇粗厚。宣政间，京师自置烧造，名曰官窑。"[①] 这里的"汝窑为魁"，是指北宋汝官窑排在首位，即汝瓷位居宋代"汝、官、哥、钧、定"五大名窑之首。因此也可以推断汝窑创烧的时间，即在定窑贡瓷之后。宋代陆游《老学庵笔记》记载宫中"唯用汝器"，除了说明汝官窑是专为宫中烧制御用瓷之外，还从侧面表明了汝窑在北宋后期并未停烧。

明代张谦德、袁宏道在《瓶花谱·瓶史》中描述，"汝瓷造型古朴大方，以名贵玛瑙为釉，色泽独特，有'玛瑙为釉古相传'的赞誉。随光变幻，观其釉色，犹如'雨过天晴云破处'、'千峰碧波翠色来'之美妙，土质细润，坯体如胴体，其釉厚而声如磬，明亮而不刺目。器表呈蝉翼纹细小开片，有'梨皮、蟹爪、芝麻花'之特点，被

---

① （宋）顾文荐：《负暄杂录·窑器》，收入《笔记小说大观》二十五编，台北新兴书局，1981 年，影印本，第 330 页上栏。

世人称为'似玉、非玉、而胜玉'"①。宋、元、明、清以来，宫廷汝瓷用器，内库所藏，视若珍宝，可与商彝周鼎比贵。从流传下来的各种器物来看，它们的设计大多模仿了古代青铜器的样式，主要包括洗、尊、炉、盘等。以单件器居多。大部分的汝窑瓷胎呈现出香灰的色调，釉层之下隐隐透着一抹淡淡的粉色。汝官窑的釉色在诸多文献中均有涉及，然而说法各异，莫衷一是。从台北"故宫博物院"所藏的数件汝窑珍品来看，其釉色主要呈现为天青色，釉面大都温润柔和，质感细腻。此类器物采用满釉支烧工艺，底部可见细小如芝麻般的钉痕，这种支烧方式在官窑、哥窑、钧窑的烧制过程中也较为常见。在汝州地区，各窑口还生产民用青釉瓷，习称临汝窑。此时，印花、刻花产品崭露头角，呈现出类耀州窑的独特风格。这一时期的产品以盘、碗造型居多，常选用萱草、莲花等精美图案进行印花装饰，别具一番古朴典雅的韵味。

图 1.4　北宋 汝窑青瓷水仙盘（大阪市立东洋陶瓷美术馆藏）

中华人民共和国成立后，周恩来总理作出有关发掘祖国文化遗产、恢复汝窑生产的重要指示。此后，历经上百次的反复实验与深入研究，终于在 1958 年成功烧制出首批豆绿釉工艺品。至 1983 年 8 月，汝窑天蓝釉经专家严格鉴定，各项指标均已达到甚至超越宋代汝窑的工艺水平，实现了汝窑烧制技艺的重大突破与传承发展。

（七）耀州窑略览

耀州窑位于今陕西省铜川市的黄堡镇，其于宋代隶属耀州之地，故而得名，最初名为黄堡窑。耀州窑窑址分布广泛，包含陈炉镇、立地镇、上店镇以及玉华宫等地，宋代时，这里作为北方民间青瓷的关键产区之一，在青瓷发展历程中占据重要地位。

① （明）张谦德、袁宏道著，张文浩、孙华娟编著：《瓶花谱·瓶史》，中华书局，2012 年，第 9 页。

　　耀州窑的历史可以追溯到唐代。此地窑口烧制的品种丰富多样，涵盖了黑釉、白釉、青釉、茶叶末釉等单色釉瓷器，以及白釉绿彩、褐彩、黑彩装饰的瓷器，甚至还有三彩陶器等，这些不同釉色和装饰的器物，各具特色与魅力，反映出当时制瓷工艺的多元化与创新性。宋、金以青瓷为主，以釉色青翠透明而著称于世。北宋是耀州窑的鼎盛时期，据记载且为朝廷烧造"贡瓷"。金代，耀州窑承北宋余绪，持续前行。然而，岁月变迁，元代的耀州窑面临转型之困，渐显式微。此后历经明、清两代，虽窑火未绝，但也不复往昔盛景，艰难维系。直至民国时期，耀州窑的烧制传统几近断绝。

　　据考古发掘，唐代耀州窑青瓷产品有杯、盏、托、灯、枕等各类生活用具，胎色稍松呈青灰或灰白，釉质一般失透，有乳浊感，青中泛白、黄、灰[①]。宋代耀州窑青瓷胎体坚薄，胎色或呈灰褐之态，或现灰紫之色，皆质朴自然；釉质温润细腻，仿若凝脂，莹润中透着清澈透明之感；那釉色恰似橄榄般青绿葱郁，生机盎然，而在釉薄之处，则晕染出一抹淡淡的姜黄色。

　　耀州窑发展至宋代晚期，青瓷成为主打品类。其胎体轻薄却质地坚实，釉面光滑洁净、均匀平静，那青幽的色泽散发着独特韵味，呈现出半透明的质感，尽显淡雅之美。在装饰方面，刻花与印花工艺运用娴熟，纹饰结构严谨且布局丰满，线条更是自由而流畅，灵动地穿梭于器物之上。其纹饰往往布满器物内外，种类繁多，牡丹的雍容、菊花的高洁、莲花的清幽、鱼的灵动、鸭的憨态、龙凤的祥瑞等皆有呈现，整体风格粗放健美，又不失生动自然，仿佛将世间万物的生机与美好都镌刻其中。器形丰富多样，碗、盘、瓶、罐、壶、香炉、香熏、盏托、注子、温碗、钵等应有尽有，每一款器形都承载着那个时代的审美与实用需求，彰显出耀州窑高超的制瓷技艺与独特的艺术魅力。金、元时耀州窑胎质

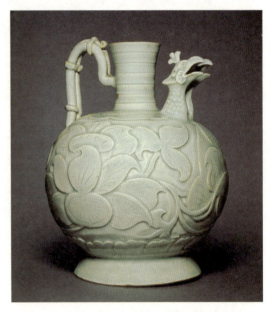

图 1.5　宋代 耀州窑刻花牡丹纹凤凰口水注
（法国吉美亚洲艺术博物馆藏）

[①]　陕西省考古研究所：《唐代黄堡窑址》，文物出版社，1992 年，第 71–72 页。

稍粗，胎色呈浅灰或灰色，釉面多数为姜黄，釉层稀薄而不润。

纵观耀州窑的装饰手法，以刻花和印花为主，刻花尤为精美，刀法犀利流畅，刚劲有力，立体感较强。在纹饰上，五代以前古朴大方；宋时丰富多样，且技艺精湛，出类拔萃；金元时日趋简单。而所选用的纹样有动物、人物、花卉和图案等。

耀州窑独特的烧制技术对全国各地的窑场产生了深远影响，发明了最早使用煤炭作燃料的烧瓷窑炉，解决了北方地区"一里窑，十里焦"、因缺少木材燃料而使窑场发展受限的问题[①]。耀州窑精湛的制瓷技艺不仅传播到了河南的临汝、宝丰、禹县、内乡等诸多窑口，还远播至广西的永福窑以及广东的西村窑等地。因此，以黄堡镇窑为核心，逐渐汇聚起众多窑口，形成了一个规模庞大、影响深远的耀州窑系。

（八）杭州南宋官窑略览

南宋在临安（今杭州）建都期间，设立了修内司窑和郊坛下官窑，专门生产供宫廷使用的御品，故称南宋官窑，简称"官窑"。这两个官窑所产瓷器，承载着宫廷的审美意趣与极致要求，是南宋宫廷文化与精湛制瓷工艺相结合的典范之作。广义上讲，"官窑"是由历代朝廷自办或督办的御用贡瓷瓷窑；狭义上讲，"官窑"是南宋朝廷对自办瓷窑的专有称呼。[②] 明代初期，曹昭在其著作《格古要论》中描述了官窑瓷器的特点："官窑内司烧者。土脉细润，色青，带粉红，浓淡不一，有蟹爪纹，紫口铁足。"[③] 明人高濂在《遵生八笺》中对南宋官窑的特征作了更为细致的阐释，称其特色是"色取粉青为上，淡白次之，油灰色之下也；纹取冰裂鳝血为上，梅花片墨纹次之，细碎纹之下也"。[④] 南宋官窑的胎体是灰黑色或灰褐色，因此有"紫口铁足"的说法；在装饰上，存在纹片，因此被赞誉为金丝铁线；釉料乳浊，呈现出青玉色，并在氧化焰的作用下展现出蜜蜡般的黄色。这些都与当时的制瓷技术有关，是宋代瓷器生产水平较高的重要表现之一。

图 1.6　南宋 官窑梅瓶
（南宋官窑博物馆藏）

① 吴越滨：《青瓷艺术史》，江苏凤凰美术出版社，2021 年，第 220 页。
② 吴越滨：《青瓷艺术史》，江苏凤凰美术出版社，2021 年，第 211 页。
③ （明）曹昭：《格古要论》，中华书局，2020 年，第 116 页。
④ （明）高濂著，谦德书院译：《遵生八笺 文白对照》，团结出版社，2021 年，第 986 页。

1956 年，乌龟山窑（即郊坛下官窑）被正式发掘。这里产出的瓷器，胎质呈现为黑灰或者灰褐色，其特点是薄胎厚釉，釉色有粉青、蜜蜡黄等多种颜色，这些独特的胎釉特征体现了南宋官窑瓷器的典型风格。常见的器物类型包括贯耳方壶、大小洗、双鱼洗、胆瓶、六方瓶、雀食罐以及各种盘、碗、碟等。

1996 年 9 月，杭州市文物考古所在凤凰山脚下的老虎洞窑址进行考古发掘，意外发现了一个宋元时期的窑址。其南宋层所出土的瓷片，在胎色、器形以及釉色等方面，都与北宋官窑存在相似之处。而后，国内古陶瓷界的诸多专家针对这一情况进行严谨论证，已经能够确定凤凰山老虎洞窑址留存下来的南宋时期遗迹，正是历史上赫赫有名的修内司窑。修内司窑凭借其精湛的制作技艺，成功地将流畅而简洁的造型与精光内蕴的釉色完美地融合在一起，这不仅代表了宋代制瓷技术的最高水平，也体现了南宋时代科技文明的高度发展。

（九）景德镇窑略览

景德镇窑堪称我国最为重要的窑场之一，但关于它的制瓷起始时间，目前还没有明确的结论。据《景德镇陶录》记载，唐代初期景德镇的制瓷业已初显风貌，彼时，"陶窑"与"霍窑"脱颖而出，所产瓷器品质超凡，胎质细腻、釉色匀润，尽显巧夺天工之妙。但是，现代考古专家则认为，景德镇在五代时期的制瓷工艺还比不上当时的越窑、定窑。北宋时，景德镇已经制作出了非常精致的青白瓷，境内分布着众多生产青白瓷的窑场，其中湖田、湘湖、南市街、胜梅亭、柳家湾以及黄泥头等地窑场的分布最为集中，形成了颇具规模的产业聚集态势。青白瓷，也被称为影青、映青、隐青，是一种釉色介于青白两色之间的瓷器，呈现出青中泛白、白中透青的特点。其最佳的色泽表现为淡青色，在釉薄的部分会呈现白色，而在积釉的部分则是水绿色，部分器物的釉料呈现出轻微的黄色。景德镇窑烧制的瓷器种类丰富，涵盖了碗、盘等常见日用器皿，以及瓶、壶、盏托、注壶、枕、油盒等。

南宋中期之后，由于受到定窑覆烧技术的影响，景德镇窑所产盘、碗的口沿部位出现"芒口"现象。这一时期的瓷器胎质相较于之前略显粗糙，釉色大体可归为两类：一类呈现偏白的色泽，给人素雅洁净之感；另一类偏向青色，清新雅致。在设计风格层面，南宋早期的碗类器皿留存着诸多北宋遗风，如斗笠碗，线条简洁明快，承载着质朴简约之风；平底碟，底部平整，实用性与简约美兼具；弧壁浅盘，规整的弧壁搭配浅平的盘身，尽显大方。这些器具发展至南宋中晚期，风格出现明显转变，大都演变成撇口弧壁型。装饰手法主要运用雕刻花纹和印花这两种技艺。当釉料流淌积聚后，积釉之处青色会变得愈发深沉浓郁，与周边较浅的青色相互映衬，形成独特视觉效果，为瓷器提高了美观度与艺术感染力。

二、青瓷技艺

青瓷烧制是一项系统工程，基本工序有四道，即练泥、制坯、施釉、烧窑，其中施釉、烧窑两道工序最为紧要，技术含量最高，故此特作专门论述。

（一）施釉技艺

釉色乃青瓷之灵魂，是青瓷烧制中的关键技艺，中国瓷器的发展历史，也正是从制釉开始的。

青瓷作为最早被发现的陶瓷品类之一，与制釉原料紧密关联。自然界中天然存在的制釉矿物中，铁元素含量是不同的，在瓷器的烧制过程中，这些铁元素会被还原为二价铁，从而赋予陶瓷釉面以各种青绿色彩，因此，青釉的色泽在于其釉料中所含铁量的多少及其对瓷器性能的影响。但青釉最终呈现的色泽与品质，并非仅由制釉原料里的铁质含量决定。上釉工艺起着关键作用，如浸釉、淋釉、喷釉等，会使釉层分布有差异，影响呈色效果；釉料配制更是核心环节，精准的配方才能烧出理想青釉；烧制工艺同样关键，温度的高低、升温与降温速率、烧制时长以及窑内气氛的氧化或还原状态，都会在青釉上留下独特"印记"；瓷胎配方也参与其中，瓷胎的质地、孔隙率等特性与青釉相互作用，协同塑造出青釉在色泽、质感、光泽度等多方面的表现。这些因素相互交织，才成就了青釉的多样面貌。在不同的历史阶段和地域，影响青釉颜色的工艺参数皆有所差异，这是我国制瓷历史上出现众多青瓷品种的根本原因。接下来，通过几个影响青釉工艺的关键参数，来深入探讨我国青瓷制造的历史进程。

1. 矿物原料的选择

我国各地的青瓷艺术独具特色，皆源于制瓷原料选择上的独特性，这与中国地形多样且因地理环境及季节变化因素带来的原材料差异息息相关。除此之外，各个青瓷产业带在原料选取及其调配方法上的多样性，也在很大程度上决定并影响着各地青瓷品质以及整体风格特征。

在我国，制瓷所需的原料种类非常丰富，分布范围之广大更是让人惊叹不已，特别是南方的瓷石和北方的黏土，它们在全国各地均有分布。我国南部地区是瓷石的主要产地，瓷石的形成颇具渊源，它源自流纹岩、石英岩等岩石中含有的长石类矿物，在经历了后期火山的热液作用后，发生了绢云母化，进而转变成为如今我们所见的这种岩石形态。在高温烧制之后，瓷石的颜色会逐渐加深，质地变得疏松，同时还能呈现出明亮的光泽感。瓷石主要由石英和绢云母构成，但受风化程度的影响，其中也可能混入一些其他的矿物元素。若风化程度较轻微，则部分未经过绢云母化处理的长石仍会保留微量的长石成分；而那些风化程度深的瓷石，在长期地质作用影响下，除了原本的石英、绢云母等，还会产生少量高岭石。正是由于风化程度这一因素的差异，使得瓷石内部所含主要矿物呈现出石英、绢云母以及少量长石和高岭石类矿物。瓷石中各种化学成分的含量高低不一，从化学组成来看，瓷石具有高二氧化硅、低二氧化铝的显著特点，还含有少量氧化钾、氧化钠，以及氧化钙、氧化镁、氧化铁、二氧化钛等杂质。

与之相比，北方窑区周边原料情况大不一样。河北、陕西、河南、山西等地黏土资源优质，多靠近当地煤区，属二次沉积黏土。其外观色彩多样，有灰白色、土黄色，部分因富含大量有机物或碳素，呈现黑色或灰色，这类黏土为北方制瓷奠定物质基础。不同地区对黏土的称呼各不相同，有的地方称之为碱土，有的地方称之为砂石，有的地方称之为瓷土，还有的地方称之为坩土。有些黏土含氧化铝的量比较高，其成分和高岭土颇为接近，具备高岭土那样有利于制瓷的优良特性，比如能使坯体在烧制后更加坚实等。也有一些黏土含有石英、云母、碳酸盐矿物之类的杂质，这些杂质的存在会对黏土的性能以及后续烧制瓷器的品质产生影响，如可能改变坯体的质地、影响瓷器表面的平整度等，使得北方各窑区所烧制出的瓷器因原料差异而展现出多样的风貌特点。

我国南方之所以能率先成功烧制青釉瓷，主要得益于他们就地取材，选用瓷石作为制瓷原料。南方长期以来只采用单一的瓷石作为制胎材料，从而塑造了独具特色的石英—云母系瓷风格。浙江、江西等地产出的瓷石化学组成相对稳定，变化幅度较小，其二氧化硅含量通常处于73%～79%之间，二氧化铝含量则大多在13%～18%之间，并且熔剂总量为8%左右。这样特定的化学组成状况，恰好契合在1200～1300℃温度段开展瓷器烧造工作，能够保障瓷器在相应温度下顺利烧制，进而呈现出理想的质地、色泽以及成品率等。随着岁月流转，人们开始在制瓷过程中掺用高岭土，便造就了石英—云母—高岭石系高硅质瓷。

我国北方的制瓷原料多为氧化铝含量高、二氧化硅含量低的黏土，基于此便形成了北方大部分产瓷区的石英—长石—高岭石系的高铝质瓷。纯黏土原料自身存在局限，由于缺少足量能够生成玻璃态物质的熔剂氧化物，在单独用于制作瓷胎时，即便处于高温环境，也难以实现致密烧结。鉴于此，制作过程中需添加少量长石，借助长石来助力其烧结。挑选适宜的原料乃是制出优质瓷器的关键要素之一。巩县白瓷只需将纯度高的黏土和适量长石加以混合，便能达到制作所需条件。而钧窑青瓷以及临汝窑青瓷的胎体通常是由多种黏土混合而成，因此瓷胎常含杂质量较高，呈现出较深的色泽。河南禹州所产钧官窑系的釉料则是以高岭石为主的黏土矿物构成。陕西耀州窑周边产出的黏土原料，和河南省的黏土类别相近。其中，陈炉镇所产的东山坩土，属于纯度较高且含高岭土的黏土，而泥池坩土、罗家泉坩土则是含有少量石英、长石、云母，还有金红石与铁矿杂质的黏土原料，耀州窑青瓷胎主要就取材于这类黏土。依据北宋宋神宗赵顼（1067～1085年在位）时期镌刻的《德应侯碑》记载，可以推断，古代耀州窑所采用的坯土应该是两种甚至更多种坩土混合而成。进一步研读《同官县志》中的矿物篇章可知，当时白色釉药的源头正在富平，并且据此推论，古时耀州窑青瓷釉面所用的材质或许是源自当地的釉石及料姜石类矿物。其中，富平釉石乃是一种主要由高岭石、方解石、石英以及长石等多种矿物构成的砂质钙质黏土岩石。至于料姜石，它实际上是一种石灰岩，主要由方解石微粒构成。

在制瓷工艺方面，北方陶瓷以泥料作为主要原材料，而南方窑场则以瓷土为主原料。南方瓷土多细腻、含铁量高，烧制出的瓷器胎质坚致，釉色温润如玉；北方瓷土则相对粗糙、含铝量高，烧出的瓷器胎体厚重，釉色凝重深沉。这些特性差异，很大程度上源于当地原料的种类与性质。南方取本地瓷土，搭配草木灰等制釉，经高温烧制，成就独特风格；北方凭借富含矿物的原料，赋予瓷器别样质感。原材料构成了我国古代南北青瓷创新、优化与进步的关键物质根基。此外，由于制瓷地区的地理环境、气候条件以及生产技术等方面均存在较大差异，从而使得南北各地青瓷产品的釉色亦呈现出明显区别。各制瓷区域主要依赖本土资源，这便导致了不同青瓷生产地的青瓷色泽有所差异。

2. 胎釉的化学组成

青瓷原料地所产出的瓷土或瓷石成分构成均存在差异，究其根本在于二氧化硅与氧化铝之间的比例呈现出复杂的波动状态，这正是中国各地青瓷胎体及釉面成分差异显著的重要原因。尽管烧制青瓷时都依靠铁离子作主要着色元素来呈现青色，但受原料差异与配方不同的影响，各地青瓷胎釉的化学构成有别，釉色也各有千秋。

浙江越窑青瓷自东汉晚期诞生，历经三国、两晋、南北朝，直至隋、唐、五代，胎与釉的质量总体上逐步提升。但因浙江瓷石原料分布广泛，各地瓷石成分与风化程度参差不齐，致使硅、铝氧化物，熔剂氧化物以及钛、铁等氧化物含量稍有高低，这使得浙江各时期不同瓷区所产青瓷在色调、质感上存在差异。诗人陆龟蒙以"九秋风露越窑开，夺得千峰翠色来"描绘越窑青瓷，可实际上，不管是各地出土的，还是窑址留存的瓷片，大多呈青中泛黄或泛灰之色，这主要归咎于越窑瓷釉里含有较高比例的氧化铁与二氧化钛。由于当时对于窑炉气氛的理解尚处于初级阶段，因此依据不同的烧制气氛，釉面的颜色会从灰黄转变为青灰色调。

汝窑青瓷胎具有独特的化学成分，属于低硅、高铝质，并且含铁、钛的量相对较高。这种成分构成使得它在不同的烧制气氛下会呈现出各异的色泽：处于氧化焰环境烧制时，胎体呈现土黄色；在还原焰条件下烧制，胎色则变为灰色。釉料中的二氧化硅浓度相对较低，而氧化钙的浓度却极高，氧化铁含量几乎与耀州窑相当。从汝窑的化学成分和当地的原料成分看，汝窑特别是临汝窑的釉主要是采用方解石、长石和草木灰作为熔剂原料配制而成的。耀州窑青瓷色调丰富，除橄榄绿青色外，还有茶黄、姜黄等诸多颜色。其胎体成分和汝窑颇为相近，不过在氧化铝含量上，耀州窑青瓷胎略低于汝窑青瓷胎，这细微的成分差别，或许正是造就二者在色泽、质地等方面呈现不同特征的关键因素之一，而氧化铁和二氧化钛的含量则相对较高，因此胎体呈现灰色。耀州窑青瓷釉中钙的含量范围变动幅度极大，处于 5.58% ～ 16.00% 之间，其氧化钾含量相较于汝窑青瓷更低，正因如此，耀州窑青瓷釉的高温黏度偏小，而这一特性也就决定了它的釉层厚度偏薄。

回顾五代以前的青瓷历史，与之后朝代的青瓷相比，其釉中的氧化钙含量是偏高的。这类釉在高温环境下的收缩和气孔排放速度异常迅速，由于其在高温下黏度的急剧变化和相对流动性的快速改变，使得烧制过程的精准控制变得尤为困难，这也正是五代之前各窑区青瓷品质欠佳的症结所在。

宋代以后，青瓷釉的成分发生了变化，其中氧化钾的含量渐渐升高，而氧化钙的含量却有所下降，像官窑、汝窑、耀州窑，还有一部分龙泉窑的青瓷釉都是如此。钙氧化物的含量大致在 8% ～ 15% 之间，而钾氧化物的含量则在 3% ～ 5% 之间，因此，为了生产出优质的瓷器，必须严格把控窑内气氛，维持适宜的烧成条件，方能得到理想的釉色效果。倘若钙氧化物的浓度过高，青釉的烧制过程将变得愈发艰难，汝窑和南宋官窑在烧制过程中所面临的挑战与其釉中钙氧化物的浓度较高有着密不可分的关系。部分龙泉青瓷的釉料中钾氧化物的含量高达 6.5%，随着钙氧化物含量的降低，釉的熔化温度范围得以拓宽，有助于提升青瓷的成品率。

3. 釉层的厚度

在其余条件均保持一致时，青瓷釉的颜色会受到釉层厚度的影响。宋代景德镇影青的釉层极为单薄，这是其颜色相对较淡的关键因素；而龙泉青瓷的釉层厚度甚至可达瓷胎厚度的数倍，使其釉色显得厚重。

各窑口的青瓷釉层厚度并不一致，存在着明显差异。其中，越窑青瓷以及景德镇青白瓷的釉层比较薄，有的甚至还不足 0.1 毫米；与之相反，南宋官窑等窑口所烧制青瓷的釉层却非常厚。同一瓷窑内，因烧制时间不同，釉层厚度亦会产生变化。

釉层的厚度由釉本身的性质所决定。通常来讲，越窑使用的是石灰釉，其氧化钙含量颇高，在高温状态下流动性较大，所以自身不太容易施厚釉。后来发明的石灰碱釉，因氧化钾含量有所提升，釉的高温黏度随之增大，这才使得施厚釉成为可能。除此之外，釉层厚度还和上釉技术以及生胎强度存在关联。古代有刷釉、蘸釉、荡釉等施釉方法，清代景德镇的瓷工又创造出了吹釉这一方式。部分专家认为，越窑青瓷釉层之所以较薄，是运用刷釉法上釉导致的；而龙泉等窑器的釉层比较厚，则是因为采用了里面荡釉、外面蘸釉的上釉方法。

关于釉层的划分问题，在不同历史时期存在较大争议。周仁等在《龙泉历代青瓷烧制工艺的科学总结》里，挑选了从北宋至明代的龙泉青瓷标本，经过理化分析的方式得出结论：其胎体都是经过素烧的，并且釉层有着非常明显的分层，总共分为四层。邓禾颖在《南宋官窑》一书序言中提到了素烧坯在低温烘烧过程中的各种现象，展现出了南宋官窑在后期烧制薄胎厚釉青瓷时所涉及的一系列工艺流程，包括对胎体进行修胎、开展多次素烧以及多次上釉等操作，而在那些出现严重生烧情况的薄胎厚釉瓷的断面处，釉层可清晰划分成三至四层，这意味着厚釉瓷需经多达三或四次的素烧及上釉工序，才得以呈现出如此壮丽的釉层质地和如玉般的润滑[1]。然而，尽管呈现了素烧方法在古代提高胎体强度的运用，但是叶宏明等人在《龙泉青瓷新产品试制报告》中曾明确指出："鉴于大件制品的坯体相对较厚，其强度和吸水性能也比较好，所以这类制品在干燥后，无需经过素烧这一环节，能够直接一次烧成。"[2]

此外，从采集到的标本情况来看，因为釉具有流动性，致使青釉在部分部位出现积釉现象，在积釉的地方，有的釉层厚度能够达到 3～4 毫米。釉层越厚的地方，颜色就越发翠绿；相反，由于釉的流动使得釉层较薄之处，绿色的色调就会相对较浅。在此阶段，其他对青釉颜色产生影响的因素基本是相同的，由此足以证明，釉层厚度对于青釉颜色的影响是十分显著、毋庸置疑的。因此，为了获得纯正鲜艳的色泽，必须严格控制釉厚，否则将影响瓷器品质。李国桢、郭演仪在《中国名瓷工艺基础》中同样提到："官窑青瓷的釉层较厚，这对提升它的莹润质感和加深色调是有好处的，能

① 邓禾颖：《南宋官窑》，浙江摄影出版社，2009 年，序言。
② 浙江省轻工业厅编：《龙泉青瓷研究》，文物出版社，1989 年，第 208 页。

够让釉产生玉一般的质感。而且釉中有大量相互交叠、悬浮着的小气泡，这些小气泡起到了一定的散射作用，对形成玉质感也有帮助。"[1] 这表明，釉层的厚度不但可以使青釉的颜色变深，对于其色泽的柔和程度也会产生一定的影响。

（二）烧制技艺

"瓷器之成，窑火是赖。"[2] 窑具装备的运用和烧成技术在瓷器制作过程中具有决定性作用。在陶瓷制造的重要环节——烧成阶段，对温度和窑内气氛的把握至关重要。中国南方广泛运用龙窑烧制陶瓷，其所处地理位置紧挨山地，利用窑的自然斜度抽取窑内气体，无需大气式烟囱，窑内的气流和温度就能够自然地上升，并且在窑尾还能利用烟气来预热坯体，这样可以节省燃料。进入宋代后，龙窑在长度和窑身坡度等方面都有了一些改进，这让龙窑的结构变得更加合理。相关资料显示，宋代已经开始使用煤作为燃料。从当时的窑炉结构来分析，一般窑室比较小，火膛比较深，炉栅的面积比较大，当燃料层比较厚的时候，燃料能够充分燃烧，而且窑和烟囱抽力比较小，容易形成正压，窑室内的火焰就产生还原气氛，这对二价铁离子着色很有帮助。不过，使用馒头窑的定窑却是用氧化焰来烧制瓷器。我国南北方青瓷窑场使用的窑炉类型是存在差异的，且各类窑炉不断优化升级。因此，在追求独特艺术效果的青瓷制作过程中，各地瓷区的烧制温度和气氛皆有所差异。

图 1.7　20 世纪初的宝溪溪头龙窑

---

① 李国桢、郭演仪：《中国名瓷工艺基础》，上海科学技术出版社，1988 年，第 77 页。
② （清）蓝浦：《景德镇陶录》，收录于《中国陶瓷古籍集成：注释本》，江西科学技术出版社，1999 年，第 359 页。

虽然部分学者认为南方青瓷烧制得益于龙窑的还原焰特性，但在越窑的发展历程中，这一优势并未完全体现。从现存越窑青釉瓷和各窑址瓷片堆积来看，大部分呈现青黄或灰青色调，即使在越窑最繁荣的唐和五代，亮丽的青色越窑青瓷仍属稀有。在此阶段，窑工对窑内气氛的掌控能力相对有限，越窑青瓷多在微弱还原焰中烧成，烧制温度方面，约1300℃的高温较为常见，但龙窑内部温差较大，生烧现象频发。南宋时期，青瓷制作技法取得长足进步，这与龙窑技法演进紧密相连。《菽园杂记》对此有详细描绘："用泥筒盛之，置诸窑内，端正排定，用柴筱日夜烧变，火色红焰，无烟，即以泥封闭火力，火气绝而后启。"[1]"泥筒"指的就是匣钵，用于盛放瓷器并在窑室特殊排列以提高烧制效率。数百年间，窑匠已积累龙窑制陶经验。研究结果揭示，龙泉梅子青与粉青的含氧量相差不大，但玻璃化程度更高，说明梅子青的烧制温度高于粉青，约在1250℃～1280℃之间。烧制气氛方面，粉青釉需中等还原焰，而梅子青需强还原焰，哥窑型青瓷则需弱还原焰。这表明当时人们已认识到窑位对青瓷制作的重要性，并据此生产出各式优质青瓷。

耀州窑青瓷主要用馒头窑烧制，虽各朝代及品种略有差异，但基本结构和窑型相似。耀州窑在烧制技术和控制上采取诸多高效措施，例如在通风道的位置设置闸板，通过对闸板的操作来调节进入窑炉的风量，进而有效控制窑内的气氛和升温的速度；在烟囱的底部开一些小孔，利用这些小孔的开启或者关闭来调整烟囱的抽力；在匣钵的周围也会开设小孔，目的是让窑内的气氛能够更好地和瓷器器件相互作用。特别是宋代，耀州窑运用火照技术监控烧制过程，以确定最佳停火时机。火照由釉料烧成部件制成，中间有小孔，便于在烧制过程中观察釉色和烧制状况。此项技术直至清代仍被沿用于青瓷制作。

三、青瓷工艺

瓷釉对于青瓷制作尤为重要，我国古代青瓷名窑在烧造过程中的还原比、釉层厚薄等技术皆影响青瓷颜色，此外，青瓷陈设中，胎釉自身特性及其他制造工艺亦对美学产生深远影响。开片是哥窑最重要的特征之一。[2]明代陆深《春风堂随笔》和郎瑛《七修类稿》等文献都称哥窑有"断纹"，号曰"百圾碎"。清末民国时期许之衡《饮流斋说瓷》有"开片"说法："瓷之开片，其原因有二，一曰人为之开片，一曰自然之开

---

[1]　（明）陆容：《菽园杂记》，中华书局，1985年，第176页。
[2]　郑建明、沈岳明：《哥窑的新发现》，文物出版社，2018年，第36页。

片。"① 宋代时，匠人们深度了解瓷器的裂纹缺陷，造就了知名的冰裂纹，这一技巧现仍被广泛运用于龙泉青瓷制作中。2004 年 11 月，龙泉青瓷大师叶小春的青瓷冰裂纹及其制法获得国家发明专利，从中可以看出龙泉青瓷在传承方面已经有了初步的成效。不过，在对于"缺陷美"的运用方面尚需进一步突破。我们是否能够凭借对其他胎釉工艺的把控，来打造别具一格的青瓷艺术效果呢？这是当代从事龙泉青瓷艺术的工作者们需要思考的重要方向。

在陶瓷烧结过程中，正常情况下，覆盖在坯体上的釉料会发生液化，并且能够均匀地在坯体表面流动。如果釉料因为表面张力或者其他因素的影响，导致不能像正常情况那样流动时，便可能无法完全覆盖坯体表面，甚至导致釉面聚集或卷曲，最终形成釉珠状。此种现象即所谓缩釉。无论日用瓷还是建筑卫生瓷，缩釉均被视作严重缺陷，但在艺术瓷领域却未必如此。作为现代陶瓷艺术领域的佼佼者，阎夫立教授对钧瓷技艺的有机应用和创新发展，使得他发明的郑商瓷在造型、色彩和装饰等方面独树一帜，开创了诸如立体釉、微观意境和无缝烧制等全新的艺术形式。阎教授的多部佳作被收藏于世界各地博物馆或私人藏家手中，例如，《嵩山少林盘》为俄罗斯总统普京所珍爱，《静瓶》为英国大主教罗恩·威廉姆斯所珍藏，金镶翠《长寿瓶》则被诺贝尔经济学奖得主罗伯特·蒙代尔教授所珍藏。阎教授以现代陶艺手法，将传统陶瓷材料与现代科技相结合，成功塑造了具有中国文化底蕴和国际视野的艺术形象，其依据缩釉原理创烧的"立体釉"在业界获得了广泛的认同。

第三节　龙泉青瓷的历史源流

龙泉窑不仅是中国古代南方的主要窑址之一，而且在世界上也有很高的知名度，在中国的陶瓷历史中占据了极为重要的位置。要深入研究龙泉青瓷，首要任务是掌握其制造和烧制的具体时间，并努力恢复其历史面貌。由于年代久远、出土器物少等原因，这一问题尚未被解决。在古陶瓷领域，许多专家学者进行了长时间、深度和多次的考古挖掘、实地考察和学术论证，但各方对此持有不同的观点，目前尚未达成共识。

---

① （清）许之衡撰，杜斌校注：《饮流斋说瓷》，山东画报出版社，2010 年，第 48 页。

一、龙泉青瓷的起源诸说

关于龙泉窑的起源年代，存在三种截然不同的看法：三国两晋说、五代说以及北宋说。

（一）三国两晋说

朱伯谦先生是这种观点的核心创立者。根据多年积累的考古知识和资料，他推断龙泉窑的历史可以追溯到三国和两晋时代，并在清代达到了尾声。龙泉窑的烧制历时长达 1600 年，是我国历史上烧制时间最长的古瓷窑。

龙泉地区陆续考古发掘出了 500 余处古代青瓷窑址，时间跨度从三国、两晋到清代。这些窑址遍布浙江南部的龙泉、云和、景宁、遂昌、松阳、缙云、武义、青田、永嘉、文成、泰顺等地，涵盖丽水下属诸县，以及温州部分地区。其中，龙泉市就有 360 多处古瓷窑被发现，而庆元、云和、永嘉等地的古瓷窑数量也相对较多。在上述地域，出土了三国和两晋时代制作的各种器物，如罐、壶、瓶、碗、钵和水盂等，这些瓷器是研究我国陶瓷历史文化不可或缺的珍贵资料。经过考古学的发掘，三个问题得到了解释：

首先，龙泉地区的青瓷烧制窑址非常集中，并且这些窑址的年代分布是衔接有序的。观察古瓷窑的发掘形态，可以看到从三国、两晋到清代，窑址从初级逐渐升到高级。以龙泉为核心，窑址向其周围地区扩散，覆盖了县、市、省等多个地区，逐步形成了一个庞大的青瓷窑系。窑址所处的地理位置，以及始烧窑址与其后续窑址之间的连续性，构成了确定龙泉青瓷以及其他瓷窑开始烧制年代的关键因素之一。尽管未能找到窑址，但并不意味着完全没有窑址，大量从墓葬中挖掘出的文物证实了当时青瓷窑的存在。[①]

其次，青瓷制品的时代特征一脉相承，这揭示了各个时代的独特性以及它们之间的紧密联系，也展现了龙泉青瓷独有的风格。龙泉青瓷在各个历史阶段所表现出来的特征各不相同，是各时代发展变化的综合体现。从青瓷的制作原料、形制、工艺、胎釉技术、装饰风格以及社会人文等多个方面来看，它们之间存在着紧密的联系，形成了一个承前启后的历史脉络。[②]

第三，每一个古瓷窑和其相关窑系的形成都经历了一个创烧、吸纳其他瓷窑优势并逐渐完善的过程。每一个窑系的诞生都不是孤立存在的，它们都是在不同历史时期的经济、政治和文化背景下，吸纳了各种艺术风格而逐渐形成和壮大的。龙泉青瓷也

---

① 石少华：《龙泉青瓷赏析》，学苑出版社，2005 年，第 3 页。
② 石少华：《龙泉青瓷赏析》，学苑出版社，2005 年，第 3 页。

不例外，因此在确定龙泉青瓷的始烧年代时，应该从历史、客观和完整的角度进行深入了解，不能因为龙泉青瓷的早期制品中融入了瓯窑、婺窑、越窑的某些特色风格，就否认龙泉青瓷是从三国两晋时代开始制作的。在这一时期，龙泉青瓷并未发展出与越窑相匹敌的青瓷窑系，它所生产的产品仅仅是龙泉青瓷在初始阶段的初步形态和初级产品，甚至带有越窑的特色，这正是瓷窑在创烧初期普遍存在的相互影响和借鉴的时代特征。如果仅仅基于北宋时代龙泉青瓷形成了一个独特且与其他窑口不同的青瓷体系，并将其早期产品与发展阶段的产品联系起来，而选择北宋作为其开始烧制的时代，那么龙泉青瓷的早期发展历史就会被忽略，这将不能完整地展现其历史背景。

（二）五代说

古陶瓷专家陈万里先生与古陶瓷美术教育家邓白先生都认同这一观点。所谓"五代说"，其主要支撑源于考古资料、出土实物，还有相邻地区的发展脉络，即五代时越窑走向衰落，龙泉青瓷顺势崛起并取而代之。该观点主张，龙泉青瓷属于在五代及北宋初年期间，受吴越官窑的熏陶与影响，逐步发展起来的民间窑口，到南宋时，随着社会经济和文化的进步，龙泉青瓷也逐渐走向成熟并达到顶峰。早期龙泉青瓷产品展现出鲜明的风格特征，深受越窑的浸染，不管是在器物造型的设计、纹饰的雕琢，还是釉质的质感、釉色的呈现上，都能清晰看到越窑的影子，完整地继承了越窑的艺术精髓，延续着越窑的风格传统。

（三）北宋说

该说得到了专家、学者以及收藏领域的广泛认可，其主要依据如下：

1. 历史文献记载

在宋代之前的历史资料中，尚未发现关于龙泉青瓷的详细文献记录，因此确证龙泉窑史的实证材料尚不明确。关于龙泉青瓷的现存文献主要包括《处州府志》《龙泉县志》《遵生八笺》《格古要论》《陶说》《景德镇陶录》《饮流斋说瓷》《菽园杂记》等。此外还有一些零星的史料，这批历史资料对龙泉窑及其相关产品进行了简洁的描述，虽然描述相对分散并存在一些谬误，但它们仍然具有很高的参考价值。

宋人庄绰在其著作《鸡肋篇》中描述："处州龙泉县……又出青瓷器，谓之秘色，钱氏所贡盖取于此。宣和中，禁庭制样须索，益加工巧。"[①] 他关于宋代龙泉窑制造越

---

① （宋）庄绰：《鸡肋篇》，上海书店出版社，1990年影印本，第4页。

窑秘色青瓷的说法颇有研究价值，同时也对当时龙泉生产青瓷作出了肯定。南宋宁宗开禧二年（1206年），赵彦卫在《云麓漫钞》中描述了龙泉窑制造粉青釉器的过程，其中提到："青瓷器，皆云出自李王，号秘色，又曰出钱王。今处之龙溪出者色粉青，越乃艾色。"①书中关于龙泉窑在南宋中期已经开始生产粉青釉器的描述与纪年墓的资料相吻合。南宋叶寘在《坦斋笔衡》中记载："江南则处州龙泉县窑，质颇粗厚。"

根据《处州府志》以及清光绪时期的《龙泉县志》，古代的龙泉窑址被命名为"琉田"，这是对其地理位置和烧制年代较为准确而又形象的概括。明代浙江右参政陆容所著的《菽园杂记》中，将其命名为"刘田"。书中描述："青瓷，初出于刘田，去县六十里，次则有金村，与刘田相去五余里。外则白雁、梧桐、安仁、安福、绿绕等处皆有之。然泥油精细，模范端巧，俱不如刘田，泥则取于窑之近地，其他处皆不及。油则取诸山中，蓄木叶烧炼成灰，并白石末澄取细者，合而为油。大率取泥贵细，合油贵精。匠作先以钧运成器，或模范成形，俟泥干则蘸油涂饰，用泥筒盛之，置诸窑内，端正排定，以柴条日夜烧变，候火色红焰，无烟，即以泥封闭火门，火气绝而后启。凡绿豆色莹净；无瑕者为上，生菜色者次之。然上等价高，皆转货他处，县官未尝见也。"②

明嘉靖四十年（1561年）印行的《浙江通志》记载："山下即琉田，居民多以陶为业。相传旧有章生一、生二兄弟二人，未详何时人，主琉田窑，造青瓷，精美冠绝当世。兄曰哥窑，弟曰生二窑。"③明人郎瑛史料笔记《七修类稿·续稿》称："（宋代）哥窑与龙泉窑皆出处州龙泉县，南宋时有章生一、生二弟兄各主一窑。生一所陶者为哥窑，以兄故也；生二所陶者为龙泉，以地名也。其色皆青，浓淡不一，其足皆铁色，亦浓淡不一。旧闻紫足，今少见焉，惟土脉细薄、油水纯粹者最贵，哥窑则多断纹，号曰百圾破。"④

在清代的诸多文献中，龙泉青瓷备受赞誉。《饮流斋说瓷》描述黑胎青瓷时写道："哥窑其胎质细，性坚，其体重，多断纹，隐裂如鱼子，亦有大小碎块文，即开片也。"《陶雅》亦提及："哥窑里有一种粉青瓷器，相较于弟窑瓷器，色泽更为清幽艳丽。"而《陶说》与《景德镇陶录》均持有类似观点，它们指出："宋代所烧，本龙泉琉田窑，处州人章姓兄弟分造。兄名生一，当时别其所陶曰'哥窑'。土脉细紫，质颇薄，色青，浓淡

① （宋）赵彦卫撰，傅根清点校：《云麓漫钞》，中华书局，1996年，第171页。
② （明）陆容：《菽园杂记》，中华书局，1985年，第176–177页。
③ （清）嵇曾筠等修，（清）沈翼机等纂：《浙江通志》卷一百七，商务印书馆，1934年，影印本，第1916页。
④ （明）郎瑛：《七修类稿·续稿》，上海书店出版社，2001年，第601页。

不一。有紫口、铁足，多断纹，隐裂如鱼子。釉惟米色、粉青二种，汁纯粹者贵。"①

2. 龙泉窑的顺势崛起

起源于浙江余姚的越窑，被誉为我国最早开创的青瓷古窑。根据历史文献的描述，越窑在东汉就开始了青瓷的烧制，到了唐末五代，已经成为江南地区最顶尖的青瓷贡窑。随着北宋王朝的成立以及吴越钱氏王朝的投降，曾经在青瓷窑炉中占据主导地位的越窑开始逐渐走下坡路，其产品的质量也在持续下滑。越窑的逐渐衰退为龙泉窑的崛起提供了历史机遇，随后龙泉窑迅速崭露头角，取而代之。

3. 龙泉古窑址的铁证

自 19 世纪 20 年代宋代龙泉窑遗址被发现以后，持续不断的考古发掘活动发现了大量的实物证据，这些为确定龙泉青瓷始烧年代提供了一手可靠的信息。

二、龙泉青瓷的历史地位

龙泉窑是青瓷历史上的名窑，在中国陶瓷史上属烧制年代最长、窑址分布最广、生产规模和外销范围最大的瓷窑。龙泉青瓷作为传统浙江青瓷的最后继承者，在汲取了诸如越窑、瓯窑及婺窑等当地制瓷技艺精髓的同时，还巧妙地结合了北方青瓷的技术优势，特别是在宋代创烧的梅子青和粉青釉色被誉为青瓷的经典。宋、元、明三代时，龙泉青瓷在国际贸易和世界陶瓷历史中都占据了举足轻重的地位。当时，正值海上陶瓷贸易蓬勃发展之际，国际市场对龙泉青瓷的强烈需求不仅推动了其工艺水平的提升和生产规模的扩大，还进一步巩固了龙泉青瓷在世界上的地位。鉴于龙泉青瓷的卓越历史贡献，2009 年，龙泉青瓷传统烧制技艺被正式列入联合国教科文组织《人类非物质文化遗产代表作名录》，成为"人类非遗"陶瓷领域的唯一项目。

（一）龙泉青瓷之简史

朱伯谦认为三国和晋代是龙泉窑开始烧制的时期，究其原因是在龙泉查田镇发现了晋代特有的鸡首壶形状青瓷，为龙泉青瓷的创烧年代提供了有力证据。1976 年在龙泉查田下保村发掘的一座南朝刘宋永初元年（420 年）纪年墓葬中出土了 8 件青瓷，鸡首壶、鸡冠壶、莲瓣碗等赫然在列。时代特征与吕步坑窑址下层产品相类似，但釉质更为成熟。其中，莲瓣纹小瓷碗外壁饰莲瓣纹，假圈足，底内凹，足底有 7 个泥点

---

① （清）蓝浦著，（清）郑廷桂补辑，欧阳琛、周秋生校点，卢家明、左行培注释：《景德镇陶录校注·哥窑》，江西人民出版社，1996 年，第 74 页。

支烧痕，釉色青绿，灰白胎；鸡首壶盘口，细颈，圆肩，肩附两个对称的桥形系，并在另侧饰有鸡首形流和兽形执柄，平底微内凹，釉色青绿，灰白胎。这两件青瓷器的造型、纹饰、釉质，与同时期越窑青瓷非常接近，它们的出土为探寻龙泉青瓷起源提供了确凿有力的实物依据。

图 1.8　南朝 龙泉窑青瓷碗
（龙泉青瓷博物馆藏）

在龙泉地区，较早被发现的窑址还包括唐代中期的庆元黄坛窑（唐时庆元属龙泉管辖），而安福地区的一个窑址则属唐代中后期的产物，与吕步坑窑址唐代底层出土的部分产品风格较为一致。

最晚在五代时，龙泉金村已经开始烧制淡青釉瓷器了。2001 年，金村出土了刻有"天福秋修建窑炉试烧官物大吉"铭文的四系罐残片，为当时金村已经开始烧制瓷器的说法提供了有力证据。《龙泉县志·大事记》中记载，五代后梁贞明五年（919 年）"龙泉金村、刘田（今属小梅镇）等地制瓷作坊已具规模"[1]，表明五代至北宋初时龙泉窑瓷业已初具规模，制瓷技艺已经成熟。金村、安福窑

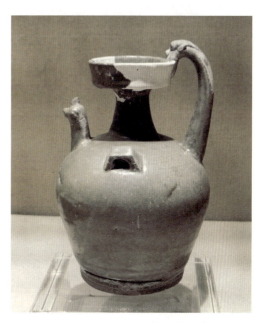

图 1.9　晋代 龙泉窑鸡首壶
（龙泉青瓷博物馆藏）

址出土器物的淡青、泛白釉色不见于浙江其他窑场中，是龙泉地区的原创制品，渐渐形成了龙泉地区自身特色。这类淡青釉青瓷胎壁薄而坚硬，质地细腻，呈淡淡的灰白色，通体施淡青色釉（包括器底），釉层透明，表面光亮，玻璃质感明显。这种釉色是唯一与同时期越窑、瓯窑、婺窑存在明显差异的地方。

龙泉窑自北宋起，便步入了快速发展的黄金时期，无论是生产规模还是制瓷技艺，都实现了飞跃式的突破，窑业规模也随之急剧扩张。以龙泉市的金村、大窑、安

---

① 林世荣主编：《龙泉县志》，汉语大词典出版社，1994 年，第 7 页。

福、大白岸以及庆元县上垟等区域为核心，龙泉窑逐渐沿瓯江流域向东拓展。依据第三次全国文物普查资料，目前发现的北宋龙泉窑窑址多达 159 处。

北宋时期的龙泉窑，器形丰富多样，涵盖碗、盏、盘、碟、壶、瓶、炉、罐、多管瓶等，造型古朴典雅。其釉采用石灰釉，胎骨多呈灰色，釉色多为艾叶青，部分略偏黄。器物胎壁薄厚均匀，胎釉结合紧密。

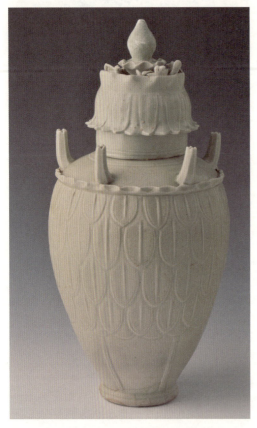 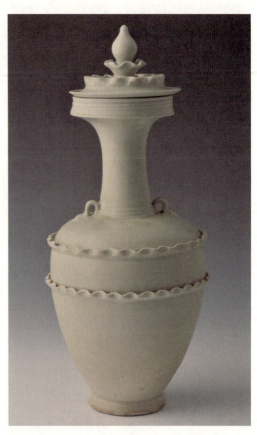

图 1.10　北宋龙泉窑淡青釉五管瓶　　　图 1.11　北宋龙泉窑淡青釉双系长颈盘口带
　　　（龙泉青瓷博物馆藏）　　　　　　　　　盖瓷瓶（龙泉青瓷博物馆藏）

在装饰工艺上，北宋龙泉窑主要运用刻划技法，工匠们刻划刀法精妙，深浅有致，宽窄变化自如，当地将这种独特技法俗称为"半刀泥"。常见的纹饰有团花、莲瓣、婴戏纹等。

北宋龙泉窑最具代表性的一类器物是双面刻划花敞口碗。这类碗的造型特征鲜明，口唇向外翻卷，斜弧腹下收，下承圈足。碗的内壁刻划题材丰富，常见的有莲花纹、荷叶纹、水波纹、鸳鸯戏水纹等，雕刻工艺精湛，在花卉图案的间隙，常装饰有篦划纹或篦点纹；碗内底部，花卉纹是常见的装饰；而碗的外壁，多刻绘折扇纹。在龙泉地区，这类器物曾广泛流行，龙泉南区和东区出土了数量可观的此类敞口碗。北宋中晚期，龙泉窑流行的刻划花风格在同时期的浙江甚至福建地区的窑口都能见到。

靖康之变后，宋室南迁临安。宫廷对龙泉青瓷审美要求严苛，且需求激增，促使其烧制技术革新，产品质量、生产规模大幅提升。与此同时，越窑走向衰落，龙泉青瓷凭借深厚底蕴与精湛工艺，承接青瓷烧制技艺传承，迎来发展契机。考古发现，龙泉大窑、金村、溪口等地以及周边的上样、湖山，甚至泰顺、文成等地都有青瓷窑场，其窑址广泛分布，达316处，形成了庞大的龙泉窑系。

南宋时期，龙泉窑凭借多维度创新，在制瓷史上占据重要地位。到了南宋中期，龙泉窑青瓷制作技艺登峰造极，达到青瓷发展的巅峰，两宋之际开始烧造的乳浊青釉由厚胎薄釉逐渐转向薄胎厚釉，与之前制品相比，有了质的飞跃。南宋龙泉窑的成就主要体现在：一是坯料革新。南宋前，龙泉窑采用瓷石一元配方，南宋匠人们引入瓷石与紫金土二元配方，提升了坯体耐高温强度。二是釉色优化。匠人们在釉料中加入富含钾、钠离子的材料，创造出石灰碱釉，增加了釉的高温黏稠度、拓宽了熔融温度范围，成功配制出了粉青、梅子青等经典釉色。三是工艺创新。创新出素烧与多次施釉工艺，烧制出温润如玉的青瓷品质。四是品类拓展。开创哥窑与弟窑的产品，哥窑紫口铁足，釉面布满浅白断纹，风格古朴端庄；弟窑白胎朱砂底，釉面无开片，釉色如翠似玉，尽显莹润优雅。

从南宋到元代，龙泉窑青瓷在造型与装饰风格上，经历了显著的转变。南宋时期，龙泉窑青瓷以纤巧隽永、高贵典雅为主要特征，釉色纯净如玉，整体风格清雅婉约。步入元代，龙泉窑青瓷转而呈现高大厚重的造型，浑圆粗犷的风格，胎体雄浑敦厚，尽显磅礴气势。

在装饰方面，元代龙泉窑青瓷十分注重纹饰的运用，装饰形式丰富多样。匠人们采用刻、划、印、贴、镂以及褐色点彩等多种装饰技法，针对不同的器物选择不同的装饰技法组合。这些技法与厚重坚实的胎体、肥厚清亮的釉质，以及丰富多样的器形相互适配，进行综合运用。

图 1.12　南宋哥窑悬胆瓶
（龙泉青瓷博物馆藏）

图 1.13　元代龙泉窑青瓷刻花双鱼盘　　　　图 1.14　元代 堆塑观音像
（土耳其托普卡帕宫藏）　　　　　　　（龙泉青瓷博物馆藏）

　　1980 年，在江西宜春的高安元代窖藏中，共挖掘出 239 件瓷器，其中龙泉窑青瓷有 168 件，这些瓷器的形状主要包括盘、碗、洗和碟等。从目前考古资料和文献资料来看，当时龙泉窑的产品以高青釉瓷器居多，且以卵白釉为主。此次出土了多种瓷器，其中包括青花高足杯 9 件、釉里红高足杯 2 件、卵白釉瓷高足杯 14 件，还有龙泉窑高足杯 29 件，显示元代龙泉窑青瓷生产及销量均居于诸窑系之首。

　　明代早期，龙泉青瓷官器不仅作为彰显国威的国礼赏赐给各国来访使臣，还伴随郑和下西洋的庞大船队，深度参与到世界经贸与文化交流之中，其踪迹遍布全球 50 多个国家和地区。

　　土耳其的托普卡帕宫珍藏着数量众多的中国瓷器，其中龙泉青瓷和景德镇青花瓷最为瞩目。宫殿内不少龙泉青瓷被精心包镶上金银与宝石，尽显奥斯曼土耳其皇室的高贵与奢华。当时，这些龙泉青瓷在皇室及达官显贵家庭中广泛使用，是身份、权势与财富的象征。

图 1.15　明代 镶金龙泉青瓷（土耳其托普卡帕宫藏）

明代中期以后，中国的瓷业格局发生了很大的变化，景德镇一家独大，成为生产规模最大、产品质量最高的窑场，为宫廷生产御用瓷器的官窑也设立于此。从成化（1465～1487）时期开始，龙泉窑不再为宫廷生产御用瓷器。

明中期以后，龙泉窑青瓷在烧制工艺与器物特征上，较之前发生显著变化。其胎体愈发厚重，胎色呈白中泛灰的色泽，釉层透明度显著提升。受多种因素影响，瓷器成型工艺较为潦草，致使整体质量欠佳，略显粗糙。这一时期常见的器物有碗、盘、杯、执壶、盒、罐、瓶、炉、砚、砚屏、烛台、凳和雕塑等。

清代，龙泉窑窑场大幅减少，仅大窑、孙坑等少数地方仍烧制青瓷，清末虽濒危但未停烧。这一时期龙泉青瓷产品分三类：一是寺庙供器，如炉、瓶等，多制作精良且刻有供奉者姓名；二是提升生活品质的器物，像瓶、罐等；

图 1.16　明代 龙泉窑刻花松竹梅纹菱口折沿盘（龙泉青瓷博物馆藏）

三是百姓日用的碗、盘。从产品结构看，陈设瓷占比较大，表明即便在衰退期，龙泉青瓷仍获百姓较高认同。清代龙泉窑制品有如下特征：坯胎厚重，胎质疏松，胎色灰白或朱砂色；釉色偏黄泛灰，釉层淡薄透明，积釉不均，部分釉面开片；装饰多采用刻划、镂空技法，分阴刻阳刻，刻划艺术效果欠佳；纹样以花卉为主，如梅、兰等，也有龙、鱼、八卦等其他题材。

清代的龙泉窑主要分布在龙泉青溪和孙坑等地区。在 20 世纪 80 年代的文物调查中,孙坑地区发现了两个窑址。1984 年出版的《浙江省龙泉县地名志》在"孙坑"章节中提及,"清乾隆到民国抗日战争时期,范姓曾在此烧制青瓷,销售全国各地"[①]。孙坑窑址出产的青瓷与古董商所描述的"乍浦龙泉"在

图 1.17 清代 龙泉窑八卦三足炉
（龙泉青瓷博物馆藏）

胎釉方面高度相似,学术界普遍认为"乍浦龙泉"是清代后期龙泉窑的青瓷,而"乍浦龙泉"的定性进一步证实了清代龙泉窑微火现象的存在。到了民国初期,这些窑址改烧青花,龙泉青瓷彻底断烧,直到 1957 年重新恢复。从晋永初元年的查田鸡首壶到清末民初的龙泉青瓷制作,其历史超过了 1600 年,朱伯谦认为龙泉窑是"中国制瓷历史上最长的一个瓷窑"[②]。

龙泉窑是迄今为止发现窑址数量最多的窑系,总共有 600 多处。其分布于浙江省南部的龙泉、庆元、景宁、云和、丽水、遂昌、松阳、缙云、武义、青田等地,还有武义、永嘉、文成、泰顺等地,而其周边地区则辐射到福建省的松溪、浦城、莆田、仙游,江西省的吉州、弋阳、东平等地。历年的窑址统计数据显示,龙泉窑系五代到北宋早期有 26 处窑址,北宋中晚期到南宋早期有 242 处窑址,南宋中晚期到元有 330 处窑址,元末到明初有 280 处窑址,明早中期有 223 处窑址,明晚期有 160 处窑址,清早中期有 70 处窑址,清晚期有 11 处窑址,以及民国时有 20 处窑址。龙泉市拥有 400 多处窑址,主要集中在南区和东区。南区是指龙泉市南部的小梅、查田、兰巨、剑池这 4 个乡镇的 23 个行政村,共有 187 处窑址。这个核心区代表了龙泉窑的最高生产水平,其中的 155 处窑址被命名为"大窑龙泉窑遗址",并被列为全国重点文物保护单位。在南区,大窑、金村和溪口是最关键的三个窑址集群。大窑在古时被称为琉田,拥有 65 处窑址,是古代龙泉窑陶瓷产业的核心,其瓷业生产贯穿了龙泉窑的整个历史。在明代初期还烧制过官器,供宫廷使用。金村拥有 52 个窑址,其烧制历史从五代延续到元代,是龙泉窑早期生产活动的核心区域。溪口拥有 18 处窑址,始于南宋终于元代,是龙泉窑鼎盛时代的重要窑区,其产品质量极高,因模仿官窑的产品而闻名。

---

① 龙泉县地名委员会办公室:《浙江省龙泉县地名志》,1984 年,第 260–261 页。

② 朱伯谦主编:《龙泉窑青瓷》,艺术家出版社,1998 年,第 28 页。

东区的窑址群涵盖了龙泉市区东部瓯江主流两侧的龙渊、安仁、道太 3 个乡镇的 24 个行政村，以及与之相邻的云和县部分窑址，总计有 216 处窑址和 208 处位于龙泉市的窑址。东区的主要产品是日用瓷，主要用于外部销售，在南宋至元时期达到了巅峰。

通过对窑址的分析，可以大致推断出龙泉窑的历史发展轨迹：魏晋以及五代十国是其创烧时期，瓷窑相对较少。从北宋到南宋的早期是发展期，龙泉青瓷逐渐形成其独特的艺术风格，整个瓷业也初具规模。此后，这里逐渐构建起一个规模庞大的瓷窑体系。南宋后期至元代堪称其鼎盛阶段，无论是烧制技术还是工艺水准都有质的飞跃，青瓷品质大幅提升，在胎质、釉色、造型等诸多方面愈发精湛，备受世人瞩目，产品畅销海内外。江西和福建两省的许多窑址也模仿龙泉青瓷进行烧制。从明代中后期到清代末期是衰落期，瓷窑的数量持续减少并逐渐关闭，到清末民初基本上已经断烧。

龙泉窑因其悠久的陶瓷烧制历史和广泛的窑址分布，成为举世闻名的历史名窑，其在民窑系中的地位是无与伦比的。通过深入的考古挖掘和资料考证，我们可以确认龙泉青瓷在 1600 多年的历史中取得了非凡成就。其跨越了浙江、福建、江西三省的广泛窑场，并向湖南、广东等地的仿烧龙泉窑系风格的窑场辐射。在宋、元的全盛时期，龙泉青瓷的产量位居全国窑系之首；从北宋到明初，龙泉青瓷在外销量上一直占据中国陶瓷对外贸易的最大份额。这一系列成就奠定了龙泉青瓷在中国陶瓷史上无可替代的地位。

（二）龙泉青瓷之历史成就

龙泉青瓷在陶瓷历史上的最大成就是其达到了青瓷工艺的巅峰，即创烧出了粉青和梅子青釉，相应的工艺提升包括将灰胎改为白胎，将厚胎改为薄胎，以及将薄釉改为厚釉。李刚指出："汝窑乳浊釉制作技术输入南方所结果实最为丰硕的就是在烧瓷条件极为优越的龙泉，从此以后，龙泉窑便以粉青和梅子青釉瓷器闻名于世。"[1]

明陆容在《菽园杂记》中描述："然泥油精细，模范端巧，俱不如刘田。泥则取于窑之近地，其他处皆不及。油则取诸山中，蓄木叶烧炼成灰，并白石末澄取细者，合而为油。大率取泥贵细，合油贵精。匠作先以钧运成器，或模范成形，候泥干则蘸油涂饰，用泥筒盛之，置诸窑内，端正排定，以柴筱日夜烧变，候火色红焰无烟，即以泥封闭火门，火气绝而后启。凡绿豆色莹净无瑕者为上，生菜色者次之。然上等价

---

① 李刚：《青瓷风韵：永恒的千峰翠色》，浙江人民美术出版社，1999 年，第 102 页。

高，皆转货他处，县官未尝见也。"①这段描述是古代文献中对龙泉青瓷制作流程最早、最详尽的阐述，涵盖了龙泉青瓷从原材料来源、胎釉制作、成型到装烧的整个过程。龙泉青瓷的釉色之美是基于一系列制作工艺的改进和提升，其中最重要的是釉色和施釉工艺，这也与器形的简约和烧制工艺紧密相关，分述如下。

1. 釉色工艺之成就

龙泉青瓷技术上的最大突破便是创制了粉青釉与梅子青釉，达到了青瓷釉色和质地的巅峰。龙泉窑烧造的粉青釉以光洁润泽、柔和典雅而著称，滋润度如玉；梅子青釉则呈深沉的青碧色，生机盎然，色泽近似翡翠，瓷烧后呈现玉石般质感。在吴仁敬和辛安潮合著的《中国陶瓷史》中，他们认为"唐代称瓷为'假玉器'，若弟窑之青瓷，其滋润莹澈，足可称'真玉器'而无愧矣"②。龙泉青瓷的釉色与质地已达到与玉类似的效果。美国麻省理工学院范黛华在其论文《龙泉大窑宋代青瓷釉》中指出："龙泉的陶工能生产玉色青瓷，其色泽有从青绿至黄绿的，也有从浅绿至深灰青色。玉是一种肉眼难以分辨的纤维状结构，具有柔和的光泽和半透明性。龙泉窑的陶工们成功地在陶瓷上再现了这些特征。"③古瓷崇尚青色，青瓷被誉为"瓷器之母"，因其为最早烧制的瓷器。相较于越窑、瓯窑、婺窑、寿州窑、岳州窑、汝窑和官窑等青瓷，龙泉窑的釉色最具翠色玉质。越窑釉色稍暗于艾青色，瓯窑则偏淡，寿州窑釉色浑浊，耀州窑釉色偏黄绿且釉质较薄，无优雅韵味；汝窑釉色偏蓝带淡天青色调，失却内涵；官窑与龙泉窑釉色相似，但开片影响了釉色的晶莹。民国时期的徐渊若生动描绘了龙泉青瓷的釉色："至如蔚蓝落日之天，远山晚翠；湛碧平湖之水，浅草初春。豆含荚于密叶，梅摘浸于晶瓶。或鸭卵新孵，或鱼鳞闪采，洁比黎难，光不浮而饶净；美同垂棘，色常润而冰清。蕴之也久，而火气消；藏之也深，而光芒敛。此其釉色之最佳者也。"④仅从釉色与质地角度看，龙泉窑生产的梅子青釉堪称最纯正美丽的青瓷。在《陶瓷之路：东西文明接触点的探索》一书中，三上次男描绘了龙泉青瓷的釉色，他说："这种瓷器的青色，其清澈犹如秋高气爽的天空，也如宁静的深海，这就是名闻世界的龙泉窑青瓷。"⑤

要达成玉质烧制效果，首要任务是防止流釉。陶工们的解决方案是将石灰釉升级为石灰碱釉，以增强高温下的黏度，使釉层更厚实而不易流失，从而实现华润优雅的

---

① （明）陆容：《菽园杂记》，中华书局，1985年，第176—177页。
② 吴仁敬、辛安潮：《中国陶瓷史》，团结出版社，2006年，第47页。
③ 范黛华：《龙泉大窑宋代青瓷釉》，《中国古陶瓷研究》第二十六辑，科学出版社，1987年，第206页。
④ 徐渊若：《哥窑与弟窑》，百通出版社，2001年，第85—86页。
⑤ ［日］三上次男著，胡德芬译：《陶瓷之路：东西文明接触点的探索》，天津人民出版社，1983年，第21页。

效果。多次施釉处理可使釉层增厚，利用折射效应创造玉石般的视觉效果，并且唯有增加釉层厚度，方能展现丰满古雅、厚重如凝脂、青比美玉的釉色。唐代和五代时期的越窑青瓷，主要施釉方式为薄挂，釉层通常不超过 1 毫米，故釉色较淡，青黄差异不明显。龙泉青瓷典型器物釉层较胎骨厚，呈现沉稳柔和、晶莹翠绿的特点，釉质浑厚、滋润、精致、细腻，"叩其声，铿铿如金；视其色，温温如玉"。为达厚釉效果，采用多层上釉法，先对坯件进行素烧，再进行首次上釉处理；第二次素烧后，进行第二次釉料处理；三次素烧后，进行第三次釉料处理；最后在窑内进行烧制。釉层越厚，素烧与上釉频率越高。龙泉青瓷工匠采用多次素烧与施釉法，成功克服厚釉难题，独创最具美学价值之青瓷釉色与釉质。陈万里赞誉此"碧玉般海水般的色釉"为"我国陶瓷史上最辉煌的一页"。①1959 年，翟翕武参观龙泉瓷厂，以"雨过天青云破处，梅子流酸泛绿时"诗句赞誉其釉色。②

2. 造型工艺之成就

龙泉青瓷初创之际，旨在取代金玉器皿。设计理念源于传统造型，出现大量仿古铜古玉造型的器皿，如造型典雅的瓠式瓶，线条流畅、腹部鼓起的胆式瓶，仿玉琮形制、外方内圆的琮式瓶，两侧带有贯耳的贯耳瓶，还有依照簠的样式制作的鬲炉，取法古代鼎器的鼎炉，以及形似古代妆奁的奁形炉等。这些器物承载着独特的历史文化内涵，是当时瓷器工艺的杰出代表。同时，因其胎质多呈黑褐，故称"乌青"。梅子青釉翠绿透亮犹如翡翠，粉青釉清丽雅致宛若美玉，为了充分展现釉色之美，龙泉青瓷创新了诸多独特的器形和造型，如龙虎瓶、凤耳瓶、鱼耳瓶、大吉瓶、塔式瓶、双鱼洗、双鱼盘、荷叶碗及各类鸟食罐等，船式砚滴、雄鸡香薰、三足花囊等更是超越了器形的范畴，展现出雕塑般的造型感。南宋时期，龙泉窑大量生产工艺精湛、釉色美观的香具与文具，深受文人雅士喜爱，尽管宋代诗文未直接提及龙泉青瓷，但杨万里的诗句"琢瓷作鼎碧于水，削银为叶轻如纸"可视为对龙泉窑梅子青鬲式炉的赞美。③

1998 年，邮电部发行了一套名为《中国陶瓷——龙泉窑瓷器》的四枚龙泉青瓷邮票，包括北宋的五管瓶、南宋的凤耳瓶、元代的葫芦瓶及明代的刻花三果执壶。上述四种器物堪称宋、元、明三个历史阶段龙泉青瓷的典型代表。尤其南宋的凤耳瓶，其

---

① 陈万里：《中国青瓷史略》，上海人民出版社，1956 年，第 60 页。
② 吕鸿、王拥军：《传承与中兴："人类非遗"龙泉青瓷传统烧制技艺和青瓷文化》，吉林大学出版社，2016 年，第 12 页。
③ 雷国强、李震：《琢瓷作鼎碧于水，削银为叶轻如纸——南宋龙泉青瓷鬲式炉鉴赏与研究（上）》，《东方收藏》，2014 年第 10 期，第 92 页。

简约设计与粉青釉色所呈现之优雅柔美，最能展现其釉色之美。这套邮票有力地展示了龙泉青瓷在中国陶瓷史上的独特地位，有助于提升国内外影响力。

3. 装烧工艺之成就

除了胎釉精密工艺，烧制过程中的精确温度控制至关重要。龙泉青瓷中的代表性青釉粉青与梅子青皆属厚釉类型，烧制温度分别在 1180℃～1230℃ 及 1250℃～1280℃ 之间，相对于其他窑口温度更高。温度高低直接影响釉面色泽和质感：过低则釉面不能反映出釉色，无法达成"类玉"效果；过高则易使流釉。同时，烧制环境也直接影响釉色呈现。以铁为标准还原色的粉青，过度烧制将转化为更深的翠青色，烧制不足则变灰青或灰褐色，尚未达到还原火状态则产生不同程度的黄色。

传统工匠成功设计龙窑，生产出美丽如青玉的龙泉青瓷。此窑依山而建，斜度约在 10～18 度间，利用空气自然吸力，无需风箱和烟囱。窑长 50～60 米，最长可达 80 米，装烧量巨大，每窑可烧制 1 万～3 万件。烧制过程中窑室温度和还原气氛起着决定性作用，窑工发明火照法检查窑炉温度和气氛，以提高成品合格率。匣钵叠烧不仅提高窑炉空间利用率，还提升生产效率并降低成本。不同的窑位影响窑温及气氛，故烧制成功的龙泉青瓷更为珍贵。

龙泉青瓷在陶瓷艺术史上的最大成就，在于成功烧制出粉青与梅子青的"类玉"釉色，这种独特的釉色和釉质之美，完美诠释了宋代崇尚简约自然的美学理念。为达成玉石效果，龙泉窑工对胎料进行净化，改灰胎为白胎，并研发石灰碱釉应对厚釉需求。装烧过程中，龙窑等窑具及众多技术创新使青瓷艺术达至巅峰。

三、龙泉青瓷的深远影响

（一）龙泉青瓷在国内的影响

马骋在《龙泉窑》初章强调："在中国陶瓷史上，最具世界影响力的产品要数景德镇青花瓷和龙泉青瓷了。"[1] 韩国学者郑良谟在《高丽青瓷》中亦称："在中国青瓷中评价最高的是北宋徽宗年间达到顶峰的汝官窑青瓷，它釉色呈天青色，釉层与高丽青瓷一样薄，但比高丽青瓷浑浊，不透明。其次较有名的有南宋官窑青瓷（杭州）及龙泉青瓷。"[2] 郑良谟在探讨中国青瓷釉色美时，将龙泉青瓷列为南宋官窑及汝窑之后，位居第三，并认为龙泉窑代表了我国瓷器史上一个重要阶段。陈万里在《中国青瓷史

---

[1]　马骋、杨寒桥：《龙泉窑》，上海大学出版社，2011 年，第 1 页。
[2]　［韩］郑良谟著，金英美译：《高丽青瓷》，文物出版社，2000 年，第 5 页。

略》中也提出："龙泉的窑场，形成全国最大的窑业中心，它在烧造青瓷上的成就及影响，远过于临汝窑。"[1]龙泉青瓷在我国瓷器发展史上扮演着关键角色。

龙泉大窑枫洞岩窑场的考古研究表明，"龙泉窑不仅是一处烧制青瓷的著名民间窑场，而且在明代早期，处州龙泉与景德镇一样，也按照宫廷定样烧制了一定数量的青瓷'官器'"[2]。南宋时期达到顶峰，明代初期技艺水平仍能满足官方器物标准，各地窑场纷纷仿制，这表明龙泉瓷业已进入新阶段。沈岳明基于大窑枫洞岩窑址的考古挖掘，揭示了明早期龙泉青瓷在陶瓷艺术历史中的显著地位和价值。他坚信："景德镇的真正意义在于明清，而龙泉窑则是从北宋晚期一直到明代，且它一直和宫廷保持联系。"[3]龙泉青瓷因其釉色优越，吸引历代瓷器模仿，使模仿龙泉成为瓷器历史中的独特风格。龙泉青瓷以烧制青白瓷为主，并兼制少量黑釉品种，显示出独特的地域风貌，被誉为龙泉窑系特有的文化精髓。作为窑口影响范围最广者，龙泉窑对周边地区的影响力不言而喻，这使龙泉青瓷成为研究宋元时期瓷器技术发展与技艺传承的珍贵实物材料。

元代以来，中国瓷器中心景德镇便仿制龙泉青瓷，历经元明清三朝，均有仿龙泉佳作问世，由此可见龙泉青瓷所受重视。《龙泉窑》中也提到："在清朝末年，景德镇瓷器技艺逐步衰退，'仿龙泉的作品一般称为豆青色，而釉里有很多气泡，色泽亦显得灰暗'，遂逐渐被人遗忘。"[4]

元明两代，福建、广东等地大量生产仿龙泉产品，以满足海外市场需求。考古研究已证实，福建沿海同安、闽侯、连江、福清、莆田、仙游、泉州、南安、安溪、厦门、漳浦等地均有大量生产青瓷的窑场，因其产品风格明显受龙泉窑影响，且品质次于龙泉窑同类青瓷，故被称为"土龙泉"，主要用于出口。

清末民初，国际市场对古龙泉青瓷的旺盛需求引发了龙泉地区的盗墓及文物挖掘热潮，仿古瓷流行。光绪三十年（1904 年），经营古董的日本商人天野静之赴龙泉收购瓷器。民国十六年（1927 年），美国商人洪罗道访龙泉收购青瓷，对古瓷发掘地展开详细调查。继此之后，德国人和法国人相继抵达，专人负责搜集瓷片并运回本土。由于古董市场对龙泉青瓷的需求刺激，一批民间制瓷艺术家开始仿烧古青瓷，其中孙坑范祖绐、范祖裘两位兄弟极为出色，县城的廖献忠所制的仿古艺术品亦相当逼真。宝溪乡的陈佐汉、张高礼、张高乐、李君义及龚庆芳、龚庆靖、龚庆平三兄弟等人，

[1] 陈万里：《中国青瓷史略》，上海人民出版社，1956 年，第 57 页。

[2] 马聘、杨寒桥：《龙泉窑》，上海大学出版社，2011 年，第 45 页。

[3] 沈岳明：《中国青瓷史上的最后一个亮点：大窑枫洞岩明代龙泉窑址考古新发现》，《紫禁城》，2007 年第 5 期，第 151 页。

[4] 马聘、杨寒桥：《龙泉窑》，上海大学出版社，2011 年，第 45 页。

八都的吴兰亭、吴庆麟、蒋建寅、黄观光，以及木岱口的徐子聪等人，皆参与了古代青瓷的仿制。

　　时任龙泉县长的徐渊若在其著作《哥窑与弟窑》中深入探讨了民国时期龙泉仿古瓷的烧制。他指出："陈佐汉氏等所作仿铁骨，有时颇可混珠，若用药品去其新光（一名火气），更于底部或边缘略碎米许，则好古者亦易于上钩。盖二章之器，殆无完璧，仅损米许，已属可珍。若不故损一二，则购者必疑赝品，若毁过多，则价不能过索，故仅损米许，可使人惊喜欲狂也。"[①]徐渊若明确阐述了仿古瓷生产者应掌握的技巧，强调不能过于新颖，需故意做旧并添加磨损，同时也不能过度磨损。当时工匠的仿制技艺已达到逼真的程度，龙泉青瓷的制作技艺已得到较大恢复。

　　冯先铭在《中国陶瓷史》中论述："龙泉青瓷是青瓷工艺的历史高峰……从原始青瓷到龙泉青瓷经历了将近两千年的岁月，历史之悠久罕有能与之伦比。"[②]龙泉青瓷不仅为中国陶瓷史留下了浓墨重彩的一笔，也对后世瓷器生产产生深远影响。陈万里总结的"一部中国陶瓷史半部在浙江，一部浙江陶瓷史半部在龙泉"，无疑是对龙泉青瓷辉煌历史的最精准概括。

（二）龙泉青瓷在国外的影响

1. 对海外物质文化的影响：举世瞩目的畅销品

　　晚唐五代至宋初，中国瓷器外销迎来首个高峰，产品包括唐三彩、越窑青瓷、邢窑（含定窑）白瓷和长沙窑彩釉瓷等。秦大树认为："在9～10世纪的外销瓷中，长沙窑和越窑瓷器是最主要输出产品……长沙窑瓷器的大量外销时期主要在9世纪，10世纪时迅速退出外销舞台，而越窑青瓷成为当时最重要的外销产品。"[③]此时的主要出口瓷器为越窑青瓷，销往东南亚、南亚、西亚及非洲等地，使中国享有"瓷国"之誉。

　　瓷器的外销对全球文明产生了深远影响。日本学者三杉隆敏1968年在《探索海上丝绸之路》一书中提出，瓷器经海洋贸易形成的通道，构建了新的"海上丝绸之路"。后来，三上次男于1969年将其精炼为"陶瓷之路"，其在文化和贸易史上的影响力堪比"丝绸之路"。

　　中国瓷器的第二个出口高峰期发生于宋元至明代初年，主要出口产品包括龙泉青

---

①　徐渊若：《哥窑与弟窑》，百通出版社，2001年，第75页。
②　中国硅酸盐学会主编：《中国陶瓷史》，文物出版社，1982年，第275页。
③　秦大树：《中国古代陶瓷外销的第一个高峰：9～10世纪陶瓷外销的规模和特点》，《故宫博物院院刊》，2013年第5期，第43页。

瓷、景德镇青白瓷和青花瓷、福建和广东青瓷等。其中，龙泉青瓷凭借其精湛技艺、丰富品种及优美釉色，赢得国内外顾客的热烈追捧。浙江优越的水运条件同样促成了龙泉青瓷的畅销。自宋代建立，江南经济迅速繁荣，特别是 1092 年龙泉溪的大规模疏通，使龙泉至温州的航运得以连续运行，大大降低了运输风险。此外，宋元朝廷高度重视外贸以增加财政收入。971 年，宋太宗设立广州市舶司，继而杭州、明州、温州等地相继设市舶司，管理海洋贸易事务。南宋定居江南，对外贸更加看重。1137 年，宋高宗认识到"市舶之利最厚"，采取保护外商权益等系列措施，吸引外商投资。元代统一后，延续外贸政策，在泉州、宁波、上海、温州等地设立市舶司，保障了瓷器的大量出口。16 世纪起，欧洲商人开始向中国订购瓷器，霍布森和赫瑟林顿的《中国陶瓷艺术》记载："……印度、菲律宾、爪哇、苏门答腊、婆罗洲、波斯、阿拉伯及非洲的埃及和赞稷巴都大量使用中国浙江青瓷，尤其是龙泉青瓷。"现有的考古证据证实，元代龙泉青瓷在全球范围内广泛流通。任世龙在《龙泉窑瓷鉴定与鉴赏》中指出，自元代起出现真正的外销瓷，龙泉青瓷需要依据全球各地区需求进行生产设计，代表作有露胎贴花云龙纹盘、印花人物骑鲤鱼纹方形注子等。

中国瓷器输出的第三阶段为明代中后期至清代初期的 200 多年间，主要出口产品为福建德化白瓷、景德镇青花瓷和彩瓷等。景德镇瓷业发展迅猛，成为全国最大的瓷器生产中心，从而超越龙泉青瓷占据主导地位。不过，由于海外市场需求仍在不断增长，龙泉青瓷通过朝贡贸易或走私交易等方式，依然保持着大量的出口。明初郑和七下西洋，每次均有大量龙泉青瓷销往海外。

《中国青瓷史略》将青瓷的海外输出分为三个阶段：第一阶段从 6 世纪（隋及初唐）到 8 世纪（唐中叶），主要由越窑青瓷主导；自 10 世纪（北宋初）至 13 世纪中叶（南宋晚期）为第二阶段，龙泉青瓷渐成主流；自 13 世纪 80 年代（元初）至 15 世纪 40 年代（明前期）的 150 余年间，是"青瓷向外输出的第三时期，也是最盛的时期"，此时，龙泉青瓷已成为无可争议的"世界的商品"。[①] 在第三时期，龙泉青瓷在外销瓷中的地位尤为突出。

南宋初期，龙泉窑迎来辉煌发展期。1987 年发现的南海一号沉船出土 6 万余件南宋瓷器，出产窑口包括景德镇窑、龙泉窑、德化窑、闽清义窑和磁灶窑，以景德镇影青瓷和龙泉青瓷为主导。南海一号沉船揭示，南宋时期龙泉窑已大规模对外贸易。1976 年发现的新安沉船再证，至元中期，龙泉青瓷已是中国最大外销瓷。新安沉船

---

① 陈万里：《中国青瓷史略》，上海人民出版社，1956 年，第 52 页。

在韩国木浦海域发现，鉴定为驶往日本的"至治三年（1323 年）东福寺造营料唐船"，出土 22000 多件物品，龙泉青瓷占近一半，有 9842 件之多。新安沉船的发现，深度展示了 14 世纪初龙泉窑青瓷在全球贸易中的主导地位。里纳礁中国明代沉船 1997 年在菲律宾巴拉望省北部卡拉依特水域被发现，3000 余件文物以青花瓷为主导，同时还有龙泉青瓷、广东青瓷、越南青花瓷及泰国青瓷等，其中较为完整的龙泉青瓷共 37 件。一个印有"顾氏"字样的瓷碗，揭示了明代正统年间（1436 ～ 1449）的瓷器品质已不如前几年。此时，龙泉青瓷作为全球贸易的主要商品地位明显下滑，出口量大幅下降，传播范围亦渐渐收窄，而景德镇的青花瓷已成为中国对外出口瓷器的主力。陈万里在《中国青瓷史略》中进一步阐述："一直至明初年郑和七次下西洋，龙泉瓷器还是占着重要位置。当然在那时候景德镇的青花瓷器与龙泉并重……终明之世，依然为对外输出的重要物品。龙泉瓷器由于大量输出，因而对世界的影响不下于后来的青花瓷器，这是我国青瓷在充分掌握了烧造技巧以后所发生的对外影响。"[1]

由此可见，南宋至明初约 12 ～ 15 世纪的 300 年期间，龙泉青瓷海外销售极其繁荣，主导中国外销瓷市场。然而，自明中期以后，"朝贡贸易的实行及景德镇大量生产的青花瓷导致龙泉窑瓷器对外销售量减少"[2]。三上次男研究东亚、东南亚至西亚、东非等地有龙泉青瓷出土的考古遗址后指出："15 世纪以后，长期占据华南陶瓷宝座的青瓷衰落，取而代之的青花成为中国陶瓷的代表。"[3]明正德九年（1514年），龙泉青瓷已经步入衰退期，故而直接销往欧洲的龙泉青瓷数量稀少，品质堪忧。柯玫瑰与孟露夏在著作《中国外销瓷》中指出："自 9 世纪起，瓷器已成为出口亚洲、非洲和中东地区的主要贸易产品，但直到 14 世纪，欧洲人极少收藏瓷器。直至 16 世纪，欧洲商人才搭建起与中国贸易的直接通道。"[4]龙泉青瓷抵达欧洲的途径主要是赏赐、旅游纪念品、收藏购买等，通过东南亚、印度和中东等地间接传播，对欧洲文化的影响相对较小。

陈桥驿在《浙江省龙泉县地名志》序言中提到："从中国东南沿海各港口起，随海道至印度洋沿岸的波斯湾、阿拉伯海、红海及东非沿海，无不在龙泉青瓷的足迹之下。"[5]自宋末期起，龙泉青瓷逐步取代越窑青瓷，成为中国瓷器对外贸易的主导产品。借助繁荣的"陶瓷之路"，龙泉窑在世界各地赢得了广泛影响，其卓越的制瓷工艺、生

① 陈万里：《中国青瓷史略》，上海人民出版社，1956，第 58 页。
② 申浚：《浅谈西亚与南亚地区发现的元明龙泉窑瓷器》，《故宫博物院院刊》，2013 年第 6 期，第 69 页。
③ ［日］三上次男著，胡德芬译：《陶瓷之路：东西文明接触点的探索》，天津人民出版社，1983 年，第 22 页。
④ ［英］柯玫瑰、孟露夏著，张淳淳译：《中国外销瓷》，上海书画出版社，2014 年，第 1 页。
⑤ 龙泉县地名委员会办公室：《浙江省龙泉县地名志》，1984 年，第 8 页。

活方式和文化传统对各国社会经济发展和文化风尚产生了深远影响。

2. 对海外精神文化的影响：赋能当地文化的演进

龙泉青瓷在对外输出过程中得到广泛使用、珍藏、展示和研究，参与调整了当地的文化结构和演化。其作为原生态的艺术语言，在进入异质文化环境后，成为异质文化的一部分，参与文化构建，并持续影响着当地文化。

在日本，龙泉青瓷的声誉极高。日本官方认定的国宝级文物中，共有 8 件中国瓷器，其中 3 件出自龙泉青瓷，分别为南宋时期的直颈瓶（又名下芜花生）、南宋的凤耳瓶以及元代的褐斑玉壶春瓶（又名飞青瓷花生）。今藏在大阪和泉市久保惣纪念美术馆的凤耳瓶曾被日本皇室珍藏，由于诗句"捣月千声又万声"赋予其"万声"之名，充分体现了日本人对凤耳瓶的热爱。1960 年于东京高岛屋举办的"中国名陶百选展"中，尽管号称汇集了日本所有陶瓷名品，但仅有 6 件国宝级瓷器参展，可见日本对这些国宝瓷器的珍视程度。龙泉青瓷备受推崇，被视为国宝，充分体现了中国外来物品在日本语境中的崇高地位，已然成为日本文化的重要组成部分，对其文化特色和审美观产生了深远影响。大阪市立东洋陶瓷美术馆的专家小林仁表示，飞青瓷"在日本是装饰茶道用的茶室、武士门第和朝臣书院的花瓶"[1]，这些瓷器已深深融入日本文化，成为物质文化的重要组成部分，与本土器具共同反映了使用者的生活习俗和审美观念。此外，日本茶道深受中国宋代点茶艺术的影响，审美趋势逐渐转向淡雅隐逸的宋韵之美，因此，龙泉青瓷这类气质纯净脱俗的瓷器自然成为日本人心目中的珍品。日本并未将清代官窑瓷器纳入国宝名录，正体现了茶道在日本生活和审美观形成中的关键作用及其在审美观中的主导地位。

日本人用以区分龙泉青瓷不同类型和品级的术语，同样揭示了龙泉青瓷对日本的深远影响。日本人对龙泉青瓷进行了详尽的分类，宋元初期的龙泉窑制品被称为"砧青瓷"，元中期至明中期的产品被冠以"天龙寺手"的称号，而"飞青瓷"则特指在天龙寺手中带有独特褐斑装饰的龙泉青瓷。

日本陶艺学者小山富士夫被誉为日本首位陶瓷权威，著有《中国青瓷史稿》（1943年）、《宋瓷》（1943 年）及《唐宋青瓷》（1957 年）等著作，对宋瓷的文化特质进行了深度剖析。他指出："北宋瓷器制作似乎从严整的儒道精神出发，南宋则是从禅寂的佛教思想出发。……众所周知，宋代佛教，禅宗特别兴盛的是浙江、福建两省，而以南宋的首都杭州为中心。南宋瓷器佛教色彩强烈，特别是青瓷，大多为香炉、佛花器、

---

① ［日］小林仁著，陈馨译：《国宝"飞青瓷花生"考——传到日本的元代龙泉窑褐斑青瓷》，《龙泉窑瓷器研究》，故宫出版社，2013 年，第 396 页。

佛食器及其他佛器，大概出于此原因。与此相反，北宋末的优秀制品大都模仿中国古代同期的酒具，儒教色彩很深。北宋与南宋制品的区别，把北宋有代表性的定窑、汝窑同南宋代表的南宋官窑、龙泉窑的制品相比较即可明白。"①小山富士夫通过对器形差异的细致分析，揭示了其所包含的文化内涵与美学精神。这种器形的变化与差异，实为满足不同文化背景与功能需求的体现。如龙泉窑大量生产的青瓷香炉和佛事器具，顺应了其所处时代及地域的文化环境，从而在一定程度上扩大了青瓷的文化功能。

小山富士夫等日本学者对中国瓷器的深度理解和解读，引起了欧美学术界的关注。比如，英国学者冈珀茨采纳了小山富士夫《中国青瓷史稿》的观点，并借鉴其研究成果，系统阐述了中国历代青瓷种类，尤其对龙泉青瓷进行了深入探讨。这一实例表明，20世纪的欧美学术界对中国瓷器尤其是宋代瓷器有了更为深入的认识和欣赏，这得益于日本藏家与学者的推动，可以说，欧美学术界正是通过了解和接受日本文化，进而接触和欣赏到中国青瓷艺术。美国学者孔华润指出："将东亚艺术视为当代美国文化的中心元素，视为亚洲文化融入美国生活的证据。……研究中国艺术和日本艺术进入美国文化的历史过程，以及收藏、展示、写作和教授它们的人们。"②这说明东亚艺术在当代美国文化中的影响力以及它如何修正美国人的审美观念。

语言作为现实的客观反映，能最清晰地描绘现实存在和历史真相，龙泉青瓷的深远影响在世界各地形成的专属描述术语中显露无遗。古希腊人将中国称为"赛里丝国"（Seres），意为"丝绸之国"，随后中国被誉为"瓷国"（China），生动地展示了中国外销商品种类的演变及对全球的影响。日本将南宋时期的顶级龙泉青瓷称为"砧青瓷"（Kinuta）；17世纪时，法国人以"雪拉同"（Celadon）来形容龙泉青瓷的美丽色彩，如今，该词已成为英语世界中青瓷的代名词；阿拉伯人则常用"海洋绿"来描述龙泉窑青瓷。此外，法国人特别创造了"特鲁伊蒂"（Tnuitee）一词来描绘龙泉青瓷的冰裂纹片。除了这些视觉感受的描述性概念，在"陶瓷之路"沿线的地区，还有一些地方术语如"转送地"来指代龙泉青瓷，这些术语见证了龙泉青瓷的外销历程。专门用于描述龙泉青瓷的术语名词的普及，有力地证明了龙泉青瓷深厚的历史底蕴及其持久的社会影响。从语言角度出发，我们可以勾勒出龙泉青瓷的对外贸易史。

龙泉青瓷的进口对本地区产生了直接影响，主要体现在其推动了当地制瓷业的发展。在"陶瓷之路"沿线，仿制龙泉青瓷的瓷器生产随处可见。例如，埃及的福斯塔特作为中国瓷器的重要分销中心，从11世纪后半期至14世纪的主要仿制品为北宋龙

① ［日］小山富士夫著，刘志国译：《论宋瓷》，《河北陶瓷》，1983年第3期，第65—66页。
② ［美］孔华润著，段勇译：《东亚艺术与美国文化》，上海书画出版社，2014年，第11页。

泉青瓷，仿制北宋的刻花篦点纹陶碗以及元代的双鱼小陶盆、菊纹贴花碗等。[1] 这种现象源于中国瓷器数量有限，无法满足当地需求，因此通过本地仿造来获取替代品。这种仿造行为体现了中国瓷器制造技术的先进性，同时也是中国文化影响力的有力证明。另外，越南和泰国也有仿制龙泉青瓷的生产活动。

高丽青瓷对于龙泉青瓷的仿造最为精湛。自 10 世纪后半叶至 11 世纪初，高丽王朝已经掌握了复制越窑青瓷的技术；11 世纪中期龙泉青瓷传入高丽后，它进一步仿烧龙泉青瓷，成功烧制出纯正的青绿色青瓷，几乎接近了龙泉青瓷的釉色标准。日本仿制龙泉青瓷的时间始于宋代，主要遵循宋代龙泉青瓷的款式进行制作，无论是造型还是釉色都追求与龙泉青瓷的一致性，显示出龙泉青瓷对日本陶瓷艺术的深远影响。徐渊若在《哥窑与弟窑》中提到："日人也有仿龙泉之作品，曰七官手，沪上名之曰老东洋。以鼎炉等式样为多，其所仿制钢筋炉亦甚可间有于器上画金花者。惟其颜色系将颜料搀入釉内，不若我国处青釉料之能天然发绿；且老东洋略带黄色，质轻，火度不高，击之无音，露胎处发灰色，一望可辨。"[2] 这揭示了民国时期，上海市场已流通日本仿制的龙泉窑瓷器，由此可见日本对龙泉青瓷的热衷与日本制瓷技术的提升。即便如此，鉴赏家徐渊若仍然能轻松辨别日本仿制与真品的区别，其中最显著的特征为釉色与釉料运用，展现了龙泉青瓷的独特魅力。

瓷器被誉为"中国第五大发明"，海外流传的龙泉青瓷，其价值不仅在于技术输出，更体现了先进文明的生活方式。无论是南洋地区，还是阿拉伯社会，均将精美的中国瓷器用于室内装饰，象征主人的身份与财富。在中国这样的"瓷国"，瓷器起着象征性及国际影响力的角色。在民国学者许之衡的《饮流斋说瓷》一书中，他强调道："吾华美术，以制瓷为第一。……凡百工艺，欧美目吾华皆若土苴等视，独瓷则甘拜下风，尊为瑰宝。诚以瓷货之美，冠绝全球，虽百图仿效，终莫能及。"[3] 历史上，龙泉青瓷在海外广受欢迎，构建了广泛的国际影响力，因此，2009 年龙泉青瓷传统烧制技艺被联合国教科文组织评定为世界唯一的陶瓷类非物质文化遗产项目，实至名归。

[1]　马文宽、孟凡人：《中国古瓷在非洲的发现》，紫禁城出版社，1988 年，第 56—57 页。
[2]　徐渊若：《哥窑与弟窑》，百通出版社，2001 年，第 17 页。
[3]　许之衡：《饮流斋说瓷》，中华书局，2012 年，第 7 页。

第二章
龙泉青瓷美学的宋代渊源

第一节　宋代的社会政治

一、宋代形势略说

（一）地理上的南北对峙

宋代时期，中原王朝承受着来自外部强大而沉重的压力，这也是中国历史长河中另一段被称为"南北朝"的时期。中国南方与北方有各自的政权，位于北方的有辽、西夏、金、蒙古，与南方的宋共同存在。相较之下，宋代在中国各朝代之中，领土面积相对较小，特别在南宋时期，其北边以淮河为界，这种格局更加凸显了其偏安形象。

在这样的背景下，处于中原地带的宋王朝，虽然其核心地位和引领作用有所降低，但其对中国的深远影响，体现在政治、社会、经济和思想文化等多个领域。值得注意的是，曾经被中原王朝视为边缘的地区，实际上却是亚欧大陆的中间地带、衔接位置，众多不同民族在此地交融汇聚。辽、金、蒙古等北方政权，正是当时驰骋于东西交通道的核心力量。

正是基于这样的历史背景，从中唐时期开始，中原地区的对外贸易焦点逐步转移到东南沿海地区，从而形成了"海上丝绸之路"。事实上，根据考古发现，"海上丝绸之路"的主要贸易物品已经不再是丝绸，而是众多的瓷器、金银制品、铁制品和书籍等。在广东阳江海域挖掘出的南宋时期南海一号沉船证明了这一点。

（二）国情上的内忧外患

在探讨中国宋代 300 多年的发展历程时，我们不仅看到了那一时期在经济繁荣、文化昌盛以及制度构建等多个领域所取得的骄人成就，同时也深切感受到了王朝崩溃后的凄楚景象。在这一漫长时期里，虽有宋徽宗等热衷于艺术创作的帝王们大力宣扬的所谓"太平盛世"，然而事实上，这个时代并非总是一片祥和宁静，始终伴随着来自外部环境的各种挑战。其中，宋代军事实力的羸弱常常成为人们诟病的焦点，这一现象与自宋太宗开始实行的"守内虚外"以及"强干弱枝"政策紧密相连，即注重维护国内政治局势的稳定，对外采取消极防御的策略。宋朝廷对待武将的态度呈现多重特征，包括笼络、利用、联姻等，但同时也蕴含着深深的猜疑。朝廷在选拔人才过程中所采取的方针政策，逐渐形成了以"重文轻武"为主导的社会风气。

当我们回顾宋代的历史，经常可以听到这样一种描述，那就是"生于忧患，长于忧患"，然而这不仅仅是从战争和政权对抗的角度来进行分析的。一方面，在北宋、南宋交替之际，恰好处于全球气候明显变冷的时期，黄河流域的无霜期突然大幅度缩短，势必会导致农业产量的大幅下滑，从而给朝廷的财政状况带来巨大压力。另一方面，北方草原地区的游牧民族由于逐水草而居的生活方式，往往会选择向更加温暖的地域迁移，而这种大迁徙有可能引发游牧族群与农耕族群之间的矛盾纠纷乃至战争。

自东汉起，黄河长期保持相对安定的状态，直至唐代，广大人民得以安享太平，大规模的土地开垦活动却引发了严重的水土流失问题。唐代后期起，黄河频繁发生决堤事件，一直持续到宋代。尤其在北宋时期，黄河向北移动，夺取了海河口作为新的入海通道；而在两宋交替之际，人为因素导致黄河又一次夺取了淮河口作为入海通道。这一广大区域因此陷入了黄泛区的困境之中，农业生产遭受了极大的破坏。

宋代面临着诸多艰难困境，从"天"来看，当时气候异常，自然灾害频繁爆发，水旱灾害交替肆虐，这对以农业为主导的经济基础造成了极大冲击；于"地"而言，疆域相较于前朝有所收缩，可开垦的优质耕地资源稀缺，周边又强敌环伺，军事压力下边境贸易受阻。然而，即便困境重重，宋代经济却依然取得了令人瞩目的突出进步。英国历史学家伊懋可指出，在中国中古时期，宋代发生了一场意义非凡的"经济革命"，无论是商业活动的空前繁荣、手工业技艺的精湛升级，还是农业领域的革新突破，都为这一时期的经济腾飞添上了浓墨重彩的一笔。北京大学邓小南教授认为，称"革命"并不合适，这些变革并非颠覆性变化，而是长期积累基础上的演进，但这一时期确实在经济、文化方面取得了突出进步①。

（三）国策上的"立纪纲"和"召和气"

众多学者认为，宋代朝政在中国历史诸多王朝中最为开明，对民众文化、经济活动以及社会生活等方面，朝廷很少干预。朝廷高度重视政治稳定，并对细微之处进行了调整，将"稳定至上"视为核心宗旨。赵宋"立纪纲"与"召和气"的执政理念及策略，构成了当时政治环境的基调。

科举发源于隋代，唐代已臻完善，宋代考试机制更为严谨，选拔对象范围更广。科举制度是宋代"立纪纲"与"召和气"相融合的治理方式的例证。当时出现封卷、誊录等技术的应用。宋人曾言："唯有糊名公道在，孤寒宜向此中求。"这句话的意思是，那些出身贫寒、缺乏家世背景的人，应当努力通过科举考试这条途径来改变命运，以寻找更多的晋升机会。正因考试制度日趋严格，科举在宋代仿若一扇打破阶层壁垒的大门，向无数怀揣梦想者敞开，寒门子弟凭借自身才学，得以从田间地头、市井街巷迈向朝堂高位。欧阳修曾激昂盛赞宋代科举，称其"无情如造化，至公如权衡"，这般描述虽说有些许夸大之嫌，却如实地反映出那个时代民众心底对科举制度公正无私的深切渴望。理想状况下，"立纪纲"与"召和气"精神融贯于制度实施过程中，而制度执行则成为"召和气"的保障。北宋中前期，诸多出身寒门的精英脱颖而出，彰显开创天下伟业的雄心壮志。

（四）宋代的历史地位

宋代深刻塑造了当代中国的形象，其影响无论是正面或是负面，都无法否认。史学巨擘陈寅恪描述了中华文化的演变轨迹，认为华夏文化自赵宋时期登峰造极，随后渐趋衰微，最终必将复苏。另一位史学大师钱穆通过比较不同历史阶段的社会变革，强调指出：探讨中国古今社会演变的关键所在，当属宋代。宋代之前，可谓古代中国；宋代之后，则谓后世中国。从宋代来看，无论是政治经济，还是社会生活，都较前代有显著变革。

总体而论，宋代正值我国历史重大转变之际，内忧外患层出不穷，远不及古代国力繁盛之时。然而值得庆幸的是，尽管面对重重困难和挑战，宋代经济文化却依然蓬勃发展，保持全球领先地位。因此，宋代在物质文明、精神文明及制度构建等领域所

---

① 邓小南、杨立华、王连起等：《宋：风雅美学的十个侧面》，生活·读书·新知三联书店，2021年，第7页。

取得的杰出成就，及其对人类文明发展产生的深远影响，无可厚非地令其跻身历史上文明辉煌的时代之列。

二、宋代的社会风尚

（一）平民化、世俗化、人文化

自唐至宋，社会形态与文化学术犹如一条奔腾不息的长河，呈现出一脉相承的连贯性，却也在交接间踏出了独属于自己的崭新步伐，发生诸多显著变迁。葛兆光在《道教与中国文化》一书中将唐文化誉为"古典文化的巅峰"，而宋文化则被视为"近代文化的滥觞"①。若要简要概括这两者的差异，那便是"平民化、世俗化、人文化"的趋势。所谓"化"，并非既定终点，而是动态进程，彰显着宋代平民化、世俗化、人文化的蓬勃"进行时"风貌，持续推动宋代社会与文化的蜕变。②比较唐宋两代都城，我们能直观感受到两类都市格局所呈现的不同气象与景观环境。唐代长安城是在隋代大兴城的基础上建立的，格局对称，坊市方正，井井有条，尊卑秩序严格。宋代开封城则非常不一样，长巷街市，官府、民居混杂，氛围相对开放。为了方便管理，宋代首次将"坊郭户"列为法定户籍，催生了城市户口。两宋期间，商业往来便捷，纸币成为市场需求，钱引、会子、关子等纸币相继发行。随着私营工商业的壮大，同行竞争愈发激烈，商业广告和标识的广泛使用，标志着社会经济发展步入新阶段。

（二）寒门士人因势崛起

宋代寒门士人崛起的发展趋势在诸多方面得到充分体现。在士人阶层的改变上，宋代的科举制度相较于唐代更加公平、开放，为众多出身普通家庭的寒门才子提供了崭露头角的机会。科举制度促进了社会阶层的流动，形成了新的社会秩序。官员的世袭特权被打破，出身平凡的庶民凭借自身才华和实力，在激烈的竞争中占据一席之地，提高了整个文人队伍的素质和构成。范仲淹在《岳阳楼记》中表达了"居庙堂之高则忧其民，处江湖之远则忧其君"的思想，王安石在《上仁宗皇帝言事书》中对当时朝廷内外状况提出批评，指出"内忧外患，国库空虚，风俗败坏"。这些士人的行为，不仅仅出于个人道德品质，更重要的是他们将"天下"视为国家、百姓的共同利益，而

---

① 葛兆光：《道教与中国文化》，上海人民出版社，1987 年，第 216 页。
② 陈野等：《宋韵文化简读》，浙江人民出版社，2021 年，第 98 页。

非皇帝个人的私产，他们为此深感忧虑，并肩负起应有的责任。许多科举失败者也承担着传播知识和文化的重任。

（三）文学重心下移成趋势

从文学体裁维度审视，往昔占据主导地位的诗文，逐渐拓宽边界，词、曲、小说蓬勃兴起并大放异彩，它们与市井生活构建起愈发紧密的纽带。创作主体层面同样历经深刻变革，从早期文学创作多为士族文人所垄断，逐渐转向庶族文人以及市井文人创作群体进一步壮大；文学受众也从精英阶层扩大到普通民众。伴随着城市经济的兴盛，市民阶层逐渐壮大，锦绣繁华的世俗文化开始崭露头角，如瓦子勾栏的说书演艺、街头巷尾的饮茶活动等，都成为市民文化繁荣的显著标志。

在宋代文人眼中，诗歌常用来表达庄重肃穆的情感，而词则更能传达细腻柔美的心绪。以杰出的女词人李清照为例，她生活在两宋交替时期，历经生活的起伏，对当时的社会风貌有着深切的感受。当心中激昂悲壮时，她会选择用诗来抒发；而当心境惆怅委婉之时，则会运用词作进行描绘。然而，宋词并非只有婉约优美的一面，如苏轼、辛弃疾等词人便创作出了豪迈奔放的作品，展示了宋词的多样化特质。

（四）新儒学勃然兴起

宋代所有的学术成果可概括为宋学，新儒学作为宋学的主导流派，突出强调对先秦两汉儒学经典的全新诠释。新儒学中最为典型的分支便是理学，道学则主要涵盖二程兄弟和朱熹等人的学说，是理学的主流分支。

新儒学在当时所倡导的是一种全新的思想文化理念。所谓"新"，主要表现在对儒学经典的全新解读上，彰显了对"理""道"的深度探索。当时的新儒学代表人物，将"理"奉为最高追求，并将其置于超然的地位。对于"理"的理解，朱熹提出了独特见解，认为世间万物的存在及其运动皆有其内在根源，遵循着普遍的规律和法则，其贯穿于天地人间、万事万物之间，具有普遍性和渗透力。

学者们并不仅仅局限于理论研究，在宋代的历史舞台上，理学家们将"正心诚意"全方位贯穿于治学与从政的实践之中，成就了斐然可观的学术高度，更为当时的政治生态注入了一股清正廉洁、求真务实的新风尚，对宋代乃至后世的政治文化发展产生了不可估量的深远影响。

（五）交游活动乃时尚

宋代文人通过阅览群书、应试科举、步入仕途、挥毫泼墨、传道授业以及游山玩水等途径，构建起多元化且层次丰富的社交网络，构成了当时社会的重要人际关系网。士绅阶层的社交活动尤为活跃，诸如真率会、耆英会、九老会、同乡会及同年会等各类聚会层出不穷。城市中的茶肆与酒楼，成为文人雅士们交流心得、邀朋唤友的理想场所。一些私家园林、亭台阁榭亦成为士子们交友聚会的热门选择。例如洛阳的花圃、苏州的园林，以及众多名流府第皆是如此。苏州城内的中隐堂、昆山乐庵、松江西沿曬庵，便是这样受欢迎的交际胜地。人们在这里闲谈赏景，共享文酒乐趣，品味经史图画，体现了优雅从容的心情。

宋代文人的生平充满了富于色彩的景致，他们身担多重角色，结识各界好友，同时也乐于享受独处带来的静谧时光。"焚香漫步，品茗欢宴"，足以看出宋代生活与艺术及自然的融合。焚香、点茶、挂画、插花被誉为宋代"四般闲事"，不仅是生活趣味的展现，也是日常生活中的高雅技法。其中，"闲"字并非仅指充裕的时日，更是心灵的惬意舒适。尽管这些雅趣并非宋代特有，但宋代文人赋予其"雅"的内涵，使之成为传达"文雅"精神的载体。在不同的环境和文化背景下，宋代文人通过这种独特的生活方式，展现出多元化的情感世界。

对比分析唐代至北宋的图片、雕塑艺术可见，北宋已呈现出平民化、世俗化以及人文化的趋势。唐代画作和雕塑主要描绘皇室贵族、朝廷官员及上流社会人物，而北宋时期则涌现出大量描绘底层民众劳作生活的作品，反映出对民生的关注。人物形象日益贴近生活，充分证明了当时艺术家审美意识和表现手段的深刻变化。

三、崇尚意境的文艺趣味

（一）既雅且俗不偏废

陶晋生的专著《宋辽金元史新编》揭示了当时中国民众追求理想与现实的融合，既钟爱高雅之美，亦不排斥通俗趣味。在哲学领域中，理学家对儒家思想的解说为理想形态，改革派则致力于转化此理想为现实，但遭到了理学家的抵制。在文艺范畴内，词之韵律与文人画的意境被视作理想，简朴易懂的曲艺与小说则满足了大众的消遣需求。

宋代文献《独醒杂志》载有这样一则轶事：元祐初，山谷与东坡、钱穆父同游京师宝梵寺。饭罢，山谷作草书数纸，东坡甚称赏之。穆父从旁观，曰："鲁直之字近于俗。"山谷曰："何故？"穆父曰："无他，但未见怀素真迹尔。"山谷心颇疑之，自后不肯为人作草书。此段逸闻集中展示了当时人们对于"雅欲"与"俗态"的独特理解。

总体来看，在宋代世俗社会日益兴起的大环境下，雅俗并赏、精美与通俗相结合的文化趋势已成为时代风气。这主要源于中晚唐以来禅宗的渗入，提倡保持平常之心，重视现实生活，强调佛法在人间的普遍性。宋代新儒学的诞生，与禅宗的影响密切相关。正是在与佛教、道教的交流与碰撞中，新儒学得以蓬勃发展。如《景德传灯录》所述："解道者，行住坐卧无非是道；悟法者，纵横自在无非是法。"北宋理学家程颐、程颢亦言："物物皆有理。如火之所以热，水之所以寒，至于君臣、父子间皆是理。"[①]他们认为，天地间"皆是道"，行、住、坐、卧，纵横驰骋皆是道，万事万物皆有理。

宋人从日常生活的细微处提炼出高雅的情趣，为后世奠定了风雅的基调。当时，"风雅处处是平常"，生活琐事、民间俚语，皆可充满雅趣，皆可入画入诗。苏轼云："诗须要有为而作，用事当以故为新，以俗为雅。"黄庭坚亦称："以俗为雅，以故为新，百战百胜。"

（二）画中意境耐寻味

诗词与书画美互通，苏轼云："诗不能尽，溢而为书，变而为画，皆诗之余。"

宋人绘画为我们提供了理解宋代社会文化生活与士人思维方式的机遇，欣赏画作既要关注其描绘的现实生活，又需注意其中的政治主题；画作既可认为是权力的象征，亦可视作权力运作的具体形态。比如北宋仁宗年间的《观文鉴古图》与《三朝训鉴图》，也是体现朝廷政治志向、寓教于乐的教材，印证了宋人将皇室政策、先贤事迹视为了解时代政治文化的关键资料。

除了与朝廷密切相关的绘画，宋代地方官员亦常利用图像作为告知公众施政方案的途径；远离官场的文人墨客，同样通过画作传达心声，或直白或婉约。而文人的绘画、鉴赏、赠与和收藏等行为，正是建立社交圈层的尝试。即使看似疏离政治的文人画作，实际上也是特定政治文化环境下的产物，无意间反映了当时的政治状况。

有学者指出，现代人欣赏画作，古人则称之为"观"。那么，这个"观"究竟意味着什么呢？《说文》解释"观"为认真审视、细心观察，不是简单的透视技巧，还包括对内心感受的深入体验。山水画中的"高远""深远""平远"都是创作者和观赏者对于山川全貌深切感知的体现，这就是"观天下"的方式，反映了他们的世界观。因此，解读宋画韵味，诗意、画境、心境环环相扣。

---

① （宋）程颐、程颢：《二程集》，中华书局，1983年，第247页。

（三）简约之美传千秋

宋代艺术以精细入微与简洁明快的独特风格著称。"简约"是宋代艺术的显著特征，无论是绘画还是瓷器等器物，皆可窥见其简约之美。南宋画家梁楷的人物画，工笔与简笔并用，简笔画作表现出"参禅"的意趣，率直而简洁，被誉为"萧萧数笔""神气奕奕"。宋代瓷器同样具有素雅简洁、隽永深沉的古典韵味。宋瓷多为单色，虽不及后世瓷器华丽，却给人以淡雅自然之感，开创了陶瓷美学的新境界。

南宋学者刘安节在探讨国家政策时，主张"王者之治"应为"至简而详，至约而博"，这表明在治理国家层面，士人们也认同简约作为一种理想的治理模式。这种理念深入当时社会生活的方方面面。

（四）多元融合气象新

两宋时期的社会环境复杂多变，既有太平盛世，也有战乱时期，繁荣与困境交织。在此背景下，士人群体构成多元、生活内容丰富、思想意识多样、艺术品味丰富，成为当时社会的典型特征。[①]在宋代那片文化的沃土里，艺术旨趣绽放出绚烂多彩的光芒，呈现出一种别具韵味的风貌，"雅骚之趣"与"郑卫之声"并行不悖，世俗匠画和文人画各显千秋，恰似一场多元共生的艺术盛宴。

尽管同属一人，艺术家们在创作过程中也可能呈现出丰富多彩的文化内涵以及多重性格特点。以著名文人辛弃疾为例，尽管他的人生经历充满挑战，但在苦难之中仍能找到短暂的宁静。他的文学作品风格多样，既有沙场征战的壮志豪情，又能反映日常生活的人情味；既有豪放悲愤的词句如"醉里挑灯看剑，梦回吹角连营"，也有温婉细腻的词语如"醉里吴音相媚好，白发谁家翁媪"。在宋代，多元风格与雅俗互补的艺术景观蔚然成风。宫廷雅乐、文人诗词承载的"雅骚之趣"，与民间传唱、俚俗直白的"郑卫之声"交相辉映；匠师画的精湛写实和文人画的写意空灵各擅胜场；文人作品俯身贴近世俗，市井创作抬头拥抱文雅。令人称奇的是，这般差异鲜明的风格并行不悖，时人并未将其视作冲突、矛盾之源，雅俗之间相互渗透、彼此滋养。

宋代名臣孙何在其奏疏《论官制》中向宋真宗提出"雅俗兼资，新旧参列"的原则，认为这是"立庶政之根本、提百司之纲纪"的关键，即制度建设和治国理政的核心。由此可见，在当时的观念中，日常文化生活与政治生活中，雅俗兼备，以简约引领详博，新制度与旧传统相互吸收，各方面皆是融会贯通的。

---

① 邓小南：《大俗大雅：宋代文人生活一瞥》，《人生与伴侣：国学》，2020年第5期，第31—34页。

北宋中期的史学家范祖禹曾言:"古之圣人莫不以好学为先,游艺为美。"所谓"游艺为美",使人联想到《论语》中孔子所说:"志于道,据于德,依于仁,游于艺。"这意味着,应以"道"为志向,以"德"为依据,以"仁"为凭借,活动于六艺的领域内。在宋代,"游于艺"宛如一颗熠熠生辉的精神明珠,贯穿于士人生活的方方面面,它是一种从容不迫、优游涵泳的态度,以及雅俗共赏、兼容并蓄的艺术追求。面对琴棋书画、诗词歌赋,士人不焦不躁,以闲适之心沉浸其中,仿若在艺术的海洋里自在遨游。他们的文化修养和美学趣味,在"志于道,据于德,依于仁"的整体精神追求中得以升华。

总览整个两宋,尽管内外交困、生存压力巨大,但士人阶层依然表现出强大的文化活力与对美好生活的无尽向往,由此留下了丰厚的物质文化遗产以及深厚的人文精神资源。

第二节 宋代理学思想

宋明时代理学,也可尊称为"道学",这一阶段是中国历史上儒家哲学的主要发展期。唐代以来,受佛教与道教的影响,韩愈等人倡导了儒学复兴运动。至北宋时期,这种思想观念逐渐演变为构建儒家生活方式的哲学基石。在这个过程中,周敦颐、邵雍、程颐、程颢、张载等杰出学者作出了重大贡献,他们的思想在南宋时期被朱子的理学体系所吸收。从儒家哲学的角度看,生活的真正意义体现在我们活着时如何努力去塑造一个理想的世界,以及离世后留下何种遗产。

一、北宋儒学的复兴运动

(一)北宋儒学运动之起因

作为北宋时期一个深远且必要的哲学发展进程,儒学复兴运动是中国传统文化的重要组成部分,它不仅是对唐代儒学复兴运动的继承和发扬,同时也反映了当时社会背景下士大夫的精神需求。

隋唐时期,士大夫的精神寄托主要集中在道教或佛教,而儒家正统地位逐渐被忽视。韩愈的《原道》篇深刻揭示了这一现象:大多数士大夫无法自觉认同儒家身份,即使有人自称儒者,其对儒学的理解也相当有限。

　　然而，随着宋王朝"养士"政策的实施，北宋士大夫逐渐形成了独特的世界观，进而创造了一个相对宽松的政治环境。经过太祖、太宗、真宗三位皇帝以及仁宗时期的努力，终于实现了"儒统并起"的理想局面。

　　在北宋的文化和思想中，可以通过范仲淹的"忧"、程颢的"仁"、张载的"感"三个关键词来概括宋儒的世界观，这些关键词都强调了对他人的关心和责任。

　　一般而言，只要给予士大夫足够的宽容和尊重，他们便能够肩负起治理国家的重任。然而，北宋时期的国力相对较弱，这源于多种复杂原因，如冗官、冗兵问题日益突出，财政状况长期贫困；在对抗其他政权方面处于劣势，给人留下了积弱的印象。面对如此困境，北宋士大夫深感治理天下的责任重大。《岳阳楼记》中的名句"居庙堂之高则忧其民，处江湖之远则忧其君"，生动诠释了这种忧患意识。这种忧患意识成为北宋士大夫的核心价值观，也是解读北宋思想的关键线索。

（二）宋代儒学复兴之新质

　　北宋儒学复兴运动与唐代儒学复兴运动的显著区别在于，前者更加重视构建完整的哲学体系。士大夫们意识到，佛、道之争并非单纯的政治、经济问题，而是涉及生活方式的根本分歧，认为佛、老的虚无主义世界观可能导致道德沦丧。

　　实际上，这些问题关乎我们对生活价值的认知。每一种哲学或宗教思想，都指向或论证一种独特的生活方式。比如，佛教主张"解脱"，追求心灵的超脱，因此，佛教文化可概括为寻求一种正确的、舍弃此世的方式。道教关注"永生"，导致了荒诞的金丹炼制和服用。需要注意的是，道教的实践确实有些荒诞，但问题是真实存在的。如果世界是无始无终的——既无起点，亦无终点——那么时间便是无限的。如果时间无限，那么无论一个人活多久，只要生命有限，相较于无限时间，就等于虚无。

　　在佛教、道教都形成了各自哲学依据的价值观和生活方式的情况下，为了应对其带来的虚无主义世界观的影响，必须从根本上建立儒家的道理。北宋仁宗年间"儒统并起"，当时的学术界有很多流派，其中影响最大的是王安石的新学，其次是三苏的蜀学，以及以司马光为代表的朔学。理学在这种思想环境中并不突出，但它真正把握住了北宋儒学复兴运动的主旨，并在理论层面成功解答了那个时代儒学复兴运动的核心问题——如何为儒家生活方式奠定哲学基础。这个问题在哲学高度上的解决，为儒家的生活道路和价值体系奠定了基础。到了南宋初期，北宋五子的哲学逐渐被士大夫们所接受。

二、北宋五子的哲学思想

北宋五子，指北宋时期五位重要的哲学家，包括周敦颐、邵雍、张载、程颢、程颐，他们是宋代儒学复兴运动的代表人物。

最早明确提出儒学复兴运动核心问题的是程颢，他对北宋道学话语体系的构建起着至关重要的作用。在整个北宋道学中，许多核心概念如"一本"原则，即"一元论"，都是由程颢首次提出并深刻阐释的。程颢认为道教理论难以站稳脚跟，因此将批判的重心放在佛教。在批判佛教时，程颢特别强调佛教的"二本"性质，质疑其普世性。他指出，如果每个人都不参与人与物的再生产，那么人类社会将会走向灭亡，将无法普遍适用的生活方式推广至全体，这显然是不合理的。通过强调"一本"或"一元"，程颢成功地解决了道的普遍性问题。他认为，任何道都必须具有普遍性，必须贯穿始终。

宋明理学思想的结构可分为四大部分：天理论、心性论、修养功夫论和价值论。其中，价值论在过去的研究中常被忽视，而实际上，它是非常重要的一环。

（一）天理论

程颢提出了"天理"这个概念。"天理"一词最早出自《庄子·养生主》，但程颢"天理"概念的源头应该追溯到《礼记·乐记》。在程颢看来，欲望不能无节制，否则会导致做法违背天理，破坏世界秩序。随着时间的推移，"天理"逐渐演变成了宋明理学中的核心哲学概念。他进一步解释说："天理云者，这一个道理，更有甚穷已？不为尧存，不为桀亡。人得之者，故大行不加，穷居不损。这上头来，更怎生说得存亡加减？是佗元无少欠，百理具备。"[①] 即天理具有普遍性，适用于所有人和万物；天理具有客观性，不受尧或桀的影响；天理没有任何缺陷，处处皆完备，不含人的主观意识和好恶。"天理"概念的提出，为儒家倡导的合理生活方式奠定了坚实的哲学基础。

（二）心性论

早在春秋时期，孔子就已经开始深入探讨人性问题，他提出了"性相近也，习相远也"的观点。这句话揭示了人性的普遍性，同时也指出了普遍人性在现实生活中的巨大差异。这种"性"与"习"的二元结构，为后来的学者们研究人性问题奠定了基

---

① （宋）程颐、程颢：《二程集》，中华书局，1981年，第606页。

础。然而，仅仅用"性"和"习"来解释人类行为仍然不够全面。因此，宋代理学家们在此基础上引入了"气"的概念，从而更好地解释了人与人之间的差异。

程颢强调"生之为性"，并指出"人生气禀，理有善恶"，以及"继之者善也，成之者性也"，这充分体现了天地间生生不息的精神。他认为，善恶都是人的本性，人之所以不同于其他生物，就在于人可以通过自我沉淀来改变自己。

张载和程颐进一步发展了程颢的思想，提出了"天地之性"与"气质之性"的理论，对于人性论的发展有着重要影响。宋儒认为，每个人都有各自独特的天赋和不同的气质特点，但人们可以通过修炼内心，让自己的气质得到净化。尤其重要的是，"心灵"是一个充满潜力的主体，它可以扩大人性的范围，使气质得到改善。

（三）修养功夫论

关于修行和磨砺，程颢强调回归到千百年来历久弥新的存续之道——"静"，这不是表面的平静，而是内在的安静。张载更深入地将心性论与修行紧密结合，他建议人们学习以更加平和、公正的态度面对自我和世界，通过"虚心"的方式改善自己的气质；之后"增大自己的心胸"去探索万事万物，认识到"气质之性"对"天地之性"的遮掩，感受到自己与他人的联系，体验内心深处的"天地之性"，通过"穷理致知"建立起对事物的具体认知和真实感受，逐渐达到最高境界；最后通过"尽心尽力"，发挥心灵的能动作用，以"德行之知"驾驭和引导"见闻之知"，将对天地万物的体贴付诸实践。

（四）价值论

程颢在哲学领域非常重视"仁"这一道德价值观。众所周知，"仁"是孔子思想的核心。然而，孔子对"仁"的解释并不统一，直到程颢通过对汉语日常生活的重新审视，才真正挖掘出了"仁"的内涵。

程颢对"仁"的理解主要包含以下几个方面。首先，他认为"仁"是一种感知能力，有感知即是"仁"，无感知便是"不仁"。其次，他主张"仁"是一种整体观，"仁者浑然与物同体"，"认得为己，何所不至"，只有与万物融为一体，才能真正理解"仁"。最后，他提出"仁"是一种生命力，"仁"即生生不息之意。当我们看到新芽破土而出时，会自然而然地感到欣喜，因为它的生命力与我们的生命力息息相关，甚至在某种程度上唤醒了我们对生命的感知。从这个角度看，"以生意言仁"无疑是一次重大的创新。

程颢的"仁如谷种"，可谓深思熟虑。其门生谢良佐将"仁"与饮食中的果仁、核桃仁的"仁"联系起来，植物种子的核心即为生机。他们对"仁"的重新定义，实际上就是对儒家价值观的重新评估。经过重新评估后，既有价值观的活力和深度得以重新展现。

程颐在其《识仁篇》中首次揭示出"义礼智信皆仁也"，令人们对儒家价值观念的探讨更加深入精确。儒家强调以"五常"为核心价值，然而在古时候，更多人看重的是"四德"，包括"仁、义、礼、智"，"信"被涵盖在"仁义礼智"之内，因此令人不由得质疑，这五者之间究竟是否有所矛盾？至于"仁"和"义"，是否会出现冲突呢？程颢很好地解答了这个疑惑，而朱熹进一步将其概括为"仁包四德"。"仁包四德"的理念，提供了一种根本性的解决策略，使得儒家的价值观能够更好地与程颢所倡导的"一本"或"一元"哲学精神相融合。

三、朱子理学的贡献

北宋五子的理论建设让儒学成为南宋时期士大夫精神世界乃至整个社会思想的基石，而朱子理学则是对北宋五子哲学的综合，也是对其遗留问题的彻底解决。朱熹被誉为中国思想史、哲学史乃至文化史上的伟人，因其思想之深与学问之广而被称为"朱子"。朱子主张研究得多，体验得多，心境越开阔，认知力越优秀。

（一）对朱子的误解

很多人可能认为朱子严谨拘泥，但实际上他才情横溢，涉猎广泛。有人将误解归结于"存天理灭人欲"这句话，但实际上，王阳明对此话的强调程度更高。"存天理灭人欲"中的"人欲"并非所有欲望，而是过度的欲望。朱子提出了一个简单的判断标准：饿了就吃饭，渴了就喝水，这是人的本性需求；而如果非要选择最好的食物或最喜欢的饮料，那就是人欲了。所以，"去人欲"并不是消除所有欲望，而是去除过度的欲望。

此外，朱子还是一位出色的诗人。他的诗歌自然生动，毫无雕琢痕迹。比如"问渠那得清如许？为有源头活水来"和"等闲识得东风面，万紫千红总是春"，只有充满生命力的心灵才能写出这样的佳作。

朱子理学是对北宋五子哲学的集成，他深入研读了他们的著作，并对其中的问题进行了深入思考。

（二）理与气的探讨

自程颢提出天理观以来，天理与世间万物的关系成为焦点话题。基于《易传》"形而上者谓之道，形而下者谓之器"的观念，天理被视为万物本体，属于形而上范畴，而由气所呈现的人间万象则归于形而下领域。然而，形而上与形而下究竟该如何区分，却引发了不少难题。

程颢的思想体系较为圆融，不太愿意将概念进行严格区分。例如，程颐与程颢对于《易传》中"一阴一阳之谓道"的理解存在显著差异。程颢认为，一阴一阳即是道，无法从中分离出形上者。从宇宙大化的角度看，程颢的观点无疑正确，但形上者为本源，形下者由本源衍生，这一点足以证明形上者与形下者之间的区别。因此，程颐更加强调区分形上者与形下者，他在解读"一阴一阳之谓道"时指出："道非阴阳也，所以一阴一阳者，道也。""所以"二字清晰地划分了形上者与形下者，使其关系成为根本性的理论问题。这一理论问题在朱子那里进一步深化为关于理气关系的讨论。

形上与形下的关系问题、理气问题，大致可以概括为以下几个方面。

首先，理气的先后问题。既然所有事物均包含理气，那么理与气孰先孰后？

其次，理气动静问题。在具体存在层面，理气对应着生命的诞生、演变乃至消亡。那么，作为抽象概念的理，是否也具有动静特性？

再次，"理气同异"问题。所有事物皆源于天理，天理构成了所有事物的内在本质。既然天理是所有事物的内在本质，那么事物间的差异又是从何而来呢？这便触及哲学上的一个重要问题——同一差异问题。此外，"理气同异"还涉及另一个问题：人类秉持天理为自身内在本性，那么其他动物是否也具备天理？若它们无天理，天理的普适性何在？若它们有天理，这些生物与人的差异又在何处？

最后，"理一分殊"问题。最早由程颐提出。某日，他的弟子杨时专门写信讨论张载的《西铭》，文中阐述了"民吾同胞，物吾与也"，与程颢"仁者浑然与物同体"的理念相契合。杨时质疑：既然强调对天地万物的热爱，岂非与墨家的兼爱无异？墨家与儒家虽同样倡导爱，但墨家主张爱无差别，儒家则强调爱有差别，最为明确的表述便是孟子的"老吾老以及人之老，幼吾幼以及人之幼"。对此，程颐回应称，"墨家二本而无殊"，儒家"理一而分殊"。程颐强调的是"分殊"（"本分"的"分"），爱的道理相同，但爱的程度因人而异，这便是"理一分殊"四字的含义。朱熹对"理一分殊"做了深入解读，上升到了宇宙论的层次，解释了融合普适天理与千变万化事物之间的关系及其表现形式。为了更好地阐述这一观点，他用谷种作比，形象生动地说明了"理一分殊"的含义：母体种下一颗谷种，每个谷种虽源自同一谷，但彼此间却各不相同。当这些谷种再次播种后，又会产生新的谷种。如此反复，既保持了生命力的一致性，又展示了千姿百态的多样性。

第三节　宋代文化风雅

宋代文化是我国历史长河中的瑰宝之一，具有独特的文化气息及时代特性，其中最具代表性的是宋词、宋画和宋代书法。中国文学各时期都有其独特的魅力，例如先秦时期散文繁荣，汉代大赋华美，唐诗、宋词、元曲以及明清小说等相继问世。那么，为什么唐诗之后就是宋词呢？这主要得益于众多词人的出现，他们通过词作生动描绘了社会生活，深度刻画出自己的人生感悟。

宋画也是值得仔细探索的话题。笔者借鉴元代绘画特征，深挖宋画内涵，探究当世的结束是否能为我们欣赏其独特性带来新视角，以及它所失去的特质。宋画被誉为写实、现实主义的典范，这确实是它的魅力所在。然而，这种特色在元代画作中已经消失殆尽。通过剖析宋画的消亡，可以重新审视宋画，从多角度深入分析其中的问题。

宋代书法在中国书法史上地位卓越，是魏晋、隋唐至元、明、清书风变迁的重要阶段，其独特风格尤为明显。宋代书法丰富多彩，被誉为"尚意书法"。

一、千秋宋词

（一）宋词之美口传心授

宋词常见百姓生活风情，便于记忆。其形式优美，被誉为宋代文学的代表。在宋代，词深受市民喜爱，成为社会文化娱乐消费的主导方式，对后世产生深远影响。

词源自民间，语言朴实无华；文人创作则更具优雅、婉约、含蓄。中唐至晚唐，文人写词多为消遣。然而，李煜以词抒发亡国之痛，"问君能有几多愁，恰似一江春水向东流"，使词从伶工之作升华为士大夫之词，开启了宋词抒情言志的新篇章。

演唱是词的重要传播途径，使词得以广泛流传，成为当时一道亮丽的风景线。北宋词人柳永离任之日，众多歌伎前来送行，柳永用词记录下这感人瞬间："郊外绿阴千里，掩映红裙十队。惜别语方长，车马催人速去。偷泪、偷泪，那得分身应你！"

（二）市井中的宋词

文人常借词抒发诗文无法描绘的儿女私情。钱锺书指出文人词的创作具有"作闺音""为艳科"的特点。宋代的词人以歌伎为主要描写对象，延续了宫体、花间的风格，描绘了歌伎与文人之间的情感纠葛。例如，北宋词人晏几道在《鹧鸪天》回忆了与歌伎初次相见，描绘了久别重逢后的深情和喜悦，结尾两句化用了杜甫的"夜阑更秉烛，相对如梦寐"，诗句在词中显得更加空灵婉约，韵味十足。

词亦为城市文学的重要组成部分。杭州在《望海潮》中被描述为"三秋桂子，十里荷花"的清丽之景与"乘醉听箫鼓，吟赏烟霞"的惬意生活。都市词的兴盛，推动了慢词的发展。慢词曲调变长、字句增加、节奏放慢，音乐变化更加丰富，悠扬动听。

相较于城市的繁华，乡村词更注重描绘农家之乐，如苏轼的"林断山明竹隐墙，乱蝉衰草小池塘"，辛弃疾的"明月别枝惊鹊，清风半夜鸣蝉"。

词这种自由灵活、长短随意、随时可歌的文学形式，恰好满足了宋人表达丰富内心感受的需求，也特别适宜展现宋代文人的世俗娱乐和生活情趣。

二、经典宋画

（一）从赵孟頫回望宋画

元代赵孟頫不仅是复古艺术理论的拥护者，还是一名出色的实践者。他在书法和绘画方面都有很高的造诣，并且具有多种风格。例如，他的作品《鹊华秋色图》被视为设色山水的经典，并被誉为中国山水画的巅峰之作。此外，他还涉猎动物和人物等多种题材。他最有影响的艺术作品《秀石疏林图》目前被珍藏在故宫博物院，赵孟頫在画上题诗道："若也有人能会此，方知书画本来同。"这句话揭示出书法和绘画的用笔其实是相通的。

"书画同源"这一观点最初可以追溯到唐代的张彦远。张彦远认为，无论是书籍还是绘画，它们的作用就是"成教化、助人伦"，因此都需要用毛笔在绢布或纸张上留下印记。张彦远称书画为"书画本来同"，但这并不代表书与画完全相同。绘画追求的是细致和真实，而书法则更注重其美感和生动性，将日常生活与生命完美地结合在笔画之中。赵孟頫以其独特的书法技艺进行绘画创作，成功地将书法与绘画融为一体，赋予了绘画一种与书法相似的"书写性"。从元代到明清，随着社会环境的变化，文人画逐渐兴起，文人士大夫们开始关注自身修养以及对精神世界的探索与表达，中国的艺术创作逐渐转向了水墨写意的风格。

在赵孟頫活跃的年代，意大利也诞生了一位杰出的艺术家——乔托，他被尊称为人文主义的开创者。在当时的欧洲，文艺复兴运动是一个非常重要的文化思潮，它使西方的艺术思想发生巨大变革。在文艺复兴时代，绘画艺术重新接纳了古希腊的传统元素，强调了自然与人类的表达方式，并将人的情感和感受融入其中，从而奠定了人文主义发展的基础。乔托继承了古希腊艺术的优良传统，同时又结合当时欧洲的实际情况进行创新，成为文艺复兴的重要代表人物之一。达·芬奇则将艺术看作一门科学，并致力于对各种对象进行深入的观察、研究、解析和再现。他把自己的全部精力都投入创作中，以达到对自然界最真实的把握。与此相对照，赵孟頫所做的贡献更为突出。尽管他似乎偏离了绘画与自然、形象之间的紧密联系，但他却发现了一种全新的观察和表达方式，为艺术创造了新的路径。

之所以强调这个观点，是因为在当前的艺术和艺术史讨论中，西方的文化观念和分析方法经常对我们产生影响。在这种情况下，对艺术进行研究的目的就不是要探讨艺术家们如何创造出具有某种特殊价值或意义的作品，而是要从他们的创作出发来探究其背后的历史文化背景及社会因素。当我们回头审视中国艺术历史上的巨大转变时，会意识到，人类的文化发展并不仅仅局限于一条路径。在这个意义上说，中国传统的艺术观念是一个开放而多元的系统。中国的艺术曾经选择了一条与西方艺术完全不同的路径，并在此过程中获得了显著的成果。

（二）追溯书画同源之本

宋画，其内涵不单指宋代画家的杰作，也包含象征着宋代艺术风貌及深远影响的画作。苏轼和米芾作为北宋时期的杰出人物，他们的书画观点对后世产生了深刻影响。

苏轼主张："论画需求神似，方显高雅；赋诗若止于此，则非真诗人。"他认为，单纯以像或不像来评判艺术，未免太过肤浅。对于艺术是否必须追求相似性的问题，东西方学者都有思考。古希腊人认为艺术应"像"，因此柏拉图提出艺术原则"mimesis"，即模仿。在中国也存在同样的理念，被称之为"存形莫过于画"。然而，中国艺术有其独特的文化原则和特色，在讨论书画时，常会提及另一个概念——"图"。关于"图"的含义，众说纷纭，有人认为是地图，有人认为是揭示真理和描绘复杂宇宙关系的图像。其实并非只有画得像才叫图，不太像也是图，相较于文字，它或许更能传达人对世界的直观感受和把握。比如苏轼，他的诗文书画皆精妙绝伦，他的字与诗意紧密相连，欣赏《黄州寒食帖》比阅读他的寒食诗更具深度，这深度源于苏轼所强调的不能以"形似"来衡量的"画"。

米芾的水墨云山堪称表现规律与形态的典范。晚年定居南徐（今镇江）的他，对烟云湖山的变幻规律了然于心，将自然生机融入水墨画里，挥洒自如地运用笔墨浓淡干湿，挣脱形体束缚，尽情表达自我，塑造了独树一帜的米点山水，赋予其神秘魅力。此外，米芾还著有笔记，并附上草图，如他详细描述所得珊瑚的大小、形状，随手便可画出，其手法与写字的笔墨如出一辙。由此可见，"书画同源"的说法在米芾身上得到了完美验证。

中国画初期，笔与墨各自呈现，独自存在。自北宋后，创建山水画二米流派的艺术家们，巧妙地将笔、墨、色结合在一起。到了南宋时期，"带水斧劈"画风更为成熟，它将勾、皴、染合为一体，呈现"水晕墨章"的独特美感。宋元时期，画家们喜欢用"写"来形容他们的创作过程，这意味着他们的作品充满了情感的自然表达，因此，写意画应运而生。

（三）宋画之历史地位

宋代绘画在中国艺术史上占据着枢纽性的关键地位，既是传统绘画范式的集大成者，也是后世艺术变革的重要源头，同时在世界艺术之林独树一帜，彰显东方美学的独特魅力。

1. 技法与风格的集大成创新

在技法层面，宋代绘画实现了历史性突破。人物画领域，李公麟以白描技法革新传统线描，其《五马图》以简洁流畅的线条，勾勒出马匹的健硕体态与人物的服饰纹理，通过线条的轻重、疏密变化，赋予画面极强的立体感与动态感，将线描艺术推向纯粹化、抽象化的新境界。山水画方面，皴法体系趋于完备，董源以披麻皴表现江南山水的温润秀雅，其《潇湘图》中长短交错的线条，如层层麻皮铺陈，细腻展现出山峦的柔和起伏；范宽则以雨点皴描绘关陕山川的雄浑壮美，《溪山行旅图》中密集的点状笔触，生动呈现山石的苍劲质感。花鸟画领域，宋徽宗赵佶的工笔设色技法登峰造极，《芙蓉锦鸡图》中锦鸡羽毛以极细笔触晕染，色彩过渡自然柔和，芙蓉花瓣的粉嫩与叶片的苍翠相互映衬，展现出细腻入微的写实功力。

宋代绘画风格呈现多元共生的繁荣景象。宫廷绘画以工整华丽为特征，服务于皇家审美需求，追求严谨的写实风格与精湛的技艺表现。文人画则在苏轼、米芾等文人的推动下，强调"诗画本一律，天工与清新"，注重笔墨情趣与精神内涵的表达，米芾的"米家山水"以水墨淋漓的点染，营造出云雾缭绕的江南烟雨意境，开创了文人写意山水的先河。民间绘画以《清明上河图》为代表，张择端以细腻笔触生动描绘北宋汴京的市井百态，从巍峨的城楼到街边的商贩，从繁忙的汴河运输到百姓的日常生活场景，展现出质朴鲜活的民间风情，构成了一部形象的宋代社会生活百科全书。

2. 绘画理论体系的构建与升华

宋代绘画理论的繁荣为艺术实践提供了坚实的理论支撑。郭熙的《林泉高致》是中国山水画理论的经典之作，其提出的"三远法"——高远、深远、平远，系统总结了山水画的构图法则与空间营造方法，对后世山水画创作与空间处理产生了深远影响。韩拙的《山水纯全集》进一步丰富了山水画理论，在继承郭熙理论的基础上，对山水形象的具体描绘和创作规律进行了更为细致的阐述。

在审美观念上，宋代绘画理论强调"逸格"为最高境界，注重作品所传达的精神境界与艺术家的个人修养。黄休复在《益州名画录》中将"逸格"置于"神、妙、能"三格之上，推崇绘画中自然质朴、超脱世俗的审美意趣，这种审美观念深刻影响了后世对绘画艺术价值的评判标准，促使画家更加注重作品精神内涵与文化底蕴的表达。

3. 对后世绘画发展的深远影响

元代绘画深受宋代文人画的影响，赵孟頫主张"以云山为师""作画贵有古意"，继承并发展了宋代文人画的笔墨技法与审美理念，其《鹊华秋色图》以简逸的笔法描绘济南郊外的秋景，开创了元代山水画的新风貌。明清时期，唐寅、仇英等"吴门四家"在学习宋代绘画的基础上，融入时代特色与个人风格。唐寅的人物画兼具宋代的写实功底与明代的文人意趣；仇英的工笔重彩画则在继承宋代院体画技法的同时，增添了雅俗共赏的艺术特色。宋代绘画所倡导的意境美、笔墨情趣等审美观念，成为中国绘画的重要审美标准，贯穿于后世绘画发展的始终，深刻影响着画家的创作理念与艺术追求。

4. 在世界绘画史上的独特价值与广泛影响

宋代绘画以其精湛的技艺、独特的风格和深邃的文化内涵，在世界绘画史上占据重要地位。其细腻的写实手法与精妙的意境营造，展现了东方绘画艺术的独特魅力，吸引了世界各地艺术爱好者与研究者的目光。在文化交流方面，宋代绘画东传日本、朝鲜等国，对东亚绘画艺术的发展产生了深远影响。日本镰仓时代的绘画深受宋代院体画影响，学习其写实技法与工整画风；室町时代的水墨山水画则借鉴了宋代文人画的笔墨意趣与构图方式，推动了日本绘画艺术的发展与变革。宋代绘画作为中华文化的重要载体，促进了东亚文化圈的艺术交流与融合，为世界绘画艺术的多元化发展作出了重要贡献，成为展示东方美学的重要窗口。

三、尚意书风

（一）宋代书法之创新

在中国书法发展史中，常提到"宋人尚意"。宋代朝廷大力开科取士，使得官员数量倍增。这些官员生活富裕，对精神层面有更高要求，因此推动了宋代文化艺术的繁荣。

在前代书法家中，宋人特别推崇颜真卿和杨凝式。颜真卿大胆革新王羲之书法，其行书打破原有中和美感，充分展示了情感表达；而杨凝式被誉为唐代向宋代过渡的代表人物，他在继承二王、欧、颜等名家书法风格的同时，又有所创新，形成了真、行、草相互融合的独特风格，非常适合表达情感。

苏轼被誉为宋代最杰出的文学艺术家，他认为创新书法需要突破传统，并在《次韵子由论书》中说："吾虽不善书，晓书莫如我。苟能通其意，常谓不学可。"[1]他主张书法应随心所欲，以独创精神为主导，这种理念对北宋中后期至南宋、金乃至明代的书法创作都产生了深远影响。

黄庭坚是苏轼的学生，他的诗歌追求脱胎换骨、点铁成金，书法亦自成一派，楷书、行书、草书皆精。苏轼曾打趣道："你的字清劲，但似死蛇挂树，伸腿抻脚。"意思是山谷的行楷书笔画飘逸，需大字才能尽展其笔势。黄庭坚的《戎州帖》是宋人书法最长篇幅作品，现藏于中国国家博物馆，每行仅一两字，字大如碗口，比其小字更显从容不迫。

米芾被誉为宋代结构变态生新、笔法复杂变化且应规合矩的第一人。他对古法研究深入，初学唐人，后推崇晋人。然而，他的书法变化过大，笔笔皆有古法，反而不易看出古法。他的"集古字"书法艺术造诣极高，笔法变化丰富，结态造势新颖，尤其是笔势的凌厉，堪称宋代之冠。然而，米芾的书法过于炫技，黄庭坚曾评价"然似仲由未见孔子时风气耳"，可谓一针见血。

（二）传统书家之复古

在北宋时期，蔡襄的楷书面貌工整规范，声名远播。蔡襄出生于福建仙游的书法大家，他的楷书以虞世南和颜真卿为师，尤其擅长大楷。虽然他汲取了颜真卿的笔法，但却展现出自己独特的风格——端庄而谦逊。他最为知名的楷书作品是《谢赐御书诗

---

① （宋）苏轼：《苏轼集》，黑龙江人民出版社，2005年，第43页。

表》，欧阳修曾称赞道："蔡君谟深得古人书法精髓，其书昼锦堂每字皆作一纸，择其不失法度者，裁截布列，连成碑形，当时誉为'百衲本'，故胜人一筹。"这既是对他恪守法度的肯定，也是对他稍显拘谨的提醒。

薛绍彭同样是一位杰出的传统书家。他的传世墨宝包括《云顶山诗帖》《上清连年帖》《左绵帖》《通泉帖》等。他的书法严谨规矩，略显拘束。但仔细品味，便会发现他的字里行间充满了六朝文人的风骨。如果将他的字嵌入《淳化阁帖》，恐怕会让人误以为是六朝人所书，可见他对古法的传承之深。

吴说，字傅朋，他的书法被誉为"深入大令之室，时作钟体"。他精通王献之和钟繇的书法，行书风格优美典雅，正书则飘逸脱俗。无论是大字还是小字，他都有着卓越的表现，还创新出了游丝书这种柔美的字体。启功先生对他的字给予了高度评价，称他为"有血有肉的阁帖，具体而微的羲献"。他的《昨晚帖》中的"毒""哀""晚""良"等字，与王羲之的《丧乱帖》等相仿，可见他对前人的继承和发扬。他的楷书作品，如跋《伏生授经图》，法度严谨，点画精妙，起始转折有斩钉截铁之势，颇得智永千字文的神韵。在南宋崇尚意趣的时代背景下，他能静下心来精雕细琢工稳楷书，实在难得。

张即之，字温夫，他的书法独具特色，尤其擅长以端正楷书写经文长卷，几千字乃至上万字，且不失连贯，堪称南宋书家中的翘楚。他的楷书严谨端庄，功力深厚，饱含新意，在宋人书中实属罕见。然而，批评者认为其过于显露，略带曲折生硬之感。他的传世墨迹以书经为主，如《华严经》《金刚经》《佛遗教经》《度人经》等。他能书碗口大字，如《双松图歌》等，功力深厚。值得一提的是，中国人写碑常采用"书丹上石"的方式，即直接在碑石上用朱砂书写。但自张即之起，可在书斋内先在纸上书写，再刻碑，免去了书家在荒野坟地趴在石头上写字的艰辛。

（三）皇家书法：宋徽宗与宋高宗

宋徽宗赵佶及其第九子宋高宗赵构都是书法界的巨擘，堪称中国帝王书法中的双璧。徽宗开创了独特的瘦金体，而高宗则在南宋时期独领风骚。

徽宗的瘦金书是他的独特创新，"瘦金"也可以理解为金玉之"金"或者筋骨之"筋"。这种字体的特点是笔法夸张，线条纤细有力，横竖收尾处重按成点，锋芒毕露，大字刚毅挺拔，小字则精细瘦硬，整体效果流畅优美、秀丽飘逸。据史书记载，徽宗最初学习的是唐代书法家薛稷，薛稷的弟弟薛曜也是褚遂良的学生，他们的书法都以瘦为主。徽宗显然是从薛曜那里继承了瘦金体的精髓，并在此基础上进行了大胆的创新，使之更加规范化，近似于美术字。相比之下，徽宗的草书显得更加矫健奔放，他的传世作品《草书千字文》长达 11 米，一气呵成，气势磅礴，笔势飞动，流畅有力，有些地方类似于怀素的风格，转折之处跌宕起伏，笔法丰富多变，章法布局巧妙，犹如风卷云涌，浑然天成，堪称艺术瑰宝。

靖康二年（1127 年），金军俘虏了徽、钦二位皇帝，宋高宗即位，逃往临安，建立了南宋政权。高宗的书法造诣深厚，比如，他曾经借用赵子昼的《定武兰亭序》进行复制刻印，使得王羲之的《兰亭序》在南宋时期被推崇备至，赵孟頫甚至说过"自渡南后士大夫家刻一本"，可见高宗对此的推动作用。

高宗的书法初学黄庭坚，后来转学米芾。他学习米芾之后，主要研究二王的书法，但风格更接近智永。高宗的书法作品现存有《书白居易随宜诗》《徽宗御书集序》《盛秋敕》《素志敕》《洛神赋》《后赤壁赋》，以及一些题画书法如《会昌九老》及《长夏江村图》等。作为南宋的开国皇帝，高宗的书法影响深远，其后的皇帝如孝宗、光宗、宁宗乃至理宗都深受其影响，赵孟頫的早期创作也借鉴了高宗的书法。

第四节　宋代文人意趣

宋代文人生活安逸，追求雅致与美好，他们视诗词为亲近的朋友，喜欢与友人共享以诗会友、品茶赏画的欢乐时光。雅集活动展示着这种独特生活，使得北宋时期雅集达到了顶峰。他们用文化诠释生活，用艺术浇灌感情，以感性的方式和深刻的领悟表达，通过实践去理解和感受，借助事物去体验和思考，享受内心的愉悦。

虽然花、酒、香、茶等元素并非宋代独有，但宋人却赋予了它们特殊的品质，为后人树立了典雅的标杆。宋徽宗在《大观茶论》中强调，无论身处何阶层，只要用心去品味喝茶、储藏茶叶、点茶的过程，就能领略到精致高雅的韵味，享受到悠然自得的生活。当提及追求精致饮茶的方式，他表示"一莫不碎玉锵金，啜英咀华，较箧笥之精，争鉴裁之妙"[1]。细细品来，其中韵味无穷，将精致饮茶的意趣展现得淋漓尽致。

---

[1]　（宋）赵佶，日月洲注：《大观茶论》，九州出版社，2018 年，第 241 页。

一、文人的雅聚乐集

（一）雅集释义

雅集，简而言之就是追求高尚雅正的集会形式。在中国古代，雅集是文人文化生活中的一种普遍形式，文人墨客们常常通过雅集交流思想、探讨艺术。

两宋时期的文人官员占主导地位，雅集成为文化活动的重要部分，例如由北宋驸马都尉王诜主办的"西园雅集"便是典范。王诜博学多才，精通诗词歌赋、绘画书法以及围棋技艺，他曾在元丰年间（1078～1085）邀约苏轼、苏辙、黄庭坚、秦观、李公麟、米芾等众多文人雅士共聚西园，或吟诗作画，或抚琴奏曲，或畅谈心事。李公麟为此创作了《西园雅集图》，米芾则写下了《西园雅集图记》。后人对这些千古奇才的敬仰，以及对《西园雅集图》和《西园雅集图记》的追忆，激发了他们以西园雅集为主题进行创作的热情，留下了无数珍贵的艺术作品。

（二）雅集之地

历朝历代的雅集，几乎都是在景色秀美、环境宜人的郊外或园林中举行。

对于王诜宅邸西园的美丽景色，李之仪在《晚过王晋卿第移坐池上松杪凌霄烂开》中描绘道："清风习习醒毛骨，华屋高明占城北。胡床偶伴庾江州，万盖摇香俯澄碧。阴森老树藤千尺，刻桷雕楹初未识。忽传绣障半天来，举头不是人间色。方疑绚塔灯焰耀，更觉丽天星的历。此时遥望若神仙，结绮临春犹可忆。徘徊欲去辄不忍，百种形容空叹息。乱点金钿翠被张，主人此况真难得。"① 由此可见，西园宛如梦幻之境。池水似镜，清澈见底；繁花似锦，绿树成荫；亭台楼阁精雕细琢，飞檐斗拱尽显古韵；室内陈设琳琅满目，华贵非凡。由于王诜的特殊身份——驸马，他的宅邸园林在建设过程中受到了皇帝的特别关注，据《全宋文》记载，宋神宗在为蜀国公主（王诜妻）修建宅邸时曾赐言："邑赐兰陵，园开沁水。维梁斯构，我室用成。愿明灵永保福祉。"《宋会要辑稿》亦载"凡主第，皆遣八作工案图造赐，有园林之胜。又引金明涨池，其制度皆同"，即金明池之水被引入了公主宅邸园林。

身为西园雅集朋友圈的核心人物，苏轼对西园怀有深深的情感，他的诗歌中经常提到这个让人流连忘返的地方，如《水龙吟·次韵章质夫杨花词》所云："不恨此花飞尽，恨西园落红难缀。"而米芾的《西园雅集图记》则表达了对西园的赞美："水石潺

---

① 史月梅：《李之仪诗词笺注》，郑州大学出版社，2020年，第152页。

湲，风竹相吞，炉烟方袅，草木自馨。人间清旷之乐，不过如此。唉！沉溺于名利而不知退者，岂易得此哉？"[①]

那么，什么样的园林才堪称雅集的绝佳之地呢？首要条件便是有着诗情画意般的自然风光，如形态逼真的假山和流水、恍若仙境的洞天和桃源、奇特非凡的花卉石头以及珍贵稀有的鸟兽植物，共同构筑出一个可以寄情山水、享受大自然恩惠的美妙世界。其次，这样的园林须具备独立成篇的独特风貌，例如私人住宅中的庄园城堡、华美精致的房屋建筑、山水环绕的乡村驿站或者是宽敞明亮的大厅庭院，这些地方都具有鲜明的个性特色，与世俗纷争截然不同。最后，这样的园林还需配备丰富多样的休闲娱乐设施，具备进行琴棋书画、论盏品茗、赏花饮酒、渔猎农耕等活动的条件，为人们提供全方位的精神享受。自魏晋时期起，私家园林的兴起使得园林艺术与中国文人的文化气质紧密相连，它不仅是一种娱乐消遣的方式，更是一种情感寄托的载体，让士人在进退之间都能保持从容不迫的态度。因此，雅集活动催生了诸如"桃花溪""流杯亭"等一系列富有象征意义的园林景观。

（三）今日雅集

宁静惬意的时光，韵味悠长且深邃。往昔雅集的默契，衍变为今日的程式化流程。每个特定主题都恰似一种环境情境，并非单纯效仿古人的休闲娱乐方式，更多的是一种对现代繁华嘈杂生活的反思与回归。无论是礼节习俗还是人文精神，雅集始终坚守其自由与创新的原则。因此，笔者将体验、理解及兴趣视为雅集的核心。

体验，这是中国传统的审美观念，需从亲身参与和全身心投入中去感悟。在李公麟的《西园雅集图》中，南宋文人的雅趣被栩栩如生地展现出来：他们或挥洒笔墨，沉醉于诗书丹青；或辩论佛理，热衷于探究禅机奥妙；抑或沉浸在文物古董之中，品味历史余韵。虽然画面中无人直接观赏，但却流露出众人欣赏的热情与乐趣。

理解，源自中国文化，通过五官、五味、五脏、五行等元素进行深度思考和感受。宋徽宗的《文会图》便呈现出文人聚会的优雅氛围，他们围坐在一起，或讨论学术问题，或品评茶叶，儒雅风度尽显。

兴趣，这是中国人特有的审美标准，通过诗词歌赋、书画琴曲、戏曲表演等形式表达内心情感。如著名的兰亭雅集和西园雅集，众人齐聚一堂，留下了宝贵的诗篇和书法佳作。

---

① （清）何绍基书：《何子贞西园雅集图记》，上海书店，1987 年，第 22 页。

美好生活是对高尚生活的向往，强调道德伦理之美，追求卓越品质。雅，既代表品味，也象征气质，更是生活态度和情趣。挂画、点茶、焚香、插花、清供、和曲、酬酒等，皆是对美好生活的实践和共享。若说中国文人文化的精华在于将哲学思想融入日常生活，那么雅集无疑是最佳体现。传承和弘扬中华优秀文化遗产，雅集无疑是最为生动、以人为本的方式。

二、器皿中的人间清趣

（一）金银杯盏中的诗心词魂

两宋时期，金银器不仅在皇室普及，也走进了民间的婚丧嫁娶、庆典仪式等生活场景。在中国酒器的构成中，杯盏占据了核心位置，宋代衍伸出的劝盏尤为创新。这是一种独特的像生花式盏，通常会选择梅花、菊花、葵花、水仙花、荷花、芙蓉等不同的花卉图案，以下为常见纹样。

菊花。在宋代，菊花备受时人钟爱，范成大的《菊谱》开篇便阐述得淋漓尽致："山林好事者，或以菊比君子。""爱者既多，种者日广"，南宋临安花市因菊花结作佛塔、制为花屏而盛极一时。[①]

荷花。荷花与荷叶堪称夏日里最能撩动人心的花卉景致。当炎炎烈日高悬，步入那一方方静谧的夏日池塘，满目皆是蓬勃的生机。新长出的荷叶嫩绿欲滴，那明亮的绿色直逼人眼，仿若一层清透的翠玉，熠熠生辉。此时，折下一枝挂着晶莹露珠的荷叶，巧手拗成"碧筒"，再注入香醇美酒，荷香丝丝缕缕沁入酒中，举杯轻啜，荷风送爽，酒香绵醇，这般滋味，早已沦为宋代一抹风尚旧影。

水仙花。在水仙的诸多品种里，单瓣水仙独具风姿，于宋代还有一个颇为雅致的俗称"金盏银台"。杨万里的《千叶水仙花》诗前小序言："世以水仙为金盏银台，盖单叶者，其中真有一酒盏，深黄而金色。"[②]此处所言的"单叶"，实则是从植物学专业角度指代花瓣，也就是"花被"。单瓣水仙绽放之时，那纯净洁白的花瓣仿若冬日初雪，不染纤尘。六片花瓣呈裂片状平展而开，如同精心雕琢的承盘。而在这素白花瓣簇拥的中心，鹅黄色的副花冠亭亭玉立，恰似一只精致的酒盏被轻轻托起。

梅梢月。梅梢月是装饰领域中备受喜爱的纹样。尽管诗词中多描绘水边月影孤寒清胜之境，但饰以梅梢月的酒器，无疑为筵席增添了诗情画意。

① （宋）范成大等著，马吟秋编著：《梅兰竹菊谱》，黄山书社，2015年，第167页。
② （南宋）杨万里著，薛瑞生校笺：《诚斋诗集笺证》第3册，三秦出版社，2011年，第2001页。

"十花"。精心遴选几个色彩缤纷却风格和谐统一的像生花式盏，依循其独特的造型与色调变化巧妙组合成套，称为"十花盏"。宋徽宗的《宣和宫词》载："十花金盏奉仙女，兴致之上酒量胜。灯影四围深夜里，如同红玉醉颜酡。"[①] "十花金盏"之"十"，既可实指，亦可泛指。范成大的《菊谱》记载了"十样菊"，其形态各异，或多叶，或单叶，或大，或小，或如金铃，常有六七色，故名之曰"十样"。[②]

葵花。宋人所说的"葵花"，实际上是锦葵科蜀葵或黄蜀葵。黄蜀葵花开之际，花瓣呈鹅黄色，花心晕染出一片紫红，正是古人笔下艳称的"檀心"，雄蕊花丝相互结合，形成修长的筒状，而后探出长长的身姿，在风中轻轻摇曳，尽显灵动之姿，惹人注目。

瓜果。晁补之的《梁州令·永嘉郡君生日》有句："东君故遣春来缓，似会人深愿。蟠桃新镂双盏，相期似此春长远。"诗人为妻子写下五阕贺寿词，此时"露桃云杏，已绽碧呈红"，因对花畅饮，满斟"金盅"。"金盅"中的一双，便是"蟠桃新镂"，即制成蟠桃状的银盏或金盏。[③]

（二）花器香器中的生活艺术

1. 日常化的宋代花事

宋代的花卉生活艺术，成为一种既普及又个性化的生活方式。人们将花卉的装饰融入每天的生活中，成为温暖与美感的源泉。虽然宋代的花卉展示带有商业化特征，但是这并没有影响它所蕴含的诗意。宋徽宗的《宣和宫词》就有描述"隔帘遥听卖花声"，这也说明了这种市井之音在宫廷中的优雅。

2. 士人多好"小瓷瓶"

宋代花瓶品类繁多，大小各异。在一众花瓶之中，小巧精致的插花瓶备受文人雅士钟爱，像线条优雅的胆瓶、盈手可握的小瓶，还有造型别致的小壶等皆属此类。这些插花瓶的设计独具匠心，深谙文人审美意趣。其中，仿古样式更是别具韵味，贯耳瓶古朴典雅，双耳对称，似在低语历史；琮式瓶内圆外方，承继上古玉琮形制，尽显

① （宋）宋徽宗：《景宋书栅本宣和宫词》，建德周氏，1930年。
② 宋人关于"十样"的用法，北宋吴则礼《同王子和过张氏小园》一首也是一例。诗曰："永夏追凉得午阴，扶藜仍有小丛林。应怜老子腰脚健，可是禅房花木深。卷帘高竹与佳色，隐几黄鹂供好音。更遣惊人千样锦，并浇宿昔江湖心。""十样锦"句，自注云："张氏有定州变窑茶瓯，名千样锦。"此"变窑"，或指"窑变"；"哥样锦"，似指以釉色幻异之不同而合成的茶瓯一套。
③ （宋）晁补之、晁冲之撰，刘乃昌、杨庆存注：《宋词别集丛刊 晁氏琴趣外篇 晁叔用词》，上海古籍出版社，1991年，第180页。

礼序；尊式瓶庄重敦厚，彰显大气；花觚线条婀娜却不失刚劲。它们以独特风姿，成为文人案头、室内不可或缺的点缀，承载着宋代文人的雅韵风流。

3. 香事雅韵

焚香在宋代被赋予了更深层次的文化内涵和诗意。文人墨客们的咏香之作，大多以书房香事为主题。宋代的香炉样式繁多，其中南宋仿古式样的小型香炉最为别致。这种香炉最初是从古代器皿中汲取灵感而来。由于古物稀少，瓷制的仿古香炉应运而生，其中官窑和龙泉窑的产品尤为精美。官窑瓷器展现出独特的宫廷风格，香炉亦然，器形多取自《宣和博古图》，实物数量颇为丰富。

（三）文房中的士人情怀

宋代文人雅士钟情于在居所内精心辟出一方静谧角落。于这隅天地之中，他们独自沉浸书海，与古圣先贤对话。窗外修竹摇曳，室内茶香袅袅，没有外界的喧嚣纷扰，全然属于个人的精神领地，这般专属空间，便是他们的书房。在这里，心灵得以栖息，思想肆意驰骋，尽情书写着宋代文人的诗意与风骨。"文房四宝"的称呼在宋代已经出现，米芾的《书史》记录了北宋薛绍彭的诗《论笔砚间物》，其中提到："研滴须琉璃，镇纸须金虎。格笔须白玉，研磨须墨古。越竹滑如苔，更须加万杵。自封翰墨卿，一书当千户。"这些文房之物都是与笔砚相伴的好友。

1. 纸笔墨砚

由于纸张保存的困难性，它在考古挖掘活动中很少被发现。两宋时期一些笔、墨、砚是由名家所作，这些作品深受士大夫们的喜爱，并经常被他们赞颂。在江苏武进前乡的南宋墓中，考古学家发现了一块由叶茂实制的"寸玉"墨。这块墨由墨锭的上下两部分组成，下半部分的正面印有金色的文字，完整的字是"玉"，而侧面的"茂"字则显示出墨锭的作者是南宋著名墨工叶茂实。宋顾文荐在《负暄杂录》中明确指出："近世唯三衢叶茂实得制墨之法，清黑不凝滞，诚名下无虚士也。惜老叶亡后，其子不得其传，大不及之，而翁颜卿等往往盗茂实名逐利而已，不足贵也。"[1]在文房四宝之中，石砚所需的耗材是最少的，但其使用寿命却是最长的。宋代的砚台大多用大理石制成，质地温润细腻，从形态角度分析，唐代盛行的风字砚在宋代仍然受到欢迎。

2. 镇纸

最初，"镇"是被用作压制席角的石镇、玉镇和铜镇，在苏轼的诗"夜风摇动镇

---

① （明）陶宗仪著，涵芬藏校：《说郛》卷一八，据明钞本，第20页。

帷犀"里，"镇帷犀"是指用来压住帷幔的犀镇①。但随着坐具的演变，镇的功能也开始发生变化。宋代以来，镇纸被广泛使用在书案上，成为一种重要的案头用品。镇纸通常由形态各异的像生制成，包括犀牛、狮、虎、羊、兔，还有蟾蜍和辟邪等。在刘子翚的《书斋十咏·压纸狮子》里，他提到"镇浮须假重，刻石作狻猊。偶以形模好，儿童竞见知"，这样的造型让孩子们对它产生了浓厚的兴趣。

3. 镇尺

镇尺就像一把尺子，中央有一个兽形捉手，用作把手，其功能是把人的手臂固定在上面，便于携带和使用。镇尺所用的材料包括玉、石和金属，并且通常是成对的，明代以后出现了青铜和银等制作的镇尺。在考古发掘中，宋代的镇尺以金属材质的制品较为常见，其中又多为铁或者铜所制。陕西蓝田北宋吕氏家族墓出土的铁镇尺、南京江浦黄悦岭南宋张同之墓以及福州茶园山南宋许峻墓中出土的铜镇尺样式，都与南宋林洪《文房图赞》里描述的"边都护"有着相似之处。

4. 笔架

在宋代文人的案头清供中，笔架是兼具实用与美学价值的重要器具。《书斋十咏》《碎金·士具》均将笔架列为文房专品，《文房图赞》更赋予其雅称"石架阁"。之所以冠以"石"姓，正是因为石材在笔架制作中占据主流。书中所绘"石架阁"，以群峰叠嶂之态呈现，恰似《书斋十咏·笔架》中"刻画峰峦势"的生动写照。这一命名亦暗藏巧思——宋代设有架阁官掌管档案文书，文人便以戏谑之名将笔架唤作"石架阁"，既有雅趣又含典故。笔架又称"笔山"，其形制脱胎于砚山，二者界限模糊：砚山兼具砚池与搁笔功能，笔山则侧重承托笔具，但宋人更看重其中蕴含的"山"之意境，至于具体用途反而居于其次。

宋代文人嗜石成风，笔架选材尤重天然奇石，以峰峦峥嵘、形态奇绝者为上品。南宋赵希鹄在《洞天清录·笔格辨》中记载："灵璧、英石自然成山形者可用，于石下作小漆朱座，高寸半许，奇雅可爱。"除天然石材外，笔架材质亦呈现多元风貌，陶瓷、漆木、铜器乃至水晶皆可入制。北宋韦骧以"璞琢穷工巧，书帷适用高。得邻辉宝墨，栖迹卧文毫"咏叹水晶笔架，将其剔透晶莹与文房雅韵融为一体。陕西蓝田吕大临家族墓出土的白石双狮笔架别具一格，虽保留中间高、两边低的笔山造型，却以双狮戏耍的生动姿态呈现，威严中透着灵动。南宋方一夔在《太湖石狮子笔架》中赞叹"忆昔金仙去后遗双狻"，化作双玉南海边""烂烂眼有百步威，安眠不动镇书帷"，

---

① 扬之水：《宋墓出土文房器用与两宋士风》，《考古与文物》，2015年第1期，第62-70页。

生动描绘出笔架从威猛灵兽到案头静守文房的奇妙转变，尽显宋人将自然意趣与艺术巧思熔铸于文房器具的匠心。

5. 水盂砚滴

在宋代文人的书斋雅趣中，水盂与砚滴、滴水、砚瓶等文房用具同属一脉，承担着为砚台注水的实用功能。刘子翚《书斋十咏·砚瓶》一诗，精准道出了这类器物的精妙之处："小瓶防砚渴，埏埴自良工。怀抱清谁见，聊凭一滴通。"诗中"埏埴自良工"表明其多由能工巧匠以瓷土烧制而成；"怀抱清谁见"强调其密封性，需严丝合缝以保持水质洁净；"聊凭一滴通"则点出出水口设计需精巧细小，确保注水时水流细腻可控。无锡兴竹宋墓出土的影青瓷砚滴便是典型代表，该砚滴以一对俯卧小兽为器身，两兽间立起形似鹿角的支架，既可作为提拿把手，又能充当笔架，注水孔与短流分布两侧，通高仅6厘米，尽显玲珑精巧。

南宋诗人万俟绍之在《方水滴子》中写道："质由良冶就，心向主人倾。外仿片金制，中藏勺水清。兔毫芳露染，龙尾湿云生。终令双眸炯，曾窥妙女成。"诗中以"兔毫"喻笔，"龙尾"指砚，生动描绘了方形砚滴的雅致形态与实用价值。末句"终令双眸炯，曾窥妙女成"更是巧妙双关，暗喻砚滴以清水为伴，见证文人挥毫泼墨、绘就佳作的风雅时刻。

两宋时期，蟾蜍造型的砚滴尤为盛行。浙江龙游寺底袁南宋墓出土的三足蟾蜍铜砚滴，历经岁月侵蚀，表面锈迹斑驳，宛如蟾蜍背上的疣粒，恰如刘克庄《蟾蜍砚滴》所咏："铸出爬沙状，儿童竞抚摩。背如千岁者，腹奈一轮何。器较瓶罂小，功于几砚多。所盛涓滴水，后世赖余波。"寥寥数语，既勾勒出蟾蜍砚滴古朴逼真的形态，又赞颂其虽身形小巧，却在文房用具中占据不可或缺的地位，以点滴之水润泽千年文脉。

三、茶事中的审美逸趣

（一）点茶之中的美学

北宋时期的点茶技艺独特，需将茶叶研磨成粉状，调制成茶膏后再慢慢倒入热水，同时运用击拂工具制造泡沫。宋徽宗在《大观茶论》中强调"击拂无力，茶不发立，水乳未浃，又复增汤，色泽不尽，英华沦散，茶无立作矣"。[1] 可见在点茶时，击

---

① （宋）赵佶等著，沈冬梅、李涓编著：《大观茶论》，中华书局，2013年，第41页。

拂可是关键一环。需借茶筅或茶匙，手腕发力，力度恰到好处，茶乳方能逐渐浓稠，幻化成细腻乳花，浮于茶汤表面，在光线下呈现迷人光泽，尽显点茶之精妙。

陆羽认为，沫饽（汤花）是茶的精髓。沫饽的视觉效果优于口感，与养生益寿密切相关，这也与唐宋佛教中"醍醐"的概念有关联。他把茶比作甘露和醍醐，象征着精神升华。这种联想使茶具有了神秘的灵性，轻松地融入了审美和养生的领域。

通过击拂乳花、沫饽，不仅能欣赏到客观的物质美感，还能体验到由视觉引发的精神追求和向往，这种追求从表面深入内心，从品尝扩展到健康长寿，甚至上升到了神灵的境界。由此可见，追求审美极致是宋人点茶时力求击拂乳花、沫饽，不断精进的重要原因。

（二）苏东坡与文人茶事

在宋徽宗于《大观茶论》里详述"啜英咀华"这一精妙茶境之前，北宋文坛一众杰出文人学士如梅尧臣、欧阳修、苏东坡、黄庭坚等，早已沉醉于茶韵之中，挥毫泼墨留下诸多茶诗。

苏东坡以其丰富的茶诗著称，其中最具代表性的一首便是《次韵曹辅寄壑源试焙新芽》："仙山灵草湿行云，洗遍香肌粉未匀。明月来投玉川子，清风吹破武林春。要知玉雪心肠好，不是膏油首面新。戏作小诗君一笑，从来佳茗似佳人。"朋友曹辅赠送的名茶"壑源"产自北苑御茶园附近，乃是当时的顶级茶叶，而且还是经过精心烘焙的壑源试焙新芽。何为"试焙"？在宋代，人们对采茶时间非常注重，惊蛰时节便开始采茶，首次采摘的茶叶被誉为"试焙"，也叫一火。"武林"即杭州，当时苏东坡正居住在此地，这句诗对仗工整，将茶的灵性比作"清风明月"。"要知冰雪心肠好，不是膏油首面新"讽刺了那些只看重茶饼外观而忽略内在品质的人，"冰雪心肠好"让人不禁想起"冰心玉壶"。最后，他感慨道，"戏作小诗君一笑，从来佳茗似佳人"，给人留下无尽的想象空间。

（三）宋徽宗与皇家茶事

深入研读宋徽宗《大观茶论》中的品茶过程可以发现，宋人品茶审美注重视觉感受。在宋代，点茶宛如一场精妙绝伦的艺术盛宴，将视觉审美推向了前所未有的极致高度。彼时，茶人们对点茶技艺的钻研以及对拉花工艺的执着追求，让品茶从原本的色香味综合体验，愈发偏向于"色"带来的视觉感受，这也成了它极具魅力且与众不同的地方。

蔡襄在《茶录》中明确指出饮茶品味的重要性，强调"色、香、味"三者并重，体现了宋人对陆羽感官审美观念的继承。他在讨论"色"时表示："茶色贵白……既已末之，黄白者受水昏重，青白者受水鲜明，故建安人斗试，以青白胜黄白。"论"香"："茶有真香。……建安民间试茶，皆不入香，恐夺其真。"论"味"："茶味主于甘滑，惟北苑凤凰山连属诸焙所产者味佳。隔溪诸山，虽及时加意制作，色、味皆重，莫能及也。"①

在茶道大师如蔡襄和宋徽宗的推动下，点茶逐步脱离了物质层面，形成了一种点茶风尚。

第五节　宋瓷极简美学

宋代是中国陶瓷艺术的辉煌时期，窑场星罗棋布，众多名窑林立。经过千余次缜密加工和精选，铸就了实用且高雅的器物，映照着宋代人的精神追求。

宋瓷以其朴素无华、尊贵雅致、内敛温润的气质，以及寓含的对礼制和自然的崇尚，赢得了广大民众的热爱。这种现象与当时盛行的理学、禅学有着紧密联系。宋人周辉《清波杂志》记载，哲宗皇帝在位时，宰相吕大防与皇帝论学，提到宋代帝王有一个"祖宗家法"，包括"尚礼"，崇尚礼节；"宽仁"，为人宽厚、心怀仁爱；"勤身"，勤奋努力，对待诸事尽职尽责；"虚己纳谏"，怀有谦虚之心，诚恳接纳他人的意见建议；"不尚玩好，不用玉器"，摒弃奢靡之风，切勿崇尚玩乐之具，勿用玉器这类奢华物品，以此修身正行，涵养品德。有一次仁宗皇帝生病，欧阳修前去探望，结果看到仁宗皇帝的寝宫里摆放的都是一些朴素的瓷器和漆器。②宋徽宗曾经想在宴会时使用玉盏、玉盘，也因为担心被责以奢华而作罢③。因此，整个宋代皇族都倡导节俭、质朴、自然的生活方式，南宋官窑亦传承了北宋的"故京遗制"，因此南北官窑瓷器展现出一种独特的时代美感——朴实无华、尊贵雅致的极简主义。

在宋代，器物的极简艺术美学得以充分展现。以陶瓷而言，它主要体现于三个层

---

① （宋）蔡襄：《茶录》，商务印书馆，影印本，1936年，第1-2页。
② （宋）周辉：《清波杂志》卷一记欧阳修载"仁宗圣性恭俭。至和二年春不豫，两府大臣日至寝阁问圣体，见上器服简质，用素漆唾壶盂子、素瓷盏进药"。
③ （宋）周辉《清波杂志》卷二记载，"徽宗尝出玉盏、玉卮，以示辅臣曰：欲用此于大宴，恐人以为太华"，并言"先帝作一小台，财数尺，上封者甚众"，可见对此事颇有警惕，唯蔡京在旁鼓励，曰"今用之上寿，于理毋嫌"，益增帝王华贵的正当性。

面：首先，陶瓷器皿设计简练大方；其次，釉色晶莹剔透如美玉，釉面细腻光滑；最后，强调胎骨与体型的和谐比例，追求内质与外貌的协调统一。

一、历史名窑的釉色之美

（一）汝窑

汝窑开宋代简约陶瓷之先河。叶寘在《坦斋笔衡》中记述，北宋时期的定窑虽然生产出了品质优良的白瓷，但由于其制品表面带有芒口，不太适宜在宫廷内使用。为了满足皇室需求，朝廷选用汝窑生产的瓷器来代替。据众多宋代文献记载，汝窑专门为皇室精心打造了许多瓷器，因此可以确定汝瓷就是当时皇室的官方用器。

汝瓷的胎骨呈现淡淡的香灰色，胎体轻盈，质地细腻。例如，台北"故宫博物院"的一件纸槌瓶，底部满釉，有五个支钉痕，乾隆年间（1736～1795）曾刮去釉面并刻上御制诗，露出的胎骨颜色与汝窑窑址出土的素烧胎色非常接近。

汝瓷的釉色纯净无瑕，被誉为"雨过天青"。通常情况下，汝瓷的施釉比较薄，釉色晶莹剔透，部分地方呈半透明状，部分地方则呈乳浊状。釉色主要为带灰、带绿的浅青色，釉层薄的地方会呈现出浅粉色，也就是粉红色调，这与《清波杂志》所描述的"汝窑宫中禁烧，内有玛瑙为釉"相吻合。

汝窑瓷器工艺精致，底部只留下了极小的支钉支烧痕迹，如同芝麻粒般大小，这种独特的芝麻点支烧技术被称为裹釉或包釉支钉烧。汝瓷支钉的数量是根据器物的大小和重量来决定的，充分展示了宋代工匠对完美的不懈追求。

除此之外，作为传世珍品的汝窑胆瓶（亦称鹅颈瓶）另有其独特魅力。通体细腻的开片纹展现出非凡线条，底部长圆形的刮釉圈内刻着乾隆帝的《咏官窑温壶》御制诗，彰显了它的官窑身份。这也是乾隆帝对汝官窑分辨不清的一个例证。此胆瓶的样式及尺寸与汝窑窑址出土的天青刻花莲花纹鹅颈瓶颇为相似。[①]

汝窑作为宋代青瓷窑的代表，其产品从宋代到明清都备受帝王和鉴赏家们青睐。就像著名的汝窑珍品天青无纹水仙盆，在明代时已经被曹昭等鉴赏家评为无纹者中的极品，到了清代，更是被雍正、乾隆两位皇帝所珍视。清代御窑厂也曾多次模仿汝窑瓷器。由此可见，无论是古代还是现代，汝窑的简约造型和优雅釉色都得人欣赏。

---

① 廖宝秀：《中华五千年文物集刊·瓷器篇三·汝窑 定窑》图版九，台北"故宫博物院"，1992年，第10页。

（二）定窑

定窑，源于唐朝邢窑的影响，以生产洁白如玉的白瓷而著名。它位于河北曲阳，因古时为定州而得名。定窑瓷器的釉色晶莹剔透，配以浮雕、刻花、划花或印花装饰，使得素雅的瓷器更显生动有趣，深受世人喜爱。北宋时期，定窑被选入宫廷，成为宫廷用瓷。定窑盘碟碗器多采用覆烧技法烧制，底部釉料丰满，口沿无釉，通常会留下流釉痕迹，即所谓的"泪痕"。为了掩盖覆烧造成的芒口，定窑在口沿未施釉的地方镶嵌金银扣，形成了独特的风格。此外，定窑还制作黑釉和酱釉瓷器，被誉为"黑定""紫定"，同样受到珍爱。近年，"黑定""紫定"的出土文物不断增加，包括瓶、罐、茶盏、盏托等。

定窑瓷器具有非常细腻坚实的胎土，其颜色与牙白相似。台北"故宫博物院"所珍藏的莲瓣碗、仿青铜器簋式炉、双龙耳壶、纸槌瓶、梅瓶和玉壶春式瓶等，都带有"官"字款，均为传世珍宝。除此之外，还有一对定窑白瓷制的婴儿枕，其釉色牙黄、纹饰精致，枕底还刻有乾隆帝的一首御题诗。这款婴儿枕上婴儿所穿的衣物经过精心挑选，为研究宋代的服装文化提供了宝贵的参考资料。

（三）南宋官窑

宋代南迁后，在杭州设置了郊坛下与修内司两座官窑，郊坛下官窑坐落在乌龟山上，修内司官窑则位于凤凰山老虎洞，故又被称为老虎洞官窑。南宋官窑器形、釉色承接北宋汝窑，造型优美，多层施釉。釉面大多呈现多重开片纹，深浅疏密各具特色。其中，半透明的"冰裂纹"开片如冰糖、云母般层次分明，展现出生动多角度的开片效果。

南宋官窑以青瓷为主导，器形有仿古青铜造型的尊、壶、簋，还有各类碗、盘、瓶、炉、洗、文房、茶器、香具等，釉色从灰青至粉青皆有，器身开片大小不一，但"紫口铁足"是它们的共性特征。由于使用的胎土紫金土铁含量较高，在施釉后，其口沿和凸棱部分会自然下沉，从而在釉薄的地方呈现深褐色的胎色，因此得名"紫口"；所谓的"铁足"是指其底部的圈足部分，没有涂上釉料，其胎土中铁的含量较高，烧制后呈现黑褐色的外观。

（四）哥窑

哥窑瓷器是宋元时期具有代表性的瓷器类型。关于它的烧造年代和地点，学界尚无定论。其最引人注目的特点就是"金丝铁线开片"。

明嘉靖《浙江通志》记载，宋代章生一、生二兄弟在处州琉田窑（位于今浙江龙泉）制作陶器，章兄烧制出的浅白色断纹细碎开片，被誉为"哥窑"。元代孔齐在《静斋至正直记》中记载有"哥哥洞窑"，并且说到："近日哥哥窑绝类古官窑，不可不细辨也。"[1] 表明当时烧制的"哥窑"和宋代的官窑瓷器极为相似。明初曹昭的《格古要论》也提到了这一点："旧哥窑，色青，浓淡不一，亦有铁足紫口，色好者类董窑，今亦少有。成群队者，是元末新烧，土脉麤糙，色亦不好。"[2] 据此，早在元代，人们就已经发现当时刚出炉的优质哥窑作品与南宋官窑颇为相似，甚至连色青、紫口铁足这样的特点都能看到。正因如此，陶瓷界至今无法准确区分官、哥两个品种。

哥窑釉色丰富多样，包括灰青偏白、灰黄等，且多伴随着大小双重、黑黄细碎的开片纹路，明清鉴赏家们将其称为"金丝铁线"或"金银开片"。值得注意的是，哥窑的开片纹路并非烧制过程中的自然现象，而是在烧制完成后进行染色处理的。明代《天工开物》对此有详细描述："老茶水一抹也。"现代仿哥釉的黑色开片纹路，则是通过墨水搓擦实现的。

虽然哥窑属于青瓷系列，但其窑址至今仍未确定，有人认为在龙泉，也有人主张在杭州老虎洞。目前，考古发掘出的哥窑作品主要分布在元代任氏家族墓、洪武四年汪兴祖墓以及浙江长兴明代墓等地，其中包括葵口盘、胆瓶、贯耳瓶这类形状的陶瓷器具，而这些器物在故宫博物院所藏的哥窑瓷器中也都可以找到相对应的产品。由此可见，哥窑在元、明两代的发展非常繁荣。尤其是在明代文人雅集中，茶器、花器、香具等物品很多时候都会选用哥釉开片器作为装饰。

（五）钧窑

钧窑位于今河南禹州，因该地于金世宗大定二十四年（1184年）改名为钧州，此地所产瓷器便以钧窑命名，它也是宋代窑口中的佼佼者。在制作过程中，钧窑跳脱了单一青瓷的束缚，推出了独树一帜的紫色斑点釉面。这种釉层深厚、色泽浑浊且丰富多样的装饰效果，仿佛是一幅神奇的画卷，红如玫瑰、紫若葡萄的斑纹与天蓝、月白等底色相互映衬，构成了一幅绚烂多彩的画面。

关于钧窑的研究，目前尚存争议。尽管被列入五大名窑的说法源自明代，但宋代文献并无相关记载。不过，与汝窑、耀州窑等青瓷系相比，钧窑的胎体略显粗糙，胎色呈灰黄色，烧成后，口沿、突棱等釉薄之处，可见灰黄胎色的出筋线条，形成了自

---

① （元）孔齐：《静斋至正直记》，《续修四库全书》第 1166 册，上海古籍出版社，1995 年，第 456–457 页。

② （明）曹昭：《格古要论》，《文渊阁四库全书》本第 871 册，第 107 页。

然加边的装饰效果，别具一格。这也从侧面反映出，胎色也是宋瓷的重要特征之一。

台北"故宫博物院"珍藏了一件如意形枕，通体天蓝色釉，釉面上点缀着红紫色斑块，宛如蓝天中的彩霞，美不胜收，乾隆帝还为此赋诗赞誉。然而，乾隆帝在《咏汝窑瓷枕》御制诗中误将其认作汝窑作品，可见当时汝、官、钧三者在清宫难以区分。

流传至今的钧窑瓷器，根据用途可以分为陈设类花器以及碗、盘、瓶、枕等各类器皿。钧窑的各式花盆、盆托多用于栽养菖蒲及各式盆花，也有未设漏水孔的花尊用作插花器。自明初期起，宫廷绘画中就经常出现钧窑花盆植花、插花的场景，清代雍正时期（1723～1735）的《十二美人图》中也能见到整套钧窑花盆、盆托种植水仙的画面。台北"故宫博物院"所藏钧窑花盆、盆托部分刻有清宫宫殿名称，如"养心殿明窗用""建福宫""重华宫漱芳斋用""重华宫芝兰室用"等，充分证明这些花器自明代以来一直为宫廷植栽用器。

二、宋瓷之日常美学

宋代崇尚生活美学，追求生活与艺术的和谐。不论是宴客小酌、文人雅集或是家庭生活，哪怕是书房陈设、闲暇赏玩，都尽显高雅品味。譬如品饮绿茶常采用"冰瓷雪碗"，即青瓷与白瓷，宋代著名的青瓷茶碗多出自汝窑、南宋官窑、耀州窑、龙泉窑，而白瓷则以定窑最为出色且产量巨大。斗茶之时，黑釉茶盏最能映照出茶叶的色泽，因此福建建窑大量生产兔毫或鹧鸪斑纹茶盏，其胎体厚重，保温性能佳，使得茶沫不易消散，釉色晶莹剔透，带有丝缕条纹的结晶，宛若兔毫，深受宋代文人喜爱，并已风靡东洋，成为将军及贵族竞相珍藏之物。

通过对众多出土壁画及宋代绘画的研究，可以洞悉当时人们如何运用陶瓷器皿。例如，宋徽宗的《文会图》生动地描绘了宋代上层文人在池畔花园饮宴品茶、欣赏音乐的场景。画面中，侍者正在烹茶备酒，柳树下的黑色方形漆案上摆放着整套的餐具和水果。人物、器物、园林景色皆栩栩如生，漆案上的椭圆形小盘、温碗、执壶、酒托、酒盏，以及前桌上的黑漆茶托、白瓷茶盏、茶瓶等，均可与现代汝窑椭圆洗或景德镇青白瓷等造型器具相互呼应。

宋代瓷器中常见的纸槌瓶、琮式瓶、官哥大瓶和香具等各种瓶型，经常被绘制在画作中。"琮"的造型源于新石器时代的玉器，象征着"天圆地方"，因此被视为祭祀天地的神器，到了宋代，瓷器效仿其造型成为花器，如台北"故宫博物院"收藏的宋代杜良臣信函中的花笺，就描绘了琼式瓶插水仙花的美景 ①。

明代袁宏道在《瓶史》中指出，堂中插花应选用汉代铜壶、太古尊、罍以及官、哥大瓶等清供。台北"故宫博物院"藏南宋官窑弦纹瓶，在清代画家郎世宁的《聚瑞图》中也有所体现，该图中的花瓶可能为宋代或雍正官窑仿制品。清雍正、乾隆时期，景德镇官窑制作了大量仿宋官窑造型器，主要用于宫廷陈设或插花。

在宋代绘画中，哥窑、钧窑瓷器的使用场景相对较少，但在明代绘画中却颇为常见。根据绘画与文献记载，明人鉴赏瓷器时，非常注重釉面纹理变化。明四家之一的沈周在《瓶中蜡梅图》中所用花瓶，便是满布细碎开片的哥釉花瓶。同样，唐寅的《煎茶图》展示了明代文人的优雅生活方式，其中包括焚香、品茶等。画面中，一位文人坐在庭园的蒲团上，手持团扇，正在烹茶。除茶具之外，画面左侧的朱漆矮桌上还有一套白瓷茶杯、朱漆茶托，以及书画轴和香炉、香瓶等香具。香炉和香瓶采用的是开片哥釉碎器，这是明代非常流行的样式。双耳投壶式的香瓶内还插有香铲、香箸，使得整个场景充满了雅趣。仇英的《蕉阴结夏图》描绘了两位文人于蕉阴下弹琴、品书、插花、焚香的悠闲场景。在这幅画作的右侧，一名童子正专心致志地泡茶，其面前摆放着一只镶嵌折枝花卉的花瓶及一个哥釉香炉，与元明时期的哥釉香炉颇为相似；而插花的出戟花瓶则与钧窑或青铜瓶有几分神似。这些器物在故宫博物院的收藏中均能找到对应的实物。

在明代的绘画作品中，钧窑花盆的出镜率相当高。台北"故宫博物院"珍藏的《十八学士图》以及北京故宫博物院馆藏的《明宣宗行乐图》中，都可以看到以葡萄紫或天蓝色为釉色的钧窑尊式花盆和仰钟式花盆用于种植石菖蒲。

总体而言，宋、明时期的绘画作品中，除了部分祭祀用具外，大部分瓷器主要为宫廷或士大夫阶层服务，被视为文房清赏或书房陈设。这些瓷器拥有简单大方的形状和纯净的釉色，许多仍为明清官窑沿用。

宋代陶瓷的造型和釉彩充分体现了宋人对于美学的深刻理解和丰富经验。这种美的表达超越了时间和空间的局限，经过漫长岁月的提炼和筛选，最终保留了一些既实用又美观的器具。

---

① 何源泉：《宋代花笺特展》图版 17，《宋杜良臣致中一哥新恩中除贤弟尺牍》册，台北"故宫博物院"，2018 年 2 月，第 226 页。

第六节　宋青瓷之禅心

一、禅宗略说

季羡林在《中国禅寺》中指出，佛教传入汉地后孕育出众多宗派，其中禅宗被视为佛教中国化的代表。那么，禅宗到底是怎样的学问呢？南怀瑾在其作品《禅宗与道家》中有详尽解释：禅宗乃释迦牟尼佛教之心法，与中华文化融汇，形成具有鲜明中国特色的佛教，堪称古印度佛教哲学的瑰宝。

佛学重在修行求证，非空谈理论。禅宗旨在传授佛法精髓，强调真实修行，不以禅定或神通为炫耀。季羡林在《中国禅寺》中亦有深入剖析："禅"源于梵语"禅"（dhyana），意为"定""禅定""静虑""思维修"，包含定、慧两大内涵，禅修旨在开启智慧，直达彼岸。南怀瑾在《禅宗与道家》中描述了佛学里的"禅定"为大小乘共同修行之道。禅宗虽与禅定紧密相连，但并非等同，故又称心宗或般若宗。心宗特指禅宗传承佛教心法，般若则指唐代及之后重视般若（智慧）经、追求智慧解脱的禅宗。[①]

总的来说，禅直接指向心源。佛法的核心在于助人洞察内心，了解自我，进而成为心灵的主宰。唯有如此，方为真正的修行者。外在一切皆为达成此目标服务。存在众多的法门，它们能助人消除业障，培养出离心与菩提心，并最终引导人们领悟到心性的真实本质。

《禅宗与道家》一书对禅宗的发展历程进行了精炼概述。初唐时期，六祖慧能及其门徒的宣传，加之时代背景的推动，使得禅宗广为人知并受到推崇。此后，神秀、慧安、惟政、道钦等人皆曾担任国师，华严宗的崛起亦受益于此。六祖慧能的禅宗思想在武则天至唐玄宗时期，从岭南逐渐传播至湖南、江西等地。他的门徒多隐居于山林，潜心修行，这与江北中原地区的禅师们形成了明显的差异。到了晚唐、五代和两宋时，禅宗与民间文学形成了紧密的联系，禅师的观点充满了诗意和韵味，对宋代的文学和诗词产生了深远的影响。

---

① 南怀瑾：《禅宗与道家（第二版）》，复旦大学出版社，1996年，第29页。

二、宋代文人之佛缘

宋代社会安定繁荣，人口增至唐代的两倍之多，各地出现了大规模人口流动。新的农耕技术大大提高了农业生产效率。科举制度广泛推行。城市繁荣兴旺，商业蓬勃发展，制度改革不断深化，促使新兴的文人士大夫阶层迅速崛起，新的精英文化逐步形成。

对于宋代文人来说，佛教是他们生命中不可或缺的一部分。自幼便接触佛教，聆听亲友吟唱佛经或随父母前往寺庙祈福；求学时在佛寺温习功课，参加科举途中可能借宿佛寺，向僧侣请教未来之路；有时，科举考试甚至会在寺院内举办。相比晚唐，随着禅宗的风靡和儒学的复兴，宋代文人的佛教观念呈现多元化趋势。这一转变源自文人对本国思想文化的深入理解和认同，他们既肯定宗教信仰，又对其进行反思和批判。

许多寺院历史悠久，周围建筑难以与之比肩，给人以永恒安定之感。寺院的严谨戒律、简朴环境，以及僧侣们的坚韧精神，都赢得了文人士大夫们的尊重。这些情境与他们自身经历形成强烈反差。古典文化传统遭受冲击，个人生活充满变数，受到科举制度、朝廷政策等多种因素影响，他们的仕途可能因意外事件而峰回路转，亦有可能遭遇挫折。此外，文人士大夫们还见证了社会的沧桑巨变，如频繁的战事、大规模的人口迁移以及金钱势力的日益壮大等。总之，寺院象征着永恒不变，与他们所见的无常形成鲜明对比。

三、宋人居所之禅境

宋代文人享有丰裕的物质和自由的社会环境，使得追求个性生活和意趣成为可能。在这样的情况下，文人们更加注重个人命运、情感感知以及自由追求。

禅宗倡导通过自我调整，达致自我与自然之间的和谐，以此达到心灵的超越与平静，这种观点恰巧呼应了宋代文人关注国家和自我命运的心理需求，成为其缓解焦虑的有效方式，禅宗由此成为他们最坚实的精神支持。

自五代十国后，文人雅士们尊崇禅学，认为园林山水可助其入定，故而积极地参与园林艺术的塑造。这样，宋代便孕育了众多具备禅意的私人园林和住宅，形成了简约、自然、幽深、超然之美。如名画《清明上河图》和《千里江山图》中所展示的，各类建筑如楼、台、亭、阁、廊、榭等依山傍水，与自然环境相得益彰，构成了人与自然和谐共生的艺术佳作。[①]

---

① 宋继东：《浅论禅宗对宋代文人园林式居室设计的影响》，《作家》，2011 年第 1 期，第 240–241 页。

唐代之前的窗户大多为直棂窗，固定且无法开启，功能和造型都受到限制。受禅宗思想影响，宋代开始出现了更多种类的窗户，包括格子窗，这些窗户不仅改善了采光效果，也加强了人与自然的联系。在宋代名画《秋窗读易图》中，描绘了一处临水院落，四周绿树环绕，中央为厅堂，旁侧有一间书房，内有书案，一人正襟危坐。画面中的窗户宽大，部分窗扇已经打开，室内外景色相互交融。尽管此类陈设与借景并非宋代独有，但他们却巧妙地将禅宗理念融入其中。

宋代文人的书房通常被划分为相对独立的空间，称为"阁""斋"等。书房虽小，但必备书籍、书桌、笔架、砚台、砚滴、镇尺，有时还会放置插花和燃香的花瓶和香炉。大小不一的香炉燃烧着香饼，香气弥漫整个空间，营造出书房的清净氛围，让人感受到简约、实用、洁净、安宁，进而激发清静之心，摒弃私欲，追寻本源，以求得内心的觉醒。

四、禅心：宋瓷与宋文人的同心圆

禅，是佛法的精髓，是佛法的核心，更是中国文化心性之学的重要追求。通过修养心性让人洞察心性、领悟心的本源，是心性之学的最高境界。禅既是中国佛学的特色，亦是中国文化的瑰宝。

青瓷与禅皆是为了修养心性。禅，是修行的正道。正道即通过学习正法，理性思考，获得正确理解，按部就班地修行。宋代文人对青瓷情有独钟，他们借助青瓷来表达世界观，融入精神世界。

宋代青瓷以其简约的线条、纯粹的釉色和小巧的尺寸，营造出清新雅致的氛围，成为文人墨客们钟爱的装饰品。它的布置方式看似简单，实则蕴含着淡泊宁静的情感。宋瓷灰青的釉色，就像一股清流，缓缓流入人们的心中，让人们的心情得以平复；粉青釉色的青瓷，则散发出一种高贵典雅的帝王气质，仿佛在诉说着帝王的故事。

在宋代，文人的书房与禅房体现出个体独立的精神境界，将人们带往超越世俗的美学范畴。他们的宁静之美，超越了物质的束缚，独具特色。宋代青瓷，虽然仅是当时的高档日用品和摆设，但其超然脱俗的特质让人赞叹不已。它不表达情感，也不反映社会现实，而是与文人居所相融合，传达出天地万物和谐共生的理念。因此，以青瓷装饰书房、禅房以及厅堂，形成了一种超越性的组合。宋代青瓷是中华民族的宝贵遗产，理解并欣赏它，可以深深感受到它所带来的宁静祥和、淡泊悠长。

第三章
宋元时期龙泉青瓷的工艺美学

在北宋时期，龙泉青瓷尚在发展初期，其装饰技法主要表现为简洁朴实的平面刻划花。跨入南宋，随着烧制技艺的逐渐精湛，结合厚重釉层的捏塑、露筋、开片等装饰技巧已经崭露头角，同时，纹饰也从平面走向立体，突破了早期龙泉青瓷单一釉色的局限性。到了元代，龙泉青瓷工艺步入繁荣期，装饰手法进一步多元化，点彩、露胎、印花、贴花、刻划以及镂空等各种工艺都得到了广泛应用，使得纹饰图案具有强烈的立体感，色彩丰富多样。

宋元时期，龙泉青瓷装饰工艺受到了当时政治文化、制瓷工艺技术和审美潮流等多种因素的深刻影响，展现出了鲜明的时代特征。本章以北宋至元这段历史发展为主线，深入剖析龙泉青瓷装饰工艺的演化历程，并对各时期的工艺美学典型特征进行归纳总结。

第一节　龙泉青瓷的装饰艺术

一、龙泉青瓷装饰手法的演变

邓白认为，在五代和北宋时期，龙泉青瓷主要以刻划花为装饰元素；在南宋时期，主要以堆贴和浮雕为装饰手法；元、明时期，产品的纹饰逐渐堆叠[1]。朱伯谦提到，龙泉青瓷在五代晚期到北宋初期都使用刻划纤细的线条来进行装饰；在北宋中晚期，开始采用刻划花进行装饰，并搭配装饰性的篦点和篦线；在南宋早期，单面刻划

---

[1]　浙江省轻工业厅编：《龙泉青瓷研究》，文物出版社，1989年，第92-100页。

花装饰成为一种流行趋势；在南宋晚期，装饰上使用了浮雕和贴花等手法；在元明两代，各式各样的花纹装饰逐渐成为主要的美化手段。[①]

学者们对龙泉青瓷装饰工艺的整体演变均有提及，但没有专门梳理各朝代装饰工艺以及阐述其工艺美学特征。本节通过对宋元时期与龙泉青瓷装饰有关的史料进行整理及研究，探究宋元时期龙泉青瓷装饰工艺的历史演变及美学特征。

宋元时期，龙泉青瓷的装饰工艺发生了显著转变，主要体现在：北宋延续刻划花工艺，南宋捏塑与露筋工艺推陈出新，元代多元印贴工艺不断拓展。

（一）北宋刻划花工艺的传承

刻划花工艺是陶瓷装饰的一种技法，由刻花与划花这两种技法融合而成。其中，刻花指的是在半干的坯体上，通过掌握娴熟的刀法技巧，刻画出深浅不一的精美线条。在龙泉青瓷的装饰工艺里，刀法运用是成就精美纹饰的关键所在，而线条变化也极为丰富，为瓷器赋予了独特的艺术魅力。常见的刻花技巧主要有单入侧刀法以及双入正刀法两大类，前者利用刀锋刻出一边深一边浅的线条，后者利用刀口垂直刻划宽窄变化的线条。划花是在坯体半干时用工具浅划出花纹，工艺操作便捷，手法灵活，线条纤巧。[②]通常来讲，人们会结合运用刻花与划花这两种技法，刻划的线条自然生动。

龙泉青瓷的发展历程中始终伴随着刻划花的装饰技艺，但在不同的历史时期，这种装饰方法展现出了巨大的差异。北宋时期主要使用平面细线进行刻划，南宋时期则采用浅浮雕刻划技法，而到了元代，浅浮雕和深浮雕的刻划手法开始并存。北宋时期的刻划花技艺特别显著，成为当时的主流风格。

1. 北宋早期细线刻划花

在宋初之际，龙泉青瓷的生产技艺主要继承自五代，受到了越窑和瓯窑传统技艺的深刻影响。在制作过程中，龙泉青瓷主要采用了一些简单易学的细线刻划花技法，如单线浅划等。绘制出的图案丰富多彩，常见的包括变形云纹、水草纹、莲瓣纹等。这些图案设计清新典雅，没有过多的华丽装饰，而是呈现一种质朴自然的魅力。

北宋初期的龙泉青瓷刻划花艺术风格与五代时期的颇为相似，然而其部分装饰特征则趋向于精致繁复。比如青釉刻花蕉叶纹五管盖瓶，肩部以及胫部都雕刻如意云纹，腹部则以蕉叶纹作为主要装饰元素；盖子呈现出荷叶般的形态；底部更是刻划出戏水鸭及水波纹等栩栩如生的图案，令人叹为观止。

---

① 朱伯谦：《揽翠集——朱伯谦陶瓷考古文集》，科学出版社，2009 年，第 192 页。
② 朱伯谦：《揽翠集——朱伯谦陶瓷考古文集》，科学出版社，2009 年，第 143–177 页。

综上所述，北宋早期龙泉青瓷独具特色：造型典雅丰富，釉色淡青、薄透淡雅；云纹、莲纹等常见于碗盘瓶罐，图案明晰、简洁质朴；装饰工艺传承划花并创新，形成刻划兼施技法；划花技巧娴熟，线条如工笔般纤细规整，还新增双线刻划花，线条流畅。纤细刻划花与典雅造型、淡雅釉色相得益彰，展现独特魅力与和谐美，为龙泉青瓷发展开篇并奠定工艺基础。

2. 北宋中期双面刻划花

北宋中期的装饰风格从细腻优雅逐渐转变为紧凑密集。无论是在工艺手法、纹饰内容还是纹饰布局上，都与北宋早期相比发生了明显的变化。在工艺技法方面，刀法历经演变，展现出更为高超精湛的技艺水准。早期垂直入刀的方式，已被斜刀刻入所取代，呈现出独特的艺术效果。刻出的外部轮廓线条相较

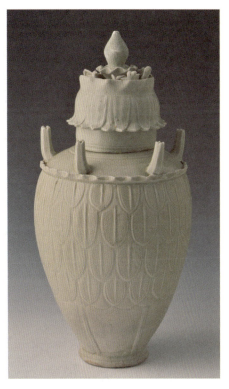

图 3.1　北宋 青釉刻花蕉叶纹五管盖瓶
（龙泉青瓷博物馆藏）

于以往更为宽阔、粗壮，在视觉上更具冲击力，纹饰表现力更丰富。在轮廓线内部，使用篦状器进行戳划，形成明显的篦线或篦点，这些篦点的主次关系清晰，图案设计相当复杂和密集。

这一时期，龙泉青瓷纹饰独特。器物外壁常见折扇纹与莲瓣纹。折扇纹由斜直线构成，线条简洁刚劲，匠人运刀精准，刻出长短、疏密有致的斜直线；莲瓣纹线条圆润，以优美弧线勾勒轮廓，瓣尖上扬。二者刚柔并济，规整与灵动相衬，形成龙泉青瓷别具一格的装饰风格。内壁则雕刻团状图案、莲花图案、缠绕的牡丹图案和卷曲的草纹等。此外，在这个时期，虽然灰釉的使用使得透明度提高，但还原焰的烧制技术尚未完全成熟，釉色大多是青色带有黄色。部分釉面开片，增添独特韵味，丰富装饰层次。

总之，随着时间的推移，北宋中期龙泉青瓷的装饰技法经沉淀愈发娴熟。刻画图案外轮廓时，线条粗细、深浅变化自然，充满生机，而内部则用精细且密集的篦点或篦线进行刻划装饰。纹饰丰富多样、主次分明，以主体纹饰为中心，次要纹饰环绕，层次清晰、和谐统一。布局从早期单面变为双面，图案满布器物内外壁，繁而有序，

内外壁纹饰相互呼应，营造出饱满且富有韵律的美感。

图 3.2　北宋 青釉刻花莲瓣纹碗（龙泉青瓷博物馆藏）

3. 北宋晚期半刀泥刻划花

北宋晚期龙泉青瓷装饰工艺主要为半刀泥刻划，刀法娴熟，线条流畅，纹饰简练。装饰风格由双面刻划转回单面刻划，匠人巧用刀具，留部分胎土，刻出流畅线条，既展现对工艺的极致追求，也反映当时审美的转变。每一刀都充满力量，寥寥数笔便描绘出生动画面，纹饰简练生动，取代早期模式化纹样，鱼、莲、婴戏等具生活气息的图案频现。釉色依烧成气氛而异，恰到好处时呈清新淡雅青绿色，稍有偏差则为温润醇厚青黄色。釉色透明度高，与半刀泥刻划图案完美融合，相得益彰。

图 3.3　北宋 龙泉窑青釉刻荷花纹大瓷碗（龙泉青瓷博物馆藏）

总体而言，北宋晚期的龙泉青瓷装饰工艺在刻划花技艺之上，呈现出精益求精的创新趋势。单面刻划取代了双面刻划，并且篦纹逐渐消逝不见，取而代之的是巧妙运用半刀泥刻划技艺，所形成的图案线条隽秀、布局巧妙，更显生活气息和艺术魅力。

根据上面的分析，北宋时期的龙泉青瓷主要采用刻划花工艺，这些花纹和图案都是平面的，各阶段装饰工艺环环相扣、层层递进，与当时薄而透明的青黄釉相得益彰，共同勾勒出独特的艺术发展脉络，形成了独特的风格。北宋早期，龙泉青瓷尚处于发展的萌芽阶段，在诸多方面展现出对越窑青瓷的模仿痕迹。最为突出的便是在装饰工艺上，主要沿用了五代时期的细线刻划花工艺。其图案规整，展现出的风格既简约又大气，细腻而又优雅。北宋中期，运用双面刻划花工艺，同时也加入细致而密集的篦纹，整体风格呈现出更为紧凑和密集的特点。北宋晚期，刻划花工艺达到了精湛的境界，匠人们采纳了用刀代替笔的刻划工艺，线条的宽度和深度都有所不同，线面相结合，展现出一种明亮、简洁且富有灵动生气的风格。

（二）南宋捏塑与露筋工艺

南宋时期，朝廷将都城迁至临安的重大举措，使得政治、经济、文化中心随之从北方转移至南方。临安府在修内司和郊坛下两处设立官窑生产瓷器，但规模不大、产量有限，因此不得不仰给于龙泉窑，从而促使了龙泉窑的快速发展，并达到鼎盛。[①]南宋时期，龙泉青瓷的装饰工艺迎来了创新性变革，其中出现的两大类装饰工艺极具特色，为其发展注入了强大活力。一类是捏塑装饰工艺，兴起并流行于南宋中后期，在厚釉技术蓬勃发展的大背景下，匠人将瓷土塑成灵动造型，其立体感强，与厚釉搭配和谐，开辟出一片全新的装饰天地。还有一类是基于北宋的刻划花装饰工艺发展出来的露筋装饰工艺，巧妙利用胎体与厚釉对比，凸显线条轮廓，莲瓣纹、弦纹是典型纹饰。捏塑与露筋工艺让龙泉青瓷魅力大增，特别是工艺师精心设计，使装饰元素与器物造型相辅相成，既美化器物，又强化整体艺术效果，令南宋瓷器独具魅力。

1. 立体的捏塑装饰

捏塑装饰是通过手工或利用模具塑造出各种形状的装饰品。南宋龙泉青瓷的捏塑装饰，主要分为徒手捏塑与模范捏塑两大类别。徒手捏塑，是工匠凭借双手，将瓷土精心塑造为所需造型。南宋时，这种捏塑手法极为盛行，匠人们以精湛技艺创造出诸多精美造型，然而步入元代，徒手捏塑逐渐式微。模范捏塑指首先利用模范来制作器

---

① 朱伯谦、王士伦：《浙江省龙泉青瓷窑址调查发掘的主要收获》，《文物》，1963 年第 1 期，第 27–39 页。

物的初始形态，然后采用手工捏塑技术对其细节进行修饰。凤耳瓶或鱼耳瓶的双耳装饰就是在模范化制作完成后，再通过捏塑技术进行细致修饰而成的。

　　捏塑所选取的题材以动物为主，这些生动的动物形象常常被巧妙地塑于器物外壁，造型优美流畅，展现出极高的装饰艺术水准。其中，龙虎瓶堪称典型代表。龙虎瓶的瓶身呈多级塔式结构，在瓶颈与肩部，匠人们以细腻手法捏塑出盘旋蜿蜒的龙或虎，形态逼真，仿佛下一秒便会腾空而起。瓶身的其余部分，有的精刻仰莲瓣纹，线条婉转流畅，尽显典雅；有的则保持素面，以简洁纯净之态，凸显器物本身的质感。通常，龙虎瓶还会搭配一个瓶盖，瓶盖的钮部装饰着灵动的鸟或憨态可掬的狗的造型。除此之外，捏塑技术也被广泛应用于人物主题雕塑的制作中。

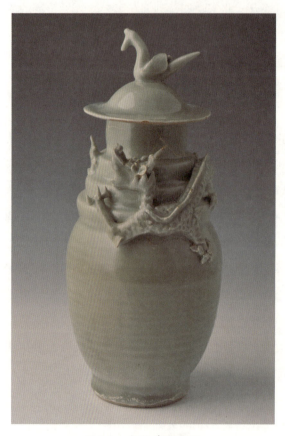

图3.4　南宋 青釉龙瓶
（龙泉青瓷博物馆藏）

图3.5　南宋 模范捏塑的青釉何仙姑像
（浙江省博物馆藏）

2.浅浮雕的露筋装饰

　　露筋装饰是由于器物的纹饰在表面凸出，当整体涂上釉料后，凸起部分的釉质变薄，露出胎骨，而其他部分则被厚重的釉料所覆盖，从而形成的装饰效果。

南宋时，为了配合厚釉陶艺的发展，对北宋流行的刻划花技法进行创新，由此诞生了露筋装饰这一独特艺术形式，具体表现为白痕露筋和弦纹露筋。这类装饰手法通过微雕浅浮，让线条呈现出明显的凹凸感，当施加厚釉后，凸起部位会因为流釉的缘故显露出底层的胎骨，呈现出丰富又独特的视觉效果。

四川遂宁金鱼村窖藏出土约 400 件龙泉青瓷器物，其中有不少南宋时期的代表性器物，如采用浅浮雕刻划露筋工艺的莲瓣碗、弦纹瓶，还有特色鲜明且较为常见的鬲式炉。鬲式炉设计独特，常常在肩腹转角处和腹部与足部交接处展现出挺拔的棱线，线条流畅而不失刚劲，经过厚釉烧制之后，更能展示出整齐有序的露筋装饰，简约而不失高雅。

图 3.6 南宋 青釉鬲式炉（龙泉青瓷博物馆藏）

从前面的分析中，可以明确南宋龙泉青瓷并未单纯延续北宋时期的平面刻划花装饰风格，窑工们依托独特的制瓷工艺，开创出富有立体效果的装饰技法。在薄胎厚釉、造型精致轻便的基础上，衍生出以人物、动物为主题的捏塑装饰工艺，以及浅浮雕刻划的露筋装饰工艺。这一时期的龙泉青瓷，绝非为装饰而装饰，而是摒弃复杂堆砌，将纹饰、造型、釉色精妙融合，塑造出明亮、大气、精美、立体且生动的装饰风格。这一成果，既彰显了窑工们非凡的智慧与创造力，也标志着龙泉青瓷的装饰工艺伴随制瓷技术的革新而不断发展演变。

（三）元代多元的印贴工艺

陶瓷印贴工艺，即通过模具或贴片来创作陶瓷表面花纹。南宋时，印贴工艺多以单个图案呈现。到了元代，印花技术被广泛应用，逐步成为龙泉青瓷装饰的主导元素之一。元代常用的印贴装饰技法丰富多样，涵盖阴纹细线条印花、阳纹细线条印花，还有满釉贴花与露胎贴花等。采用这些技法印制出的图案，通常突出于器物表面，带来浅浮雕般的视觉效果。

印花工艺需要用到预先设计好的陶瓷印具，在半干的坯体上使用印具压印形成图案的方式称为模印。另外，还可以在压制模型时在模具上预刻花纹，待泥坯脱模后，坯体上便会呈现出相应的花纹，这种方式称为戳印。南宋时，龙泉青瓷已着手尝试采用文字印章纹、鱼纹等简单图案开展戳印装饰，由此催生出阴纹细线条的印花技法。这种制作方法一直延续到元代，在龙泉东区青瓷窑址调查研究时，发现了许多元代瓷片，器物内部底部中央印有折枝花卉图案。元代出现了丰富多样的印花装饰手法，阳纹细线条印花便是其中之一。此法利用被雕刻绘制有阴线花纹模板的模型，将其印在生坯表面，形成凸显的阳纹线条图案，线条流畅、明朗而富韵味，常常为碗盘底部、粉盒、双环耳瓶及蒜头瓶和鸟食罐等器物增添优雅气质。元代的印花工艺技术，操作便捷，同时具备出色的美化功能，能够契合当时国内外市场的需求，备受青睐。

图 3.7　南宋 贴花 "鱼化龙" 纹　　　　图 3.8　南宋 印花文字瓷片标本
（龙泉青瓷装饰纹样研究所藏）　　　　（龙泉青瓷装饰纹样研究所藏）

满釉贴花与露胎贴花均为贴花技术的构成部分。贴花工艺的源头可追溯至金银器的锤扑工艺，经此工艺设计的图案会在器物表面凸显出来。满釉贴花的制作流程是先用模范单独印制图案，接着把这些图案粘贴到坯体之上，最后进行施釉与烧制。早在晋代，满釉贴花技术就已被引入青瓷制作中，此后，唐代的长沙窑、宋代的龙泉窑等诸多窑口也纷纷采用了这一技术。在元代，满釉贴花装饰工艺得到了继承，同时也发展出了露胎贴花工艺，这种设计不仅新颖，而且富有趣味性，因此成为元代装饰艺术的主流之一。

图 3.9　元代 青釉露胎堆贴云鹤菊瓣口盘　　　　图 3.10　元代 青釉模印贴花云
　　　　（龙泉青瓷博物馆藏）　　　　　　　　　　凤纹瓶（龙泉青瓷博物馆藏）

在元代，印贴装饰工艺得到了广泛使用，操作简单且高效，仅需选择适当的模具进行印制、粘贴，这种方法使得图案明暗有致，充满活力。元代龙泉青瓷不仅保留了南宋细腻的印纹线条和满釉贴花技术，更创新出了阳纹细线条印花、露胎贴花等技术，使生产效率显著提高，满足了国内外消费者的需求。

总结来看，宋元时期，龙泉青瓷的装饰技艺独具特色，深刻烙印着时代的痕迹。北宋时，平面刻划花装饰备受青睐；到了南宋，立体捏塑与露筋装饰成为风尚主流；而元代，凸版印贴装饰则大行其道。

二、龙泉青瓷装饰色彩的演变

龙泉青瓷因其温润如玉的釉色而广受赞誉，基于青釉技术，宋元时代的龙泉青瓷也发展出了其他多种颜色的装饰元素。北宋时，受限于当时的制瓷技艺，龙泉青瓷釉色主要呈现出淡雅清新的青黄色。但到了南宋，北方制瓷技术大量涌入，龙泉青瓷品质实现质的飞跃，最显著的成果便是成功创烧出粉青、梅子青等极具代表性的经典釉色。与此同时，匠人们还开创性地运用紫口铁足、金丝铁线、浅白断纹等装饰技法，极大丰富了龙泉青瓷的艺术表现形式。发展至元代，受多元民族文化影响，火石红、褐斑等多种颜色被巧妙地应用于青瓷装饰中，让龙泉青瓷更加丰富多彩。

（一）北宋单一青黄釉的运用

宋代初年，龙泉青瓷工艺尚处于起步阶段，由于技术限制，釉色呈现出青黄色调。据龙泉青瓷博物馆的藏品显示，当时的胎质混杂，釉色偏黄且光滑明亮。这一现象与当时使用的原料特性、釉料配方、釉层厚度以及烧制工艺等多个因素有着密切的联系。当时南方的青釉大多使用石灰釉，但高温黏度较低且流动性强，因此施釉较薄，釉面过薄致使釉料难以凭借氧化亚铁着色形成鲜明的青色。同时，由于原料质量不佳以及淘洗技术不足，瓷土中含有诸多杂质，影响了青色效果；燃烧过程中温度掌控欠佳，氧化铁过度转化为氧化亚铁，容易生成青黄色。

（二）南宋胎釉装饰的新气象

南宋时，由于政治重心向南迁移，江南经济呈现出繁荣的景象，龙泉青瓷也得到了迅速发展。南宋龙泉青瓷的制作技术已相当成熟，成功研制出了白胎青瓷与黑胎青瓷这两种经典品类。白胎青瓷搭配上光泽柔和的粉青色釉料，或是温润碧绿的梅子青釉，质感宛如美玉，令人赞叹。而黑胎青瓷则以紫口铁足、金丝铁线和浅白断纹为鲜明特征，制作工艺精湛，每一处细节都彰显着匠人的高超技艺。这些独特的风格，构成了南宋龙泉青瓷经典且别具一格的装饰风貌。

1. 白胎青瓷的釉色装饰

作为南宋龙泉青瓷的重要分支，白胎青瓷在北宋瓷器的基础上进行了改良。与北宋时相比，南宋龙泉青瓷在胎质方面有显著提升，这主要归功于胎料配方的优化，以及淘洗技术的进步，使得胎质更为纯净，胎色愈发洁白。在此基础上，为进一步提升青瓷的审美价值，龙泉青瓷对釉色进行了深度研发。尤其是石灰碱釉的发明，这一创新使得釉料在高温下黏度增加，厚釉也不会流淌，完美攻克了釉色呈色难题。北宋时期的青黄釉色转变为如冰玉般纯粹的青色，粉青与梅子青两种釉色更是其中的突出代表。此时的瓷器施釉厚重，釉层可达三至四层，经过高温烧制，釉色晶莹透亮，宛如油脂。

精致的粉青和梅子青釉色在瓷器的装饰和美化中扮演了关键角色，其晶莹翠绿的釉色作为装饰，突破了前代的形制局限，很多瓷器上不再添加任何图案，以凸显其釉色之美。只有实现对釉料成分、施釉厚度以及烧制氛围的精准控制等多方面的全面掌握，才能制作出既饱满又华丽的青釉，其色泽甚至超过美玉，展现了一种优美典雅的艺术装饰风格。

图 3.11　南宋 龙泉窑凤耳瓶　　　　图 3.12　南宋 青釉荷叶形盖罐
（松阳县博物馆藏）　　　　　　　　　（四川宋瓷博物馆藏）

2. 黑胎青瓷的釉色装饰

南宋时，龙泉青瓷成功研制出了好评连连的黑胎青瓷，其规格专为满足官方需求而定。南宋部分龙泉青瓷与官窑青瓷特征相似，胎骨轻薄精细，胎色黝黑，口沿釉薄现黑胎成紫口，足部釉薄显胎色似铁足，釉面有金丝铁线纹。但龙泉窑址的发掘表明，龙泉青瓷生产体系中，白胎青瓷为主，产量约占 95%，黑胎青瓷仅出现于大窑和溪口的少量窑址，产量稀少，[①] 这或许是其作为官方指定产品的依据。

黑胎青瓷经过特殊胎料的制作工艺，展现出别具一格的艺术魅力。其装饰特质包括：第一，紫口铁足。系坯内含有较多数量的氧化铁缘故，烧制后呈铁灰色，无釉部分的底部显露出深黑色，口部的釉层相对薄弱，显示出淡紫色的胎体，呈现出"紫口铁足"特色。一般小件制品，单独采用紫金土作为胎坯的原料进行制造。但对大件制品来说，如单独采用紫金土作为胎骨制造紫口铁足，制品会产生变形，为了防止制品变形，可在紫金土内配入一定数量的耐火黏土进行试制。第二，釉面开片。原因是坯和釉的膨胀系数不一致。龙泉青瓷通过改良配方与控制釉层厚度，巧妙地运用胎釉间

① 沈岳明、郑建明：《哥窑的新发现》，文物出版社，2018 年，第 57-61 页。

膨胀系数的差别，塑造出各式各样的开片效果，成为南宋时期龙泉青瓷独树一帜的装饰技巧。

（三）元代装饰中的点彩褐斑、露胎火石红

元代，受多元民族文化影响，褐斑、火石红等多种颜色被巧妙地应用于青瓷装饰中，让龙泉青瓷更加丰富多彩。

1. 点彩褐斑

点彩装饰，即在瓷器表面绘制褐彩，又称褐斑加彩、青釉褐斑、铁锈花等。这一工艺最早于西晋后期出现，彼时越窑青瓷便已应用。它打破了青瓷单一釉色的格局，点彩与青釉相互映衬，呈现出自然和谐之美；褐色斑点分布规律且简洁，赋予器物明亮之感。发展至唐代，湖南长沙窑在装饰上运用大块褐斑点彩，并绘制各类褐绿色图案，极大地丰富了褐斑点彩的艺术表现形式，推动其向更为多元的方向发展。五代时期，景德镇窑在瓷枕和瓷俑的制作中，开始将点绘褐彩用作装饰手法。到了元代，龙泉青瓷不仅传承了其他窑口的褐斑点彩装饰技艺，还将其广泛应用于碗、瓶、盘等器物之上。这打破了青釉单一色调的局限，使得青褐色调相得益彰，呈现出非常鲜艳的视觉效果。

龙泉青瓷的点彩褐斑装饰工艺主要包含两类：单纯的点彩装饰以及集成化的点彩装饰。其中，单纯的点彩装饰独具艺术魅力，给器具带来端庄而优雅之美。这种手法几乎全部由单一或少量的点组成，各点之间间隔均匀，富有节奏感。在烧造过程中，褐斑会因为釉面的自然熔解，显现出类似墨洒宣纸时的自然晕染效果，富含生命力。此装饰手法常用于碗、杯、盘、罐、玉壶春瓶、双耳瓶等各类器皿的制作中。值得一提的是，点彩褐斑经常与其他装饰工艺相互交织，表现出独特的灵动之美。例如露胎桃花褐斑盘内底中央，贴有一朵露胎桃花，其余部分施青釉，烧制后，斑点呈现出丰富多样的色彩，褐色、火石红色、青色相互映照，赋予器物独特

图 3.13　元代 龙泉窑露胎桃花褐斑盘
（韩国国立中央博物馆藏）

的神韵与动感。另外，点彩褐斑与印花、刻划花等结合，让器物样式更加丰富，别具趣味。

元代的龙泉青瓷融合了点彩、露胎贴花、印花和刻划花等多种装饰手法，形成了独特且富有创意的装饰风格，与青瓷透明、整洁的釉色形成鲜明对比，给人带来全新的视觉体验。

2. 露胎火石红

瓷器制作时，若不施釉或者施釉不到位，底部就会显现出胎骨。根据露胎面积的大小，可以分别称为露胎和缩釉。这一装饰风格起源于元代龙泉青瓷的制作实践，后来演变成了一种精美的艺术形式。

露胎装饰的技巧，主要分为印花露胎和贴花露胎两类。前者往往采用非规则的露胎手法，在内底内壁涂覆部分釉料，然后剔除中间的釉料，从而产生独特的露胎视觉效果。烧制完成后，露胎部分呈现出火石红的颜色，边缘未施釉则使得釉层自然流淌，形成随意自由的边界线条。这种技艺在龙泉东区安仁窑址的出土物中有很好的体现，圆形或环形的垫片与器物露胎部位的配合，证明了这类瓷器露胎的主要作用是为了提高产量。除了实用性，露胎装饰也非常重视美学价值，例如浙江省博物馆所藏的三足鼓钉洗，内底的露胎处装饰着花卉纹样，这一设计巧妙地避免了露胎表面的单调感，使器物在整体上更具美观度与连贯性，各部分之间的衔接过渡显得自然流畅。后者是把贴花技法与露胎工艺相融合，让装饰更具多样性。这种方法是在施釉完成后，贴上装饰图案，烧制后图案凸起呈现金黄色，与青翠透明的釉色交相辉映。常见的贴花露胎图案有龙头、仙鹤、鱼类等，通常直接放在釉面上，烧制后边缘整齐清晰，立体感强，色彩鲜艳。

总的来说，元代时期的龙泉青瓷偏爱采用露胎装饰手法。印花露胎主要应用于规模化生产，装饰图案常以环状或圆形呈现；贴花露胎是在印贴花装饰工艺基础上加以改进的工艺，使得图案纹路更具立体感和鲜明对比度。若选用不同材质的泥浆进行印贴花处理，烧制完毕后，露胎部位便可能展现出各种深浅不一的火石红效果，这为青瓷平添了几分独特魅力。

相较之下，北宋龙泉青瓷的装饰工艺显得质朴无华，南宋时期则更显高雅精致，而元代则呈现更为丰富多样的特点。这些都充分展示了宋元时期龙泉青瓷装饰工艺随着制瓷技艺、社会环境及民族文化交融等诸多因素的变迁，逐渐从单一走向多元化。

第二节　胎料工艺与装饰

在宋室南迁以及北方先进工艺引入的推动下，龙泉青瓷的胎料制作工艺取得了显著的进步。其中最明显的是：胎料的配比得到了更为科学合理的改良，胎料的筛选淘洗工艺也有了进一步的提升。

在工艺革新过程中，通过对二元配方进行改良，引入多级淘洗池与沉淀池的精细淘洗技术，成功研制出白胎、朱砂胎和黑胎三种不同类型的胎料。其中，朱砂胎衍生出露胎火石红装饰，黑胎则催生出紫口铁足装饰，为器物赋予了独特的艺术魅力，传统工艺在创新驱动下焕发全新的生命力。

到了元代，龙泉匠人创造性地将含铁量高的紫金土用作点彩材料，开创了青瓷褐斑点彩装饰工艺，使得点彩在瓷器上呈现出别具一格的褐色斑纹效果，为元代龙泉青瓷增添了新颖的装饰元素。

一、新胎料与新技术

（一）白胎、朱砂胎、黑胎横空出世

优质的原材料资源始终都是支撑陶瓷行业健康蓬勃发展的重要基石。尤其对于龙泉青瓷艺术来说，其辉煌的装饰工艺发展历程，无疑是与当地丰富的矿产资源以及精湛的胎料加工技术紧密相连的。

1. 矿产丰富

历代名窑瓷器的发展和瓷区的形成无一不是依靠着当地丰富的天然矿物原料资源。清代督陶官唐英奉旨而作的《陶冶图说》梳理了当时官窑制瓷的工艺流程，其中第一个环节就是采石制泥，可见胎料在整个陶瓷生产中的重要性。

龙泉一地制瓷所需的矿产资源丰富、分布广阔。明代陆容编撰的史料笔记《菽园杂记》卷十四中有一条记载："青瓷初出于刘田，去县六十里。次则有金村窑，与刘田相去五里余。外则白雁、梧桐、安仁、安福、绿绕等处皆有之。……泥则取于窑之近地，其他处皆不及。"[①]

---

① （明）陆容：《菽园杂记》，中华书局，1997年，第176页。

20 世纪 60 年代，浙江省轻工业厅组建一批专家团队，全面开展龙泉青瓷的恢复工作，详细梳理了龙泉瓷厂当时所用瓷土矿的分布情况，结果显示这些瓷土矿的储量极为丰富，而且分布范围相当广泛。

在龙泉青瓷的发展进程里，制瓷原料起着无可替代的关键作用。龙泉地区原料储备富足、品类多样，无论是黏土，还是各类矿物，均一应俱全，这为当地制瓷业的蓬勃兴起与持续繁荣，构筑起极为优越的物质基础。在传统制瓷工艺中，原料多取自当地。龙泉以富含特定矿物质的瓷土为基，用其制作瓷胎，能鲜明地展现出龙泉青瓷的地域属性，从根本上对陶瓷的品质与特征产生深远影响。

2. 胎料精制

通过对比北宋与南宋的龙泉青瓷瓷片，不难发现，北宋时期的胎土杂质较多，气孔较大，胎色较为单一，整体呈现灰白色调；而到了南宋时期，胎土的纯度和硬度都得到了大幅度提升，呈现白色、朱砂色、黑色等多种色彩。因此，北宋与南宋时期龙泉青瓷胎料之间的主要区别就在于胎料纯度的提高和胎土颜色的多样化。

在南宋时期，打磨技术得到改良，原料的精制程度达到了新高度。此外，南宋龙泉青瓷在胎料配方上有重大突破。以白胎为根基，创造性地研制出朱砂胎与黑胎这两种全新胎体。白胎所用胎土的氧化铁含量较低，这使得其颜色偏淡，加上它质地细腻紧实，烧制后胎色呈现纯净洁白的色泽，彰显出一种素雅洁净之美，在质感与外观上都达到了相当高的水准，为龙泉青瓷独特艺术风格的形成奠定了坚实基础。叶宏明在《龙泉青瓷生产工艺总结》中指出，当釉的化学组成和其他工艺因素都相同时，坯料内紫金土成分愈高，即坯料中的铁质含量愈多，则釉色愈深。朱砂胎的胎土在原白胎胎土的基础上加入一定量的紫金土，胎料中铁的含量增加，故而烧成后颜色比白胎深，无釉露胎处呈朱红色，从瓷器断面可以发现内部的胎色为白灰色，但不同于北宋时期胎的灰色，它的纯度更高，颜色偏冷。黑胎的胎土中铁含量增加，经还原烧成后，胎体呈现灰黑的色泽，如同铁一般，且质地坚硬、结构细密，因而被称作"铁骨"。浮雕和花纹较多的日用瓷，采用白胎较为清晰悦目；而花纹和线条较少的制品，采用朱砂胎则釉色显得较为幽雅稳重。所以，仿古的产品，应采用朱砂胎；而对于多花纹的现代日常生活用具，最好用白胎，并采用硬饼托垫烧成。[1]

---

[1]　叶宏明：《龙泉青瓷生产工艺总结》，浙江省轻工业厅编《龙泉青瓷研究》，文物出版社，1989 年，第 203-204 页。

（二）革新胎料配方

南宋时制瓷匠人在长期实践中积累了大量经验，推动胎料配方迎来重大突破与改进。北宋时，制胎采用单一瓷石的一元配方，到了南宋，成功转变为多种矿物搭配的二元配方，白胎、朱砂胎以及黑胎三种胎料也应运而生。这一变革极大提升了瓷器的品质与性能，推动了中国制瓷业迈向新高度。

1. 单一瓷石制胎术

中国南北瓷业在制胎技艺上有着鲜明差异。北方地区制胎，多使用高铝低硅的硬质黏土，这种黏土让瓷器胎体具备特定的质地与性能。与之不同，南方的龙泉青瓷秉持传统，选用高硅质的瓷石原料。瓷石在龙泉青瓷制作过程中的应用极为广泛，其中石英和绢云母占据了主导地位。绢云母的质地与高岭土类似，具有良好的可塑性，并且还具备长石的助熔效果；更为重要的是，瓷石中的石英含量丰富，已经涵盖了制备坯胎所需的基本成分，无需再额外添加其他黏土类矿物，便能独立完成制瓷工序。这种天然的特性使得龙泉青瓷得以直接利用当地的瓷石作为原材料，形成独具一格的单一瓷石制胎体系，烧制出的瓷器在质地、色泽等方面展现出鲜明的地域特色。

将龙泉瓷石和北宋龙泉青瓷胎的矿物成分进行比较，可以观察到它们在硅和铝的含量上有很高的相似性。据此可以合理推测北宋时期龙泉青瓷采用的正是这种单一瓷石制胎方式，也就是所谓的"一元配方"。

2. 二元配方制胎术

龙泉地区的瓷石中，铝和铁元素的含量相对于其他产地而言相对较低。尽管可以采取淘洗流程以增强其中的铝元素比例，但是在铁元素的提升方面却存在一定难度，因此，仅凭淘洗程序无法完全创造出各异的胎体材料。但是龙泉当地紫金土矿产资源丰富，且铁的含量较高，一般在 3.11% ～ 5.93% 之间，有的高达 13.85%[①]，由此可知，南宋龙泉窑青瓷胎乃是通过在瓷石原料中掺和紫金土来烧造的。

在引入紫金土后，胎体材料的配比方式由原先的一元体系转变为了二元体系，这为南宋龙泉青瓷三种胎体材料的创新发展提供了关键性的配方改良支持。虽然这种变革在相关文献中缺乏详尽的记载，不过，通过对其他窑口原料运用的变化规律进行分析，以及参考近年来学者们对龙泉青瓷的研究成果，可以推断南宋时期的工匠们已熟练掌握了龙泉青瓷胎体材料的二元配方技术。

---

① 熊寥：《中国古代制瓷工程技术史》，山西教育出版社，2014 年，第 279 页。

（三）胎土淘洗新技术

北宋早期，龙泉青瓷胎土淘洗仅靠单一设备，这使得胎体材料粗糙、可塑性差。到南宋，工匠采用多套设备组合作业，极大提升了胎体材料的细腻度与可塑性。龙泉青瓷的品质由此实现飞跃，从北宋时的粗糙厚重，转变为南宋时的精致细腻。

1. 组合式精淘技术

由于瓷石质地较为坚硬，无法直接用于制胎，因此需要借助水碓将其捣碎细化，随后通过淘洗程序以提高原料纯度和工艺性能。江南地区降水充沛，凭借天然的水力资源，能够推动水碓的水轮持续转动，如此一来，碓杆便能日夜不停地工作，把瓷石捣碎成小块，随后便可开展淘洗工序。具体的操作步骤如下：首先将粉碎后的瓷土投入淘洗池内，添加适量清水进行搅拌使细土悬浮，粗土则会自然沉淀；接着将细土倒入沉淀池进行多次淘洗，以去除杂质和颗粒。经过如此处理后，胎体材料的细腻程度和可塑性将会获得大幅度提升。

元代，龙泉青瓷淘洗技术持续创新。淘洗池与沉淀池面积缩小，数量却增多。以上严儿村窑址发现的淘洗池为例，和宋代相比，差异显著：其一，形状变为正方形，更利于精细操作与管理；其二，淘洗技术升级，4 个淘洗池紧密相连，1 号池地势偏高，泥浆会按顺序流入 2 号、3 号、4 号池，最终沉淀出细泥。这些考古发现证明，宋元时期，龙泉青瓷工匠不仅精通淘洗技术，还能巧妙地组合运用淘洗池和沉淀池，让青瓷胎土的淘洗更为高效、精细。

2. 胎料性能的提升

淘洗技术的不断改良，不仅能够显著提升胎料的精细程度，同时也能改变其化学成分，从而进一步优化胎料的各项性能指标。其一，在杂质清理层面，经淘洗处理，瓷土与紫金土里的游离石英、石灰石、石膏、岩石碎屑以及有机物等杂质被有效去除，保证了瓷土质地的纯净度，进而提升泥料的精细程度。其二，从化学组成角度来看，泥料经淘洗后，二氧化硅含量降低，氧化铝和氧化钾含量相应增加。这一变化优化了胎料的化学构成，不仅提高了生坯强度，还增强了瓷胎在烧制过程中的抗变形能力，显著提升了瓷胎的整体性能。对北宋和南宋时期龙泉青瓷瓷胎的化学分析数据表明，南宋时期的淘洗技术比北宋更为成熟。李家治在《中国科学技术史·陶瓷卷》中的数据表明，北宋瓷胎中的氧化铝含量在 14% ～ 18% 之间，而南宋瓷胎的氧化铝含量则大大提高，达到 18% ～ 24%。若要达到这样一个程度，估计要淘洗掉 20% ～ 30% 的渣矿。元代所用的胎泥原料和南宋相近，也是利用淘洗程度差不多的精泥为料。

二、新胎料下的新装饰

胎料技术的革新推动了龙泉青瓷装饰工艺的重大变革。在北宋时期，龙泉青瓷主要以单一瓷石作为胎体材料，淘洗技术尚处于发展阶段。随着南宋时期胎料技术的突破，工匠们开始运用二元配方与精湛淘洗技术，彻底革新了胎料质地。北宋时那种灰杂胎质，到南宋摇身一变，成了白胎、朱砂胎和黑胎这三种各具特色的胎质。不同胎质带来独特装饰效果。朱砂胎在烧制过程中，露胎部分经氧化形成迷人的火石红，色泽温润，似熟透的红玛瑙，为瓷器增添一抹别样风情。黑胎瓷器则因口沿釉层薄，隐现胎色呈紫色，足部无釉，胎质如铁，"紫口铁足"相互映衬，尽显古朴典雅。这不仅是技术进步，更是艺术创新，成就了龙泉青瓷独特的美学风格。

（一）露胎火石红与朱砂胎

烧成降温阶段，朱砂胎发生二次氧化反应，致使无釉的露胎部位呈现朱砂底色。久而久之，这项特性逐步演化为露胎火石红装饰，成为龙泉青瓷极具典型性与代表性的装饰工艺之一。这一装饰效果的诞生绝非意外，而是南宋制胎工艺技术发展到一定高度后的必然结果。加之龙泉青瓷胎壁厚度恰到好处，纹理细腻精致，因而广受赞誉。

1. 露胎火石红的物理分析

瓷胎之中的铁质在炽热的烧制条件下，集结于胎与釉之间的界限处，当烧制结束并经由冷却过程中的氧化反应，便会产生火石红的效果。最初的火石红通常显现于瓷器的底部，尤其是那些未涂抹釉彩的部分更加明显，位置接近胎釉交界处的颜色相对更深沉，远离边界之处则逐渐清淡乃至消失不见。这就是人们常说的"朱砂底"，这个特征在南宋龙泉青瓷制品中普遍可见。

烧制环境对火石红装饰具有决定性的影响。若瓷胎内含有相对较高比例的氧化铁，那么在烧制完毕之后，未施釉的胎体就会呈现出火石红色调；若瓷胎之中氧化亚铁含量较高，那么在进行氧化烧制的情况下，必定会产生火石红色调。虽然龙泉青瓷的烧制方式多选择还原烧制，但火石红的现象依然存在，这是由于在烧制降温的过程中，窑内的气氛会逐渐转化为氧化状态，所以器物未施釉之处可能出现火石红现象。二次氧化仅在器物表面发生，故而露胎火石红装饰仅会于器物表面无釉区域呈现。观察南宋时期的产品可见，未施釉的底足或口沿一圈呈现火石红效果，但胎体内部依旧维持灰白色或白色的原本色泽。

2. 露胎火石红装饰工艺的演化

北宋时，龙泉青瓷不见火石红装饰；到南宋，器物底部率先出现火石红，进而在人物塑像的面部、手部等部位也有了露胎火石红的运用；发展至元代，印贴露胎火石红在器物上得到广泛应用。这一系列变化淋漓尽致地展现出龙泉工匠对胎料应用技术的不懈探索与创新精神。南宋时，除圈足朱砂底外，露胎火石红还被巧妙融入龙泉青瓷人物塑像及露胎贴花工艺，成为极具个性的装饰技艺。元代，露胎贴花工艺在器物上大量运用，成为主流装饰工艺之一，常见于盘、罐等各类器物。该工艺一般借助模具印制出鱼、龙、瓜果等图案，将其贴于施满釉彩的器物上，贴花图案露胎不施釉，经烧制呈现朱红色调，为原本单一的青釉增添色彩，别具一格。

3. 返璞归真的露胎装饰

在宋代，人们普遍认为施釉才是打造完美器物的最佳途径；然而到了元代，露胎不施釉却成为备受推崇的装饰手法。关于这一工艺转变的原因，主要包括以下几个方面：

首先，这是叠烧工艺的直接产物。元代时龙泉青瓷市场需求激增，为了提高生产效率，人们常把器物内底中央的釉层刮掉，方便进行叠烧。在龙泉东区，考古发现大量露胎叠烧产品与垫片，这些产品的内底和圈足都剔去釉层，露出了胎体。在内底无釉的地方放置垫片，这样就可以将数十件产品进行叠加烧制，大大提高了产量。同时，为了改善露胎叠烧所带来的单调外观，人们又创作出形式多样的印贴花纹来美化露胎部分。

其次，这是对缩釉现象的重新发掘利用。在南宋时期，贴花装饰多数是在施满釉彩的基础上进行烧制的，而浙江省文物考古研究所藏南宋青釉鼓式炉炉身上的花形鼓钉皆为露胎状态，且每个鼓钉的露胎面积大小各异。这些露胎鼓钉呈现朱红色调，宛如含苞待放的花朵，与古朴的青釉相互衬托，搭配得恰到好处。这种自然产生的缩釉露胎现象，极有可能就此演变成了一种别具一格的装饰手法。

第三，这是匠人们有意

图 3.14 南宋 青釉鼓式炉（浙江省文物考古研究所藏）

为之的对比装饰。随着制胎技艺的不断精进，南宋龙泉青瓷已成功采用二元配方，即在精选的瓷石中加入适量的紫金土，以期提升胎质中的铁含量。然而，这一操作致使瓷胎白度降低，釉色相对变深。与此同时，器物圈足部位出现了迷人的火石红效果。匠人们意外且惊喜地发现，在青釉衬托之下，这种红色格外醒目，独树一帜，因此他们决定将其发扬光大，并逐步发展为元代的露胎装饰工艺。

总体而言，龙泉青瓷从一元配方向二元配方的技术变革意义非凡，直接催生出经典的露胎火石红装饰效果。这一变化促使龙泉青瓷在审美上从追求全釉覆盖转变为有意露胎。起初，火石红露胎仅出现在圈足部位，宛如不经意间的点缀。渐渐地，工匠们开始有意识地将其运用到人物塑像装饰里，为塑像增添独特魅力。发展到后来，日常用品上广泛采用露胎印贴花装饰，极大丰富了器物的视觉效果。这一系列演变，展现出龙泉青瓷胎料技术的进步对装饰工艺产生的深远影响。

（二）紫口铁足装饰

南宋时黑胎的诞生，使龙泉青瓷的高端产品得以大规模生产。由于黑胎中含有丰富的铁元素，经过高温烧制后，口沿部位那一层薄薄的釉，如一层轻纱，使得胎骨的紫色若隐若现，由此勾勒出别具一格的"紫口"景致；圈足处因未施釉料，露出的部分呈现熠熠生辉的铁色，这便是人们常说的"铁足"。

古代文献中记载了诸多关于南宋时期龙泉黑胎青瓷紫口铁足的描述。自明代中期起，龙泉窑时常被称作哥窑弟窑，其中哥窑极具辨识度，最为突出的特色便是釉色青润且浓淡有致，以及标志性的紫口铁足。明代曹昭在《格古要论·古窑器论》中有言："宋修内司烧者。土脉细润，色青，带粉红，浓淡不一，有蟹爪纹，紫口铁足。色好者与汝窑相类，有黑土者，谓之'乌泥窑'。伪者皆龙泉烧者，无纹路……旧哥窑色青，浓淡不一，亦有紫口铁足。"[1]这番记述意义非凡，为后世揭开哥窑神秘面纱提供了关键线索。

哥窑借鉴修内司官窑之技法，已然能够烧制出紫口铁足的精美瓷器。至明嘉靖、隆庆年间（1522～1572），郎瑛在《七修类稿》续稿中更明确指出，哥窑与龙泉窑皆出处州龙泉县，"南宋时有章生一、生二弟兄各主一窑，生一所陶者为哥窑，以兄故也，生二所陶者为龙泉，以地名也。其色皆青，浓淡不一，其足皆铁色，亦浓淡不一"。[2]观察龙泉溪口和小梅两地出土的黑胎青瓷实物，其胎骨乌黑发亮，土脉细腻且均匀，呈现紫口铁足之态，釉面还有自然开裂的独特美感，这些特征，与古文

① （明）曹昭：《格古要论》，中华书局，2020年，第116-117页。
② （明）郎瑛：《七修类稿》，上海书店出版社，2009年，第601页。

献中的记载基本相符。

在对比南宋时期的龙泉黑胎青瓷与南宋官窑制品时，会发现它们在外貌特征如胎薄釉厚、紫口铁足、釉面开片等方面具有高度的相似性，但通过对胎、釉的分析，能够找到它们之间的细微差别。

首先，在胎质制作的原材料选用方面，存在一定的区别。通过仔细观察胎体的截面可以发现，无论是南宋龙泉黑胎哥窑还是官窑，其气孔数量都相对较少，并且密度较高，若仅仅根据常规的化学成分分析，很难将二者完全区分开来。但经过对稀土元素的深度研究，发现三种关键元素——铈、钕、钆，它们对于区分这两类瓷器起到了决定性的作用：尽管两者都富含铈，但前者的钆含量明显高于后者，后者的钕含量则高于前者，这意味着它们的制胎原材料可能来自不同的产地。

其次，在釉质的化学组成层面，也存在差别。像钙析晶、石英微粒、釉泡等要素的不同，均会直接左右釉质的质感。简言之，釉面的透明度或乳浊程度，实则由钙析晶、残留石英微粒以及釉泡这三者的总量所决定。当总量下降，散射和漫反射光的微粒数量随之减少，釉质便会显得更加透明。

图 3.15　南宋 龙泉窑黑胎青釉尊
（龙泉青瓷博物馆藏）

图 3.16　南宋 哥窑悬胆瓶
（龙泉青瓷博物馆藏）

紫口铁足的装饰效果主要源于胎料化学成分的变化。龙泉当地的瓷土和紫金土中化学成分相差较大，其中瓷土中铁含量的平均值在 1% 左右，二氧化钛基本无或仅为痕量[1]，经过精淘后铁的含量仅为 0.5% 左右；紫金土中铁的含量相对较高，且波动大，

---

[1]　段鸿莺、郑建明、王光尧等：《浙江龙泉黑胎青瓷的原料及工艺研究》，《博物院》，2019 年第 4 期，第 6—16 页。

通常在 3%～14% 之间，二氧化钛值则在 0.5%～2% 之间[①]。经对龙泉溪口瓦窑垟窑址、小梅瓦窑路窑址出土的黑胎青瓷片胎体化学成分展开对比，可以明确这两处遗址所产的瓷器在氧化铝、氧化硅、氧化钛、氧化钾、氧化锰和氧化铁等成分上存在显著差异。具体来说，氧化铁的含量在前一个遗址中约为 3.5%，而后一个遗址中则约为 4%；氧化钛的含量在前一个遗址中约为 0.3%，而后一个遗址中则约为 0.6%。相较于瓷土的化学成分，铁、钛含量均有上升。这表明，制胎材料并非仅有瓷石，还可能掺入了含一定量铁、钛的紫金土。此外，这两处遗址的瓷器在化学成分中的钛含量也存在差异，表明可能使用了两种不同矿点的紫金土作为原料。

　　氧化钛和氧化铁对青釉的着色起着至关重要的作用，主要源自紫金土。但因龙泉本地不同矿区的紫金土成分差异极大，致使南宋时期黑胎青瓷的胎色、釉色深浅各异，紫口铁足的展现效果也各有特色。除了上述原因外，紫口铁足的形成还受到以下两个因素的影响。首先，在古代制瓷工艺里，河水也是原料之一，不过河水中往往包含着诸多可溶性盐类以及铁质成分，釉浆中所配入的釉灰也含有大量可溶性盐类。坯体在干燥时，这些盐类和铁质随着水分的蒸发而一起附到生坯的表面，在生坯的口沿和棱角处特别集中，在釉和露胎的交界处也很明显。在烧成过程中，这些可溶性盐类和铁质有一定的助熔和着色作用，使口沿露胎处成棕红色。其次，黑胎产品的胎壁较薄，为防止烧制时器物变形，工匠会在圈足处放置含一定铁质的垫饼，装烧时所用的垫饼往往用含铁量很高的耐火土制成，在高温烧成时，铁质从垫饼扩散到底足处，形成铁足。[②]

三、紫金土与点彩褐斑装饰

　　紫金土的使用源于南宋，乃是龙泉青瓷制作过程中必不可少的原料之一。匠人们受到绘画艺术的启发，利用其特性来制备青瓷釉面色料，即巧妙借助紫金土，在温润的青釉之上精心雕琢，由此开创出一种全新装饰形式，与传统的刻划花、印贴花装饰大相径庭，呈现别具一格、令人眼前一亮的艺术效果。这是一种独树一帜的点彩装饰技艺，打破了传统龙泉青瓷单色釉的局限性，为龙泉青瓷的装饰设计提供了新的方向。

---

①　周仁、郭演仪、万慕义：《龙泉青瓷原料的研究》，《中国古陶瓷研究论文集》，轻工业出版社，1982 年，第 157–164 页。

②　张福康：《中国古陶瓷的科学》，上海人民美术出版社，2000 年，第 63 页。

（一）紫金土着色剂

紫金土主要由石英、长石以及铁矿物质构成，呈致密褐红色块状。经过精挑细选的紫金土，其含铁量可达 9%，即便是含量相对较低者亦有 4%。相较瓷土而言，紫金土中的铁、铝含量丰富，硅化物含量相对较低，同时还富含钛、铜、钴等微量着色元素，因此除了常见的制胎用途之外，它更可用作着色剂在青瓷制作中发挥效能。在元代及其后的龙泉青瓷制作历程中，紫金土往往被用作褐斑点彩的关键色剂，这与其所含的铁成分息息相关。当釉中铁含量在 1%～3% 之间时，便会呈现令人心旷神怡的绿或青绿色调；而当铁含量达到 4%～8% 左右时，颜色则会逐渐转变为褐、赤褐乃至暗褐色。实验数据证实，通过运用含铁量较高的紫金土色料，采用分层点染法在瓷器表面绘制斑点，高温烧制过程中釉熔融带动褐斑自然流动，使得每一个小点都蕴含丰富的变化，且褐色呈现出浓淡、大小、疏密、晕涩等多种差异，犹如水墨在宣纸上自然晕开，这是其他装饰工艺难以比拟的自然韵味。

（二）点彩褐斑装饰

元代龙泉青瓷运用紫金土实施点彩技艺，这应是受到早期其他窑区的启示。晋代之前，中国的高温釉都是单色。到西晋后期，越窑中出现褐色点彩，随后这一技法在东晋到南朝早期的浙江地区各窑口被普遍运用。[1] 众多窑口进一步将其发扬光大，演变成褐彩装饰。

元代龙泉青瓷在点彩材料和工艺技术的运用上明显优于越窑青瓷。越窑的褐斑色泽为褐棕色，样式稳定，与早期越窑的古朴釉色相得益彰，显得更为内敛。反观龙泉窑器物，褐斑点彩丰富多变，于黑色基调中泛出褐棕色，这些斑点乍看相似，实则各有独特韵味，它们与青翠釉色相互映衬，营造出青红交相辉映的别致美感。特别是龙泉青瓷在此期间已经熟练掌握了露胎火石红装饰技巧，时常与褐彩相互辉映，使得整件器物浑然天成，充满浓郁的艺术气息。

元代时，龙泉青瓷与景德镇瓷器皆热衷于采用褐色斑点进行装饰，并且两者的风格颇为相似。事实上，早在五代、北宋时期，景德镇瓷器便已采用了这种装饰手法，以江苏江阴青阳镇悟空寺塔基地宫出土的北宋景德三年（1006 年）青白釉褐彩长颈瓶为例，其口沿与腹部皆装饰有褐斑点彩，这些点彩顺着釉面自然流淌。不过，北宋时期景德镇瓷器上的点彩与越窑的较为相似，大多分布在口沿、器身转折处等关键位置，

---

[1]　中国硅酸盐学会主编：《中国陶瓷史》，文物出版社，1982 年，第 141 页。

并且形态上流动性较强。这或许意味着当时的瓷工们在点彩材料的运用方面还需要进一步深入探究，又或许只是一种随性的尝试。

品类繁多、结构精美、情韵独特的褐色斑点装饰工艺在元代龙泉青瓷中得到了广泛应用，涵盖了高足杯、盘、匜、瓶等诸多器形。尤其值得一提的是，玉壶春点彩瓶深受日本民众的喜爱，日本大阪市立东洋陶瓷美术馆所收藏的飞青瓷花生，已被尊奉为日本国宝。日本人民将青釉上的褐色斑点视作自由翱翔的象征，因此给它赋予了"飞青瓷"这一美名。这件器物上的褐斑点彩布局精妙：口部、颈部以及器身之上，分布着十多处褐斑点，每一处斑点皆由数颗小点构成，形态各不相同，生动逼真，几乎覆盖了整个器物表面；底部装饰着四个规整的小点，犹如南宋穿带瓶上的孔洞一般；足部采用了南宋时期的火石红装饰技法，而其余部位则施有青釉。青釉色调青翠迷人，与褐斑点和火石红圈足色彩相互映衬，彼此成就，美感十足。

在青釉表面进行褐色斑点装饰，这无疑给工艺技术带来了巨大挑战——只有精准熟稔点彩材料的特性，同时精通工艺技法，才能够创作出与青釉相得益彰、和谐统一的点彩褐斑装饰。

第三节　厚釉工艺与装饰

南宋时期的龙泉青瓷釉料中，石灰釉已被改良成了石灰碱釉，釉料技术的革新带动了施釉技术的革新，继而影响了装饰工艺的发展。

一、厚釉技术的形成条件

（一）石灰碱釉的诞生

20 世纪 50 年代以来，考古学界和陶瓷行业联手对龙泉青瓷釉料配方进行深入研究，将釉料细分为石灰釉和石灰碱釉两种。早年的龙泉青瓷胎釉呈现青黄色调，釉面玻璃化现象较为严重，气泡分布稀疏，釉的黏稠度受温度的影响较大，容易发生流动，这种类型的釉被称为石灰釉。石灰碱釉是一种在陶瓷制作领域具有重要意义的釉料，它通过降低氧化钙的含量，同时提升碱金属氧化物如氧化钾和氧化钠的含量，使得高温环境下釉的黏稠度有所增加，流动性相应减弱，最终成功取代了传统的石灰釉。

1.钙与钾含量的变化

在青釉中，石灰石与钾的含量是区分石灰釉和石灰碱釉的关键因素之一。随着钙含量的降低以及钾含量的提升，青釉的熔融范围得以扩大，高温黏稠度得到加强，从而显著提升了釉的整体性能，使其具备了石灰碱釉的特性。研究结果显示，在中国青瓷的烧制过程中，钙的含量经历了先降后升再降的规律性变化，以南宋为分水岭，青瓷釉由原来的石灰釉转变为了石灰碱釉，并且薄釉逐渐演变为厚而纯净的厚釉。同样，龙泉青瓷的釉质变化也遵循了这个规律。通过对南宋时期龙泉青瓷样本的详细检测，可以发现在北宋、南宋早中期、南宋末至元初、元中晚期、明代这五个阶段，钙的含量逐渐下降，钾的含量则逐渐上升。

2.铁及微量元素的变化

在中国的制瓷工艺中，铁发挥着至关重要的着色作用。青釉中铁氧化物含量的差异，将会导致青色的深浅程度各不相同：铁氧化物的分子数在 $0.02 \sim 0.025$ 时，釉为粉青色；在 $0.025 \sim 0.04$ 时，釉为梅子青色；在 $0.04 \sim 0.06$ 时，釉为豆青色；在 0.06 以上时，釉为深豆青或茶叶末等较深色调。李合等通过实验表明历代龙泉青釉中铁的含量是从高到低再到高的一个转变过程[1]。细致观察龙泉青瓷历代瓷片的外观，会发现其釉色在不同时期呈现鲜明差异。北宋时期，龙泉青瓷的釉色尚未达到纯正的境界，部分瓷片的釉色绿中泛着微黄，而有的则黄中隐隐透绿；发展至南宋，制瓷工艺取得重大突破，成功烧制出青翠欲滴的粉青、梅子青等经典釉色。这说明早期龙泉青瓷釉料在选料、淘洗、制作方面都还不够成熟，到了南宋，匠工们有意识地加入不同比例含铁量的原料，并配以精淘洗，才烧制出釉色纯正且色调多样的青釉。[2]

南宋的工匠们将龙泉当地特有的紫金土融入釉和胎中，这种特殊的原料对釉色起着决定性的影响，是致使其釉色呈现较深色调的关键要素[3]。此外，胎中铁含量的增加，也会对釉的呈色产生一定的影响。

除了铁以外，其他的微量元素，如钛、锰等，也会对釉的呈色产生一定影响。钛能够促进氧化亚铁向氧化铁的转化，进而影响铁的呈色效果。从北宋到明，龙泉青瓷釉中钛的含量总体上呈现逐渐减少的趋势，这使得青釉的呈色更加纯粹。另一方面，锰对于青釉的呈色也有着不可忽视的影响。北宋时期，龙泉青瓷釉料配方中的锰含量高达

---

[1]　李合、翟毅、郭子莉等：《龙泉青瓷胎釉成分特征研究》，《故宫博物院院刊》，2019 年第 7 期，第 24–32，109 页。

[2]　张福康：《中国古陶瓷的科学》，上海人民美术出版社，2000 年，第 49–50 页。

[3]　李合、翟毅、郭子莉等：《龙泉青瓷胎釉成分特征研究》，《故宫博物院院刊》，2019 年第 7 期，第 24–32，109 页。

2%，当时的烧成技术还远未达到成熟稳定的境地。在锰含量过高与烧成技术不成熟这两大因素的双重"夹击"下，北宋龙泉青瓷釉色呈现不均匀且偏黄的状态。

（二）厚釉技术的成熟

厚釉的生成不仅是由于釉料配方的优化，还受到施釉厚度变动的影响。釉层的厚度越大，其釉色也就越深沉。在早期的龙泉青瓷中，淡青釉是经过一次施釉完成的，但到了南宋以后，龙泉青瓷主要为薄胎厚釉。

1. 多次素烧夯实厚釉基础

要想实现多层施釉，掌握素烧技术是前提。素烧是将成型未上釉的坯体进行一次焙烧，一般温度在 800℃～1100℃之间，目的是提高生坯的强度，以便于后期施釉、装饰等的操作，提高瓷器品质，减少损耗。[①]

为什么要如此精准控温素烧呢？原因在于，通过这样的操作，坯体的强度会显著提高。坯体强度提高后，在后续的施釉工序中，釉料能够更好地附着，保证施釉的均匀性与牢固度；而在装饰环节比如雕刻、彩绘等操作时，强度高的坯体也更"扛造"，不容易因外力出现破损。这一系列的优势，最终使得瓷器的整体品质得到提升，同时还能降低制作过程中的损耗，让每一件瓷器都能更完美地呈现在世人面前。

在中国陶瓷工艺发展历程中，素烧工艺最早出现于唐三彩的制作。20 世纪 60 年代末在河南巩义黄冶唐三彩窑出土的大量考古资料证实，三彩制品的坯体先经过素烧，然后施釉，之后再次入窑焙烧，始为成品[②]。此后，素烧工艺不断扩散开来，逐渐被各地窑口所接纳与运用。尤其在宋代，青瓷生产领域对素烧工艺的运用极为广泛。在耀州窑的前身——黄堡窑的窑址，出土了数量可观的素烧坯，这些素烧坯的胎体基本完成烧结，见证着黄堡窑的辉煌过往。从中不难看出，黄堡窑在漫长岁月里积累了丰富且精湛的生产技术经验，为后世耀州窑的蓬勃发展奠定了坚实基础。2006 年，河南省文物考古研究所在对宝丰清凉寺汝窑窑址进行发掘时，发现了较多尚未上釉的素烧坯残件，可见汝窑为宋代薄胎厚釉青瓷的生产奠定了技术基础。

南宋时，龙泉青瓷已经具备了娴熟掌握素烧技术的能力，进而在此基础上发展出了多层施釉技术。未经素烧的坯体含水量较低，不易干燥，而且容易受到损伤，很难施加厚釉，在烧制过程中也更容易出现瑕疵，难以制作出完美的厚釉制品。而经过素

---

① 冯先铭：《中国古陶瓷图典》，文物出版社，1998 年，第 390 页；汪庆正：《简明陶瓷词典》，上海辞书出版社，1989 年，第 170 页。

② 河南省巩义市文物保护管理所：《黄冶唐三彩窑》，科学出版社，2000 年，第 1-5 页。

烧处理的坯体强度和硬度都会有明显提升，施釉时的破损率会大幅度降低，为多次施釉创造了必要的条件。至今龙泉青瓷在生产过程中仍然需要首先进行900℃左右的素烧，然后再进行施釉。

南宋龙泉青瓷主要是由薄胎厚釉制成的，由于胎体较薄、易碎且吸水性受限，使用单次素烧工艺无法满足多次施釉的需求，因此很可能采用了多次素烧的方法。在对南宋瓷器工艺的深入探究中，可以察觉到南宋官窑已然将多次素烧与多次施釉的精湛工艺技术完美融合，而且在这一过程中，每一轮素烧所设定的温度都各有差异。同一时期的龙泉青瓷在施釉技术层面与南宋官窑有惊人的相似之处，为了确保其胎体较薄且釉料较厚，必须经过多次的素烧过程。

2. 多层施釉达成厚釉愿景

龙泉青瓷之所以能展现出独特而迷人的艺术风貌，很大程度上得益于其采用了多次素烧和多次施釉的制作工艺。这一工艺的真实性已经由朱伯谦通过严谨的实验得到了有力验证。经过首次素烧后的坯体，表面会呈现一种独特的质感，每次上釉之后都需要再次进行素烧，直至最后才进入正式的烧制阶段。釉层越厚，所需的素烧和上釉次数也就越多，最多甚至可以达到五次，整个工艺流程相当复杂。

南宋初期，龙泉青瓷大多采用单层施釉的方式，所呈现的青釉呈乳浊状态。但匠人们并未停止探索的脚步，一个关于施釉技术的重大变革悄然酝酿，那便是多层施釉技术。那么，这一技术究竟是何时破土萌芽、崭露头角的呢？目前已知最早的实物证据是南宋庆元元年（1195年）程大雅墓中的六件南宋梅瓶，除此之外，庆元南宋胡纮夫妇墓中出土的十余件施厚釉产品，无疑是南宋龙泉青瓷工艺的杰出代表。这些珍品皆采用了多次施釉的手法精心打造，其中绝大多数的釉层厚度远远超过胎厚度，这充分说明在南宋时期，厚釉技术已经相当成熟并且得到了广泛应用。[①]

二、厚釉技术下的装饰新貌

（一）露筋装饰
1. 白痕露筋
白痕露筋，指在器皿外壁上绘制凸显立体感的线条，然后施以厚重的釉料，通过让凸起的地方难以附着釉料，形成流釉与积釉的强烈反差，从而展现出筋络处流釉、

---

① 浙江省文物考古研究所编：《浙江纪年墓与纪年瓷 丽水卷》，文物出版社，2019年，第122–153页。

胎骨显露的效果，如同白釉般引人注目。而筋络与胎体结合处的积釉，会形成青绿的厚釉效果，两者相互辉映，营造出极富观赏价值的视觉效果。由于器物整体都施加了厚釉，因此整个作品呈现青绿色泽。

在南宋那段陶瓷艺术大放异彩的时光里，白痕露筋装饰艺术被广泛且巧妙地运用到形形色色的龙泉青瓷器皿制作流程之中。其中，葵口碗、模制成型的鬲式炉、琮式瓶等都是常见的实例。

2. 弦纹露筋

在南宋时期，得益于厚釉技艺的发展，还出现了弦纹露筋装饰艺术。这种装饰艺术的特点在于采用垂直线条搭配横向线条进行创作，主要借助辘轳车在器物壁雕琢凸起弦纹，排列整齐。龙泉青瓷发展至今，弦纹露筋装饰被延续使用，却难再现南宋辉煌。

（二）釉色变化赋能装饰创新

得益于厚釉技术的进步，南宋工匠们凭借非凡的技艺与不懈的探索，成功烧制出经典的粉青釉与梅子青釉，一举将龙泉青瓷的制釉工艺推向巅峰，就此成为龙泉青瓷标志性的装饰风格。

1. 青黄釉与青釉

北宋时期，龙泉青瓷总体呈现青黄釉色特征；而南宋时期，龙泉青瓷总体的釉色特征则为青釉。

北宋龙泉青瓷釉色宛如被时光晕染，呈现淡雅的青黄色调，釉质纯净，仿若澄澈的秋水。借助现代科学手段对其成分展开深入分析，可以得知，这个时期的釉料高温黏度相对较低，玻化程度较高，气泡容易逸出，而且釉中的气泡和析晶数量较少，烧成过程中的还原气氛不够稳定。这些因素综合作用，使得北宋龙泉青瓷呈现透明的青黄色调。

相比之下，南宋龙泉青瓷的釉中助熔剂含量降低至14%以下，从石灰釉转变为石灰碱釉。多层施釉技术的巧妙应用，以及熟练掌握还原气氛的烧制技巧，最终呈现纯净的青色效果，以及宛若翡翠般的釉质特征。

2. 粉青与梅子青

南宋时期龙泉青瓷的特色就在于纯正的青色以及玉质感的釉质，其中最具代表性的当属粉青和梅子青。

首先，梅子青的施釉厚度明显大于粉青，这是影响其釉色深浅的一个重要因素。

具体来说，施釉厚度越大，釉色也就越深厚浓郁；若施釉厚度偏小，那么摄入的光线也就更容易透过釉层，使得釉色显得更为清亮。因此，由于梅子青的施釉层次更为丰富，其釉色也就更加深沉。

其次，釉料中的化学成分同样对釉色产生着至关重要的影响。以梅子青釉为例，其中的铁元素含量相较于粉青釉而言，明显偏高。众所周知，釉的颜色与其所含有的铁元素量呈正相关关系，也就是说，铁元素含量越高，釉色也就越深。

再者，烧成温度的不同也是导致两种釉色存在差异的一个重要原因。通常情况下，粉青釉的烧成温度在 1230℃～ 1250℃之间，而梅子青釉的烧成温度则稍有提高，在 1280℃左右。

最后，烧成气氛的不同也会对釉色产生影响。在烧制梅子青釉的过程中，所需的还原气氛要比粉青釉更为强烈。根据周仁等人的研究成果，釉中的二价铁含量与三价铁含量的比例越大，气氛的还原能力就越强。当这个比例低于 0.3 时，就会从还原气氛转变为氧化气氛，从而使釉色由青变黄。

（三）开片装饰

在北宋时期尤其是中后期，龙泉青瓷的釉面经常出现开片现象，这主要是因为当时的制瓷工艺尚处于发展初期，釉面容易产生各种缺陷，同时由于釉层较薄，呈现细碎的开片。到了南宋时期，随着制瓷工艺的不断改进和釉料的调整变化，龙泉青瓷工匠们不再将瓷器烧制过程中出现的开片视为瑕疵，反而开始匠心独运，有意地把开片转化为一种别具一格的装饰手法，一系列令人惊叹的开片装饰工艺应运而生，并逐渐走向成熟，逐渐形成了古朴而奇特的金丝铁线、浅白断纹等开片装饰工艺。

1. 开片技艺的奥秘

在陶瓷烧制的漫长历史进程中，开片被视作一种难以避免的瑕疵，然而，到了文化昌盛、工艺精湛的宋代，情况却发生了戏剧性的转变。汝窑、官窑、哥窑等名窑，从开片现象中挖掘出了无限的美学潜力，将其巧妙地转化为釉面别具一格的特殊装饰效果。北宋时期的龙泉青瓷釉面开片较为细碎，而到了南宋时期，开片已经成为龙泉青瓷的重要装饰技巧之一。

导致釉面出现开片的因素多种多样，其中胎釉之间膨胀系数的不同是最关键的原因。当釉和胎分别包含大量的大或小膨胀系数成分时，在冷却和降温的过程中，釉的收缩速度会超过胎的收缩速度，这可能导致釉面因受到特定的张应力而产生裂痕。周健儿等在仿制青瓷开片的实验过程中观察到，与没有裂纹的青瓷胎体相比，存在裂纹的青瓷釉具有更高的热膨胀系数，这也是导致釉面开片现象出现的主导因素 [1]。

开片主要发生于烧制及冷却后期阶段。在冷却前期，胎釉收缩率相似，温度逐渐回落，此时釉料虽历经高温的洗礼，却尚未完全硬化，所以不易产生开片现象。当温度持续下降至200℃以下，釉的弹性消失，张应力增大，若此应力超出釉本身的抗张强度，便会导致开片现象。依据出窑时呈现的风貌，可以将开片划分为铁线与金丝两大类别，出窑时形成颜色较深的是铁线开片，颜色较浅并且显现时间长的则是金丝开片。

对于南宋龙泉青瓷哥窑产品来说，开片数量与方向的变化深受釉层结构的影响。例如，一些经多次施釉且釉厚度较大的产品，其釉层显微结构中包含了大量尚未完全熔化的石英颗粒、钙长石晶束以及气泡，这些元素对开片的数量和方向产生了显著影响。如果釉层中的石英颗粒、钙长石晶束以及气泡含量较低，那么开片将能够自由地延伸，展现出更大的面积；相反，则有助于生成更小的纹理。

2. 开片的经典样式

金丝铁线和浅白断纹是南宋龙泉青瓷的两种典型开片样式，它们都常见于薄胎厚釉的黑胎青瓷釉面上。

金丝铁线的特色在于釉面上的开片大小深浅不一，大的开片呈现深黑色，形状类似铁线；而小的开片则呈现褐色，形状类似金丝。通常情况下，釉层硬度越高，在烧制过程中或出窑后的冷却阶段，由于坯体与釉层之间膨胀系数的差异，使得开片现象更容易快速出现；而当釉层越厚时，其内部积累的应力在释放过程中能够影响到更大的范围，从而导致开片的面积也就越大。基于上述开片现象，瓷器表面会呈现各种各样独特而迷人的纹样。其中，较为典型的有鱼子纹和百圾碎等，它们各具特色，为瓷器增添了丰富的艺术美感。

关于金丝铁线的生成方式，大的纹理在烧制过程中冷却时形成，而小的纹理则在出窑之后逐渐形成。除了形成的时间不同之外，纹理的深浅程度也有所区别。据相关从业人员介绍，龙泉地区生产的金丝铁线是通过长期的土壤侵蚀和时间沉淀，最初釉表面无色的特性自然形成了现在金丝铁线的颜色，因此，现代的仿制品往往无法达到古代作品那样的和谐自然之美。金丝铁线这一经典工艺在龙泉延续至今，当地制作金丝铁线的主要手段是：待瓷器完成烧制，刚一出窑，工匠选取适配的着色剂，为瓷器上的开片逐一添上颜色。

---

[1] 周健儿、包启富、董伟霞等：《仿冰裂纹青瓷坯体的研制》，《中国陶瓷》，2014年第3期，第59-62页。

龙泉青瓷哥窑釉面还有一种别具一格的开片效果——浅白断纹。明代中期学者陆深曾对哥窑的浅白断纹进行过描述，这种开片相对较小，釉色较为浅淡。明代晚期的诸多文献如《弇州四部稿》《说略》《玉芝堂谈荟》《通雅》等，在提及哥窑瓷器时，大体上延续了前人的特定说法。它们着重描绘了哥窑瓷器的显著特征，其断纹数量众多，呈现出"百圾碎"般的独特纹理效果，给瓷器增添了别样的古朴韵味，而且釉色相对较淡，这种淡雅的色调与丰富的断纹相互映衬，形成了哥窑瓷器独特的艺术风格。徐渊若在《哥窑和弟窑》中认为："哥窑开片，其裂缝大都成白色，所谓白络是也。"[1]溪口瓦窑垟窑址和小梅瓦窑路窑址出土的黑胎产品完全契合文献中反复提及、极具代表性的百圾碎与浅白断纹等特征。尤其引人瞩目的是小梅瓦窑路窑址出土的瓷器，身上大多带着浅白断纹这一独特"印记"。

综上所述，南宋时期龙泉青瓷在釉的配方和釉层厚度等方面都有所改进，若对胎釉之间膨胀系数值进行良好控制，便可形成大小、深浅、浓淡等不同形态的开片样式，成为南宋龙泉青瓷独特的装饰工艺之一[2]。

图 3.17　南宋 龙泉窑哥窑杯（龙泉青瓷博物馆藏）

三、厚釉莲瓣碗装饰工艺演变

（一）宋元莲瓣碗装饰工艺略说

莲花纹样在中国传统装饰领域占据重要地位，是常见的经典题材。如《尔雅·释草》记载："荷，芙蕖。别名芙蓉，江东呼荷。其茎茄，其叶蕸，其本蔤，其华菡萏，其实莲。"[3]详细说明了莲花各部分的称谓，反映出古人对莲花细致的观察与分类认知。

① 徐渊若：《哥窑与弟窑》，西泠印社出版社，2014年，第36页。
② 沈岳明、郑建明：《哥窑的新发现》，文物出版社，2018年，第82—85页。
③ （晋）郭璞注：《尔雅》，浙江古籍出版社，2011年，第48—57页。

佛教传入后，莲花被赋予纯洁、吉祥和神圣等美好寓意，成为极具影响力的装饰元素，并广泛融入各类艺术创作中，龙泉青瓷便是其中之一。在龙泉青瓷发展历程里，莲花纹样随处可见，莲瓣碗更是其中典型代表，其身影贯穿始终。特别是宋元时期，莲瓣碗的出现频次达到高峰，其刻划工艺技法不断演变，呈现明显的阶段性差异，反映出龙泉青瓷工艺随时代发展的独特脉络与文化内涵。

1. 北宋莲瓣碗

北宋龙泉青瓷莲瓣碗通常采用半刀泥刻划的技艺，每一刀都可以勾勒出一片花瓣，简洁而流畅。碗边刻画宽大的仰莲瓣纹，线条排列得当、粗细有序，瓣端为圆弧状，内部装饰细篦纹，而碗心则可以自由选择进行装饰或者保持素净。莲瓣纹的最高点大多位于碗口下方的五分之一到二分之一处，使得整个碗身的视觉重心更为协调。

2. 南宋莲瓣碗

到了南宋，龙泉青瓷莲瓣碗的制作工艺已经相当成熟。特别是在碗底的处理方面，常常会加上精细的支柱，使碗型显得更加挺拔。莲瓣纹的刻画也更加立体，碗外壁布满了饱满的莲瓣，层次分明，纹饰与造型完美融合。《龙泉金村古瓷窑址调查发掘报告》指出，金村南宋晚期的浮雕式莲瓣纹碗是一种创新的款式[1]。因为釉层变薄，出现了不受釉层遮盖影响的浮雕式莲瓣纹，并且产生了白痕露筋的效果。

3. 元代莲瓣碗

元代龙泉青瓷莲瓣碗在形态上略显保守，依旧以敞口碗和敛口碗作为基本样式，底座则由圈足构成。莲瓣纹路发生了显著的变化，变得更加纤细修长，犹如菊花花瓣，数量也有了大幅度的增加，从原来的十几瓣增至三十余瓣，甚至有些碗上的莲瓣多达五十余瓣。朱伯谦曾指出，自宋代晚期至元初，莲瓣纹路逐渐变窄，形状趋近于菊花，瓣脊逐渐消失，刻工技艺也有所下滑。此外，莲瓣的表现方式也由南宋时的块面形式转变为了多种刻划形式。

（二）龙泉窑、耀州窑的刻划花装饰工艺

龙泉窑和耀州窑为中国南方和北方青瓷窑系的典型代表，除了都采用青釉之外，它们在诸多方面还存在着相似与不同。它们的雕刻花装饰也有着极高的相似度，这主要源于它们都受到越窑青瓷雕刻花的深远影响。宋代陆游在《老学庵笔记》中写道："耀川出青瓷器，谓之越器，似以其类余姚县秘色也。"[2]李刚在《青瓷风韵：永恒的千

---

① 　浙江省轻工业厅编：《龙泉青瓷研究》，文物出版社，1989年，第68页。
② 　（宋）陆游撰，杨立英校注：《老学庵笔记》，三秦出版社，2003年，第70页。

峰翠色》中也指出："耀州窑在五代受越窑影响，开始流行划花，纹饰多采用偏刀技法刻成，刀法犀利，线条粗放遒劲，图案层次分明，装饰瑰丽多姿。"[①]龙泉青瓷在发展初期，也借鉴了越窑青瓷的制作方法，因此早期的产品保留了越窑精美细致的细线雕刻装饰艺术风格。随着时间的推移以及各种因素的共同作用，龙泉窑和耀州窑开始逐步形成具有自身独特风格和工艺特点的作品。

耀州窑的历史可以追溯到唐代黄堡窑，在其初始阶段，所烧制的产品种类丰富多样，包括黑釉、白釉和青釉瓷器等。到了唐末五代，耀州窑作为中国北方青瓷窑系的关键代表，逐渐将重心聚焦于青瓷领域，主要运用划花、剔花等装饰技巧。

五代时期的耀州窑装饰手法丰富多样、别具一格。尤其是划花与剔花这两种装饰工艺，风格迥异却又各显神通，其中划花装饰与龙泉青瓷早期的细线刻花装饰有着诸多相近之处，而剔花装饰的出现则显示出耀州窑在这个时期正积极探索新的雕刻工艺技术。到了北宋，耀州窑成功地将五代时期的划花和剔花工艺技法融会贯通，一种全新的、将刻花和划花完美结合的经典雕刻花装饰工艺应运而生。

在北宋时期，耀州窑的青瓷刻花技艺堪称一流，其刀痕深度和宽度被工匠们拿捏得恰到好处，深度既保证了图案的立体感，让其能在光影变幻间层次分明，又不至于过深而破坏瓷器胎体的完整性；宽度则兼顾了线条的表现力与整体的和谐感，粗细适中的刀痕，既能展现出刻花部分的刚劲有力，又能映衬出划花线条的细腻柔美，使得整个装饰图案刚柔并济，被誉为宋代青瓷刻花技艺的巅峰。此时南方的龙泉青瓷则另辟蹊径，主要采用半刀泥刻划技法，刀法行云流水，纹饰简洁明快。

至北宋后期，陶瓷工艺领域迎来了新的变革浪潮。耀州窑的浅浮雕刻划工艺逐渐被印花装饰工艺所替代，并且提高了生产效率。但印花图案、布局构图等方面都与前期刻划花装饰保持着高度的相似性。

南宋时期，耀州窑印花装饰图案有所减少，风格由秀美转为简洁或者繁复。元代时期，耀州窑的发展轨迹出现转折，其传统的青瓷产量呈现下滑态势，与之形成对比的是，其他各类釉色的瓷器开始崭露头角。南宋时期龙泉青瓷异军突起，薄胎厚釉的产品成为主流，备受市场青睐。刻划花装饰宛如一条贯穿始终的艺术脉络，与之紧密相伴，在制作工艺层面，龙泉青瓷大多运用浅浮雕刻划手法。元代龙泉青瓷则有剔刻、凸雕等多种刻划装饰风格，刻划技法因综合因素而变，紧跟时代潮流。

---

① 李刚：《青瓷风韵：永恒的千峰翠色》，浙江人民美术出版社，1999 年，第 109 页。

（三）莲瓣碗刻划花装饰工具实验

关于龙泉青瓷刻划花装饰技艺所使用的独特工具及其精湛技法，古代文献记载相对稀缺。

近些年来，一大批学者围绕龙泉青瓷刻划装饰工艺里使用何种工具这一问题，纷纷发表了自己的独到见解，为该领域研究注入诸多活力，引发业界广泛探讨。李刚在《青瓷风韵：永恒的千峰翠色》中指出，东汉时期青瓷上的饰纹一般采用针状工具划成[1]。邓白在《略谈古代龙泉青瓷的艺术成就》中指出，龙泉青瓷早期的刻划装饰多运用篦状工具，线条疏密有致，节奏统一，极具规律[2]。周仁等在《龙泉历代青瓷烧制工艺的科学总结》中指出，龙泉青瓷的划花是采用竹制工具，篦纹是用竹篦划成[3]。林志明在《龙泉青瓷烧制技艺》中提出，古代用竹或铁制的刀具，此外还利用篦状工具刻划排状的细线[4]。总之，有的学者主张使用针状工具，另一些学者则支持使用篦状工具与竹制工具，甚至还有学者提出应尝试使用由多种材质制成的篦纹工具，例如竹篦、竹片以及竹篾刀等。

篦纹这种装饰形式，其源头能够上溯至新石器时代伊始的裴李岗文化与磁山文化阶段。当时的陶瓷制品在装饰手法上较为单纯，大多把篦点纹以及呈现优美弧线的篦纹当作最为关键、最为常用的装饰。北宋时期，篦纹装饰在龙泉青瓷刻划纹饰中的应用愈发广泛，如莲瓣碗中所展现的那样。此类装饰需要借助篦状工具来完成，从而形成篦点纹和篦线纹两种形式。其中，篦点纹呈现线性或片状密集点纹；而篦线纹则表现为直线或弧线状精细线条纹，线条蜿蜒曲折，充满动感。值得注意的是，耀州窑考古发掘中发现的两件刻划装饰工具经鉴定确认为骨篦，这说明在那个年代，许多窑口偏爱采用篦来刻画图案，且梳齿的粗细、疏密度亦各具特色。而在当下，龙泉青瓷刻划花工艺所倚重的核心工具是钨钢刀，它具备损耗率低、性能稳定如一的显著优势。笔者以浙江省博物馆藏的北宋刻划花碗为重要参照样本，开展了一项对比研究。选取两种不同材质的工具，聚焦于极具特色的半刀泥刻划技法，深入探究它们在这一传统工艺呈现过程中的细微差异与独特表现，进而对传统龙泉青瓷刻划花所用工具的具体使用情况进行推测。通过严谨的实验过程加以验证后可以明确得知：传统观念里可能被用于刻划的竹制工具与铁制工具，二者在最终呈现的刻划效果层面，并没有突出的差别。

---

[1] 李刚：《青瓷风韵：永恒的千峰翠色》，浙江人民美术出版社，2018年，第109页。
[2] 浙江省轻工业厅编：《龙泉青瓷研究》，文物出版社，1989年，第93页。
[3] 浙江省轻工业厅编：《龙泉青瓷研究》，文物出版社，1989年，第120页。
[4] 林志明：《龙泉青瓷烧制技艺》，浙江摄影出版社，2009年，第48—49页。

（四）厚釉技术赋能莲瓣碗装饰工艺

无论时代如何变迁，龙泉青瓷始终保持着简洁优美的线条和优雅的气质，而这一切都源于其独特的刻划花装饰手法。值得注意的是，虽然刻划花的基本元素得以保留，但不同历史时期的刻划技巧却有着显著差异，展现出各自特有的艺术魅力。而釉层厚度的微妙调整正是造成这种艺术变化的决定性因素。

回顾龙泉青瓷的发展历程，可以看到它经历了北宋时期的薄釉阶段，然后在南宋时期逐渐转向厚釉。在这个过程中，汝窑对龙泉青瓷产生了深远的影响。据史书记载，北宋晚期，朝廷曾指派汝州适量烧造青瓷，由于采用了珍贵的玛瑙末作为釉料，汝窑独树一帜，成功烧制出了呈乳浊状的精美青瓷，其温润雅致的独特质感惊艳世人。然而随着北宋王朝的轰然崩塌，局势动荡，宋室被迫南迁。南宋统治者念及青瓷之美与宫廷所需，下令官窑延续烧制青瓷的传统，还将汝窑那精湛绝伦的烧制技艺引入龙泉窑，从而极大地促进了龙泉窑的创新，创造出了薄胎厚釉的精美作品。

在北宋时期，龙泉青瓷莲瓣碗主要采用半刀泥刻划技法，即在仰莲瓣轮廓的一侧深挖，另一侧浅削，同时在瓣内填充篦线，使得莲瓣纹理清晰明快。到了南宋时期，龙泉青瓷受到汝窑的熏陶，在制瓷原料和工艺上都进行了改进，但厚釉环境的限制使原来的刻划技艺难以达到理想效果。为了解决这一问题，工匠们创造性地采用了浅浮雕刻划莲瓣纹，如此一来，龙泉窑的纹饰与造型得以精妙融合，仿若天作之合。匠人们凭借高超技艺，找到了刻划花工艺与厚釉追求之间的平衡点，让原本可能相互冲突的两者和谐共生。

进入元代，社会经济格局的变动引发了市场需求的巨大转变，这股浪潮直接推动龙泉青瓷踏上大规模出口之路。为契合不同地域、不同阶层消费者的喜好，莲瓣的刻划样式愈发丰富多元，在产品类型方面，龙泉青瓷呈现出厚釉、薄釉并驾齐驱的局面：厚釉产品大多承袭南宋遗风，巧妙运用浅浮雕刻划技法；薄釉产品则另辟蹊径，重拾北宋时期的半刀泥刻划技艺，刀锋游走间，线条犀利而富有韵律，赋予莲瓣别样的生动质感。更为独特的是，这一时期出现了一种全新莲瓣样式，即以精妙刀法自上而下剔出内凹瓣面。元代的刻划莲瓣碗在工艺细腻程度上稍显逊色，表面偶见些许粗犷痕迹，然而瑕不掩瑜，其造型展现出一种雄浑大气、古朴厚重之感，仿若承载着历史的沧桑，刻划手法更是不拘一格。

第四节　成型工艺与装饰

本节探讨的主题是，北宋末年至元初时期，龙泉青瓷烧制工艺中因成型技法变革所引发的装饰技艺演进。北宋早期，龙泉青瓷多采用辘轳成型技法，而至南宋期间，模具成型技术的创新发展，使得龙泉青瓷的装饰手法产生了数十种变化，从而使得其装饰艺术愈发丰富多彩。

一、钧运成型与模成型

对于器形的规整性以及装饰效果而言，成型技术具有举足轻重的地位，其主要包含钧运和模成型两种方式。在北宋及其之前的年代里，龙泉青瓷主要依赖单一的钧运成型方法。进入南宋后，模成型方法开始崭露头角，器物的形态也由原先的圆形逐渐变得丰富多样，并在元代得到了广泛应用。

（一）钧运成型技术

钧运成型，是通过辘轳车进行陶瓷器皿的成型。《陶冶图说》中记载："拉坯者坐于车架，以竹杖拨车使之轮转，双手按泥，随手法之屈伸收放，以定圆器款式，其大小不失毫厘。"[①] 传统的辘轳车运作原理与现今的拉坯机颇为类似，尽管其车盘的旋转需借助竹棍的搅拌辅助，但古代工匠们仍然能够制造出尺寸完全一致的瓷器，由此可见，钧运成型技术已相当成熟。

钧运成型的历史可上溯至仰韶文化时期，彼时人类已经开始利用慢轮进行坯体的修整工作。随着工艺技术的逐步提升，快轮逐渐替代了慢轮。在大溪文化遗址的出土文物中，可以清晰地观察到快轮制陶技术已经得到了广泛应用。在龙山文化遗留下来的精美器物中，可以明显感受到当时的快轮拉坯技术已经相当娴熟且技艺水准极高。到了宋代，辘轳车上开始出现坑痕和构件，陶车的转盘也由石材改为瓷质。到了元代，部分窑场的辘轳转盘、荡箍等部件已经全面更换为瓷质。

钧运成型作为龙泉青瓷极为重要的一种成型手段，在其发展历程中有着举足轻重

---

① （清）唐英：《陶冶图说》，中国书店，影印本，1993年，第3页。

的地位。在龙泉这片有着深厚陶瓷文化底蕴的地域里，诸如大白岸、源口以及安福等诸多地方，都能够发现辘轳基坑留下的痕迹，特别是大白岸碗坂山窑址，在其宋元时期地层的作坊范围内，一次性发现了多达九处辘轳基坑。其中一类主要用于拉坯成型，另一类则用于利坯和装饰。

伴随时代的更迭变迁，龙泉青瓷的辘轳拉坯成型工艺也持续地发生变化。五代时期的辘轳拉坯成型工艺主要是一次拉坯成型，到北宋后，则是分段拉坯再接坯的成型方式以及利坯工序。分段拉坯有助于制作大型器物，同时还能使器物的线条显得更为流畅；而利坯工序则能使器物更显轻盈，线条更具美感。

（二）模成型技术

模具成型作为一种依托模具开展创作的工艺手段，显著提高了陶瓷制品的生产效率。在陶瓷制作过程中，通过使用精心设计的模具，能够快速且精准地塑造出各种形状的陶瓷坯体。

模成型的历史可上溯至新石器时期的陶范，庙底沟二期文化以及龙山文化皆留存着模制工艺的印记。河南安阳后冈新石器时代遗址中出土了一件龙山文化时期的陶范，依据其特征推断，应是制作陶鬲时所用的足模，使用时，将泥条盘筑在外壁，随后拍打成与模型相仿的形态。至汉代，模成型已臻于成熟，东汉王充《论衡·物势篇》记载："今夫陶冶者，初埏埴作器，必模范为形，故作之也。"[1]可见模成型技术已被广泛运用于陶俑的制作之中。唐及五代时期，模成型技术的运用愈发广泛。唐代黄堡窑址中发现了众多用于器物成型及装饰的各类模具，这为研究唐代陶瓷制作工艺提供了关键资料。宋代的模成型技艺达到了巅峰状态，无论在选材还是制作工艺上都极尽精细之能事。北宋时期的定窑、耀州窑均采用模印装饰技法。而北宋末年的汝窑与南宋的官窑更是注重"澄泥为范"，这种创新性的实践推动了模成型技术的发展，对龙泉青瓷转向模成型工艺产生了深远影响。

为了使器物符合特定的规格标准，南宋龙泉青瓷的工匠们开始采纳模成型技术。然而，瓷器在烧制过程中往往会出现收缩现象，从而导致无法达到预期的尺寸，因此模成型对于技术的要求极高，《陶冶图说·圆器修模》中记载："欲求立坯之准，必先模子，是修故模匠不曰造而曰修，凡一器之模，非修数次，其尺寸、式款，烧出时定不能吻合。此行工匠，务熟谙窑火、泥性，方能计算加减，以成模范。景德一镇，群

---

① （东汉）王充:《论衡》，蓝天出版社，1999年，第30页。

推名手，不过三两人。"^①由此可见，若想真正掌握模范技术，需精准计算并制备模具，同时须精通泥性、火性、成型等多类相关知识。

为了方便脱模操作，模具需要具备一定程度的吸水性能，因此在制作过程中需要严格把控烧成温度。《天工开物》中记载："印器……先以黄泥塑成模印。"^②传统的模具通常由泥土制成，需通过低温烧制以保证其吸水性能。若烧制温度过低，坯体内部结构松散，极易出现开裂、破碎等损坏状况；而当温度攀升过高，使其内部矿物质过度熔融，则易引发瓷化现象，丧失吸水能力。20世纪50年代，石膏材料因其吸水性能好、易于脱模等优势脱颖而出，龙泉青瓷的模具制作材料逐步由传统的泥料转变为石膏。

二、模范技术与装饰工艺

（一）模范技术与造型装饰

南宋时期，模成型技术已经达到了相当高的水平，并被广泛运用于器物造型的创作之中，从而孕育并诞生了诸多独具匠心的琢器作品。模成型技术主要包含内模法和外模法两大类别。

1. 内模法

内模法是将模范放在内部，外部围泥坯来整形制作，能够精确地规范器物的样式，从而显著提高产品的质量。该方法常常被用来制作那些规整或者带有瓜果、莲瓣等装饰元素的异形器物。制作时先通过辘轳塑造出基本的造型轮廓，随后在内部模具上进行精细的调整。在陶瓷制作领域，面对一些凭借辘轳拉坯难以塑造出理想形态的复杂样式，内模法却能完美实现。以龙泉青瓷为例，极具代表性的瓜棱瓶、造型别致的瓜果壶，皆是匠人们巧妙运用内模法，耗费心血精心雕琢、烧制出来的艺术珍品。

2. 外模法

外模法是将模范置于外部，通过手工压制印泥料来塑造器形。这种方法通常是在塑造器物造型的同时完成装饰，因此在龙泉青瓷的制作中，外模法被广泛应用于琢器、人物塑像、动物形文房用器以及器物部件等的制作中。

（1）琢器

《陶冶图说》中详细介绍了多边形棱角器的模成型方法，即先将器物的各个部分

---

① （清）唐英：《陶冶图说》，中国书店，影印本，1993年，第2页。
② （明）宋应星：《天工开物》，商务印书馆，1933年，第135页。

均匀地压印在模范之中，取出泥坯之后再利用泥浆进行黏合成型①。早在南宋时期，龙泉青瓷就已经采用外模法成功制作出了八方贯耳瓶、琮式瓶等仿古铜器造型以及不规则形状的器物。

（2）人物塑像及文房用器

从南宋至元代，外模成型技术得到了大的发展，由此创造出了许多新颖独特的造型，如人物塑像、兔纹水丞等。

①人物塑像

在南宋至元代这段漫长且文化多元交融的历史进程中，龙泉青瓷中大量出现人物塑像。这些人物塑像的面部与手足部分大多采用涩胎制作技法，烧成之后，面部及手足部分呈现仿若真人肌肤般自然细腻的色泽，而其余部分则均匀地敷施着一层青釉，釉色温润雅致。在制作工艺上，绝大多数采用外模法成型。龙泉青瓷人物塑像在模制成型的实践里，与秦俑陶塑的制作工艺存在诸多共通之处。仔细观察秦俑陶塑便能发现，其内壁上留存着的手压印窝痕，这些痕迹确凿无疑地揭示了秦俑制作时所运用的正是模范外模法。浙江省博物馆藏的南宋龙泉窑青瓷露胎何仙姑像内部，不规则的手压印痕迹清晰可辨，这些痕迹为该塑像采用外模法压铸成型的制作工艺提供了确凿实证。值得注意的是，这一时期，外模法技术已逐渐延展至观赏性器物的成型领域。

分析元代人物塑像的模成型技术，可以发现其在造型及功能性方面都取得了显著进步。由于人物塑像广受欢迎，元代涌现出了形形色色的人物造型，如慈悲祥和的观音、带着异域风情的胡人、尽显仙风道骨的道士……诸般形象不一而足。以龙泉青瓷博物馆藏的观音塑像和男俑荷叶灯为例，前者工艺精湛，背部的圆孔设计巧妙，方便烧造时空气的流通；后者人物左肩持荷叶盏的设计别出心裁，既具有观赏价值，又兼具实用性。

②文房用器

自南宋至元代，模范技术在文房用器的制作中日臻完善。南宋时，随着文人阶层的崛起以及社会经济的繁荣昌盛，龙泉青瓷开始涉足文房用器的生产领域，并且这一趋势一直持续到元代，模范外模法在其中得到了广泛的应用。所生产的产品以写实的动物、人物造型为主，最为常见的当属各类砚滴。它们皆采用左右合模的工艺精心塑造而成。

发展至元代，文房用器皆遵循外模法打造，底部都留存了清晰明显的合模痕迹，

---

① （清）唐英：《陶冶图说》，中国书店，影印本，1993年，第3页。

外形丰富多样得令人惊叹。

（3）器物部件

南宋时期，龙泉青瓷制作首次运用外模法打造耳、足等装饰部件。匠人们先用简约线条快速勾勒出器物主体形态，再利用模范把同一精美图案精准复制，安置在器物颈部或腹部两侧。这些经外模法制成的部件，与器物主体相互融合，既强化了整体的形式美感，又增添了艺术感染力，成为器物造型中不可或缺的点睛之笔，彰显着龙泉青瓷独特的工艺魅力。

①双耳装饰

双耳瓶起源于南宋，是龙泉青瓷的杰出代表作品之一，常见的款式包括凤耳瓶、鱼耳瓶以及衔环瓶等。双耳瓶的双耳造型、尺寸、样式等方面都保持高度统一，全部都是由模范外模法精心制作而成。瓶耳经过细致入微的修整，几乎无法察觉到模具的痕迹，然而在瓶耳头部至颈部的两侧依然可以看到一道模印线。

在诸多双耳造型中，凤和鱼的设计尤为普遍，这两种动物在中国传统文化中被赋予了美好吉祥的寓意。南宋龙泉青瓷凤耳瓶以凤凰头部和胸部作为装饰，尽管采用了模范印制，但工艺精湛，优雅大方。鱼纹在中国传统文化中占据着重要地位，由于鱼和"余"读音相同，便拥有了诸如富足、盈余等美好的寓意，从而成为装饰艺术领域不可或缺的重要元素。龙泉青瓷的鱼耳造型，则多以摩羯的形态呈现。摩羯是由鱼和龙融合而成的独特形象，在印度神话里是象征着河水之精与生命之本的神异之物，历经隋唐的创新发展，逐渐融合了龙首的特点。此外，衔环耳瓶同样采用模范印制技术制造，颈部弦纹处对称安置龙首衔环耳、夔龙衔环耳等，主要流行于元代。

相较而言，在瓷器发展中，造型与图案设计随时代愈发精巧。元代瓷器创新多，如灵芝耳瓶，外观与凤耳瓶、鱼耳瓶相似，线条具古韵，瓶身模印的灵芝图案精妙，寓意吉祥，承载时人对美好生活祈愿。龙耳簋式炉是元代瓷器借鉴古制的典范，工匠汲取商周青铜礼器精华，用模范印制工艺将夔龙呈于炉身，龙与商周礼器的厚重历史感契合，展现出超凡的文化底蕴。

②足部装饰

自宋代起，瓷器三足炉风靡一时，这种炉子造型源自商周时期的青铜器。三足炉的足部及炉身皆采用模成型工艺，元代继承了前朝的样式，但装饰更为丰富多样，并融入了模印双耳的元素。

受到复古风气的影响，南宋时期龙泉青瓷制作了大量的鬲式炉、奁式炉、鼎式炉、鼓钉炉等。鬲式炉在南宋龙泉青瓷中颇为常见，大致分为两种类型：一种是三足与器物贯通，另一种则是三足与器物不相通。第一种颇为独特，制作时，需先取用带有三足炉的下腹部模范，凭借外模法进行关键操作，将下腹部与三足一次性压铸成型，使其浑然一体。这一过程完成后，再把成型的下腹部与三足部件和瓷器的颈、口部分精细相连。不过，采用这种方式制作出来的三足，虽然在体积方面表现突出，但线条流畅度欠佳，略显生硬。第二种制作方式是先将足部单独采用外模法印制，然后粘贴于炉身上。三足皆为空心结构，内壁开设小孔便于烧制过程中空气流通，其余部位无任何装饰。

奁式炉亦称樽式炉，效仿汉代酒樽的造型，三足的制作常常采用模范外模法。南宋时期的筒腹部分有着鲜明特征，其上下宽度相对均匀；三足稳稳落地，为瓷器提供了稳固支撑；腹部多雕刻弦纹或是采用贴花工艺装饰。转至元代，瓷器风格发生显著变化：筒腹形态演变为上宽下窄，炉底向外凸显，器底紧紧贴于地面；足部却呈悬空状态，三足已然超脱了单纯的支撑功能，更多地发挥装饰作用；炉腹成为展现精美图案的位置，贴印着八卦、缠枝花卉纹等纹样。

鼎式炉起源于商周青铜鼎，在南宋和元代时被大量制作，其外观呈现多种多样的形状。四川宋瓷博物馆内收藏有两尊南宋龙泉青瓷鼎式炉，皆以圆形的炉口、圆柱状的炉腹以及圆形的炉底为主要特征，且采用了平整朴素的底部设计，但它们的分体支柱造型却各具特色。相比之下，元代的鼎式炉则展现出更为丰富多元的艺术风格。

鼓钉纹三足炉以精致绝伦的鼓钉装饰而驰名中外，其精美独特之处在于以下几方面：收缩紧凑的口部、微微上翘的唇边以及流畅优雅的弧形腹部。除此以外，腹部其他部分或许光滑无瑕，抑或是装饰有对称分布的辅首；底座的三只脚则采用片状设计，经过模压处理成如意或兽头形状，使得整个器皿显得小巧玲珑，别具匠心。

图 3.18　元代 龙泉窑刻水波纹奁式炉
（龙泉市博物馆藏）

图 3.19　元代 青釉鼓钉炉
（龙泉青瓷博物馆藏）

（二）印贴技术与图案装饰

龙泉青瓷模范技术不仅可用于制作器物，还有着极为精妙的印贴图案装饰用途。从北宋至南宋，装饰工艺发生了显著的转变，逐渐摒弃了以往相对单一的刻划花装饰手法，转而大力采用模范印贴工艺，由此揭开了印花和贴花装饰的崭新篇章。到了元代，这一工艺更是得到了广泛且深入的应用。

1. 印花技术

印花是趁器物半干之际，将精心雕琢、带有精美花纹图案的模范稳稳地按压其上，花纹就此被精准地复刻于器物表面，为其赋予别样风采。南宋龙泉青瓷在装饰技艺上创新性地引入了简易戳印法，这种方法操作相对便捷，却能达成精妙的装饰成效。彼时，四字方章、灵动的鱼纹等简洁却富有韵味的单一图案，屡屡现身于龙泉青瓷之上。元代，印花工艺风靡一时，涌现出各式各样的印花形式。

（1）阴纹细线条印花技术

阴纹细线条印花利用带有阳刻线条花纹图案的模范对坯体进行印制，印制完成后的花纹线条呈现出凹陷的细线条形态。主要通过戳印印花及模子印花两种技法实现。

戳印印花的模范印章体积较小，常用于器物局部印花，仅需在器物底部中心轻柔地戳印即可。图案丰富多样，造型简洁明快。戳印印花起源于南宋，在元代得以传承发展。

模子印花工艺主要应用于器物的整体装饰，源自元代并深受喜爱。其特点在于模子雕琢精细突出，彰显阳刻线条花纹效果，制作难度较大。模子印花工艺包括一次性模印和合模两种方法。一次性模印的模子常为钵状，表面布满阳文图案，只需直接印制即可完成。而合模工艺需依据器物的具体形态，精心雕琢出分段式的模具，这些模具上满刻精细的阳文图案，它们能够依据器物构造，或按上下布局拆分，或依左右方位分段。制作时，依照顺序逐段进行模印，印好各部分后，再将它们巧妙地拼接起来，使之成为一件完整无缺的精美作品。在此过程中，操作人员必须时刻留意各部分图案的衔接之处，小心翼翼地操作，谨防出现丝毫错位，以保证整体效果的和谐美观。

（2）阳纹细线条印花技术

阳纹细线条印花的关键在于对模范进行独特处理，一反常规阳刻呈现图案线条的方式，将之转换为阴刻形式。因此，当通过模印工序完成印制后，最终呈现于织物或其他载体上的图案，便是那清晰而凸出的精美细线条。阳纹细线条印花也存在两种不同的印花技术：戳印印花和模子印花。

元代时期，阳纹细线条印花技术风靡一时，匠人会精心制备带有凹线的图章式模板，这些凹线仿若精细的"沟槽"，巧妙勾勒出各种美妙的图案轮廓。戳印印花技术主要应用于器物的内底部中心，并广泛用于粉盒、盖碗和鸟食罐等器物上。模子印花分为一次模印和合模两种。印刷完成后，图案略微突出，经过施釉烧制，凸起部分的釉质变薄，白色线条显露出来，看起来非常醒目且流畅，整体图案呈现完整和精细的特点。

（3）阳纹凸花印花技术

阳纹凸花印花技艺盛行于元代，其制作过程中需以模板进行凹形图案的印制。此方法所涉及的器物类型及装饰图案内容丰富多变，最终呈现类似浮雕的效果，使花纹从表面上明显地凸显出来，经过施釉及烧制后，由于釉层厚度的差异，会产生深浅不一的视觉变换效果。此外，这种印花技术运用起来充满灵活性，既可以在整个器物上实现全面的印制覆盖，也可对个别部位进行带状印制，或者在开光区域进行特别设计的印花处理。

阳纹凸花印花工艺通常依赖于模子进行操作，常用的方法为合模，在兼顾器形优美与花纹生动的基础之上，能巧妙地将各种精美纹饰融会贯通，展现出繁复且整齐的视觉效果。这种独特的工艺主要可分为满釉和露胎两大类别：满釉印制的图案线条清晰明确，立体感强烈，在烧成后，正是釉层有着浓淡方面的变化，才让纹饰呈现丰富的层次，而且这些纹饰排列得井然有序；露胎工艺常运用在开光部位，经烧制后，此处图案呈现褐色，与周围青翠的釉色相映衬，形成鲜明又和谐的色彩对比。

2. 贴花技术

贴花技术是通过模具印制出各式各样的图案，随后将这些图案贴附在器物适当的位置。南宋时期，龙泉青瓷便已出现了简单的图案贴花。至元代，贴花工艺风靡一时，制作技巧精湛绝伦，样式丰富多彩，涵盖了局部贴花、整器贴花以及与贴、印、点彩、刻划等多种装饰手法相结合的表现形式。

（1）满釉贴花技术

满釉贴花是先将模具印制的图案贴于器物表面，接着对整个器物施以釉料，最后送入窑中烧制。由于贴花部分的图案凸显出来，与凹陷处的釉层厚度形成差异，于是出现釉色淡青与翠青的鲜明对比，让其视觉效果格外突出，展现出别样的美感，因而具备极高的观赏价值。

南宋时，龙泉青瓷大多采用单一图案的局部贴花之法，图案简洁明快。元代则在此基础上发展出了丰富多彩的满釉贴花形式，器物样式及图案均极其丰富，贴花装饰工艺达到了登峰造极的地步。

（2）露胎贴花技术

在元代龙泉青瓷产品中，露胎贴花得到广泛应用，这是一种创新独特的装饰技法，它使得贴花部位的无釉胎体产生暴露在外的特殊效果。此类工艺制作的方法主要存在两种形式：第一种，将未施釉的贴花材料直接定位并放置于已经施釉完成的器物表面之上，再进行入窑焙烧的工作流程；第二种，先将贴花材料粘贴至胎体上，对整件器物全面施加釉层，接着再将贴花部位的釉层进行精细剔除处理，最后入窑焙烧。

三、鱼纹洗装饰工艺演变

鱼形图案作为陶瓷艺术中的经典元素，在新石器时代的各大文明中即可见踪影。尤其是在商代，陶制鱼形雕塑风靡一时。至汉代，以绘制或是雕刻方式呈现的鱼纹图案达到了炉火纯青的地步，譬如从西汉满城汉墓出土的白鹭捉鱼彩绘陶盆便是一个极好的例证。自宋代以来，鱼纹图案在瓷器装饰领域得到了更为广泛的运用，其表现形式丰富多彩，充满了浓厚的生活气息。元、明、清三代，鱼纹图案的色彩变得愈加斑斓，同时还融入了诸多精妙绝伦的工艺技巧。

在龙泉青瓷丰富多样的装饰中，尤其值得一提的是鱼纹。龙泉青瓷运用鱼纹进行装饰，最早可以追溯至北宋，当时主要是以精细的刻划花作为表现手法；到了南宋，随着釉料的改良以及模压成型技术的广泛运用，鱼纹装饰逐渐从平面刻划转向了模印贴花的形式；到了元代，更是涌现出了露胎贴花、印花等多种新颖独特的鱼纹装饰手法。

（一）鱼纹洗装饰工艺的演变

1. 北宋鱼纹洗

龙泉青瓷中的鱼纹主要出现在盘、洗的装饰中。北宋早期以细线刻划为主，内底饰鱼藻纹，鱼鳞细划，刀法流畅，鱼纹清晰；后期半刀泥技法精湛，几笔便能勾勒出生动的鱼形，釉色透明，呈青黄色，仿佛鱼儿在水中游弋，趣味盎然。

2. 南宋鱼纹洗

南宋鱼纹洗的造型设计特色是其弧腹折沿，并且主要采用了模印贴花的装饰工艺。在洗内底的中心区域，模印贴花双鱼图案，在乳浊釉下，鱼的鳞片和尾巴等细节变得清晰可见。

3. 元代鱼纹洗

元代鱼纹洗在造型上越发多样，有着直口、折沿口、葵口等多种造型，与呈现火石红、褐色等不同颜色的模印露胎鱼纹相得益彰。在装饰手法方面也是多种多样，像戳印、刻划等都被运用其中。同时，鱼的形状各不相同，还会配以花卉图案和文字作为辅助的装饰元素，共同营造出独特的艺术风格，展现出别样的艺术魅力。但元代印花鱼的制作细节不如南宋的精细，其刻鱼的刀法也不如北宋的犀利和成熟。

（二）与金银铜器鱼纹洗工艺比对

经过深入研究对比，可以发现金银铜器鱼纹洗与龙泉青瓷鱼纹洗之间存在着紧密的联系，两者在诸多方面都展现出了异曲同工之妙。龙泉青瓷的工匠们可能正是受到前人器物的启发，从而创新出了全新的技艺。明人曹昭在《格古要论·古窑器论》中提到："古龙泉窑……有一等盆，底双鱼，盆口有铜掇环，体厚者，不甚佳。"[①] 从其描述可知，铜掇环双鱼盆与英国大维德基金会收藏的铜掇环贴花双鱼洗有相似之处，均为口沿带有 4 个小孔，并且都穿过了铜环。江西省博物馆藏的一件宋代银制双系洗，其口沿上也有对称的活环双系。尽管材质与制作工艺大相径庭，铜掇环青瓷鱼洗在整体的造型设计上，与同时期的金银洗达成了一种奇妙的默契，有着异曲同工之妙。

1. 金银铜器鱼纹洗工艺的演变

在汉代，鱼纹铜洗通常被用作盥洗之器皿，其体型较为庞大，造型丰富多样。洗身外部装饰有辅首衔环的图案，而内部则采用细腻的线条雕刻出鱼纹样式，包括鱼鳞、鱼鳍以及鱼须等诸多细节之处。此外，这些铜洗还会附带吉祥的铭文。例如，宜宾市博物院所收藏的一件东汉双鱼铜洗就是此类佳作。容庚先生的《秦汉金文录》第二卷收录了 154 件汉代铜洗，为研究汉代青铜器提供了丰富的实物资料。其中带有鱼纹装饰的作品达 80 余件，占总数的比例超过了一半。[②]

三国两晋时期，铜洗的形状和装饰设计深受汉代文化影响，体现出简洁而又不失大气的独特风格。这种传统用具的尺寸适中，口径为 30 厘米左右，其圆弧形的腹部和薄壁结构形成了良好的连贯性以及宽敞实用的内部空间，内部底盘通常绘制有双鱼的图像作为主要装饰元素，而其他部分则采用辅首或者素面的方式进行点缀，使得整个器具看起来更加精致美观。山东诸城西晋墓出土一件双鱼铜洗，其内底铸有双鱼的精美纹饰，双鱼之间还刻有"长宜子孙"的铭文，这无疑增加了它的历史价值和艺术魅力。在同一时期，青瓷器皿中也开始出现了仿照铜器鱼洗制作的产品，比如在浙江上虞大善村尼姑婆山窑址出土的一件青釉印花洗，其整体形态与汉代的双鱼铜洗非常相

---

① （明）曹昭、王佐著，赵菁编：《格古要论》，金城出版社，2012 年，第 260 页。
② 容庚：《秦汉金文录》，中华书局，2012 年，第 199 页。

似，展现了当时制陶工艺的高超水平。

鱼纹装饰自唐代起逐渐风靡于金银器制作领域，并且在宋元时期得到了传承与发扬光大。例如，河南伊川鸦岭镇的唐代齐国太夫人墓葬之中发现有两对手捧银盏托，无论是形状还是鱼纹装饰方面都独具特色，展现出与前代迥然不同的韵味。唐代时期，鱼纹装饰还对陶瓷制造业产生了影响，仿照金银器而制作的双鱼瓶造型就是鲜明的例证。

宋元时期，人们在许多日常生活所需的物品上绘制和雕刻鱼形状的图案，如盥洗器具、各种碗碟盘、茶具等。鱼纹装饰的表现方式也由最初的平面细线刻画和描绘，逐步演进到錾刻的立体造型。例如，江苏溧阳平桥地区出土了两件精美的宋代凸花双鱼纹鎏金银盆，充分展示了当时鱼形图案在器物设计中的广泛应用。德兴市博物馆藏的元代鎏金錾刻四鱼纹银盘，运用了鎏金纯银模制技术，彰显出高超工艺水准。盘沿一周的錾凸花浮雕荷莲精致细腻，增添了几分优雅韵味，盘心处四条游动的鱼儿搭配水草花卉，构成了一幅生动鲜活的美景，极具艺术观赏性与文化价值。

2. 龙泉青瓷鱼纹洗与金银铜器鱼纹洗的工艺比较

龙泉青瓷鱼纹洗和金银铜鱼纹洗在鱼纹装饰技艺方面有许多共通之处。首先，它们都经历了从简单的刻划平面鱼纹逐渐演变为立体感更为强烈的鱼纹的过程。其次，鱼纹的形态由单一变得丰富多彩，并且常常伴随着其他图案或文字作为辅助装饰。南宋时期的龙泉青瓷模印贴花鱼纹与金银器中的鱼纹装饰非常相似，这种独特的装饰手法在同期其他窑口中并不多见，因此可以推测，正是由于南宋龙泉青瓷釉料的变化以及模印成型技术的出现，工匠们才得以借鉴金银器的装饰技艺，开创了贴花鱼纹洗的新纪元。

此外，在鱼纹的色彩运用上，两者也都展示出了创新精神。例如，元代龙泉青瓷盛行使用露胎装饰，使得鱼纹呈现火石红般的色泽，这种做法极有可能是受到了金银器中对花纹进行鎏金处理的启示。

（三）模范技术与鱼纹洗装饰工艺

宋、元两代的龙泉青瓷在鱼纹装饰工艺方面展现出多元特性，像刻划花、贴花、印花等形式均有涉及。北宋之时，刻划花占据主导地位；而到了南宋，贴花与印花开始崭露头角；到了元代，印贴工艺得到了进一步的发展，各种工艺相互交融。这一系列变化体现出不同时期工艺的发展与创新，也反映出当时审美、制作水平等方面的演变情况。

南宋时期，厚釉技术的日臻完善成为刻划鱼纹向贴花鱼纹转变的关键驱动力。因为厚釉技术能够增加釉层厚度，为制作鱼纹洗时施用模印装饰工艺创造了有利条件，让其操作起来更加顺畅自如，进而能更好地呈现鱼纹洗的精美。

综上所述，龙泉青瓷鱼纹洗的装饰工艺随着成型工艺的演变而不断升华。在南宋模成型技术以及金银铜器錾刻、鎏金工艺的影响下，龙泉青瓷巧妙利用自身材质特点，实现了鱼洗装饰的不断进阶。从最初的平面刻划，逐步发展为凸起贴花，再到元代独特的露胎鱼纹装饰，一步步地演变使其成为不朽经典，承载着深厚的历史文化价值，彰显出独特且持久的艺术魅力。

借助模成型工艺，不仅能够实现器物生产的标准化，还能制造出辘轳难以成型的大批量器物。同时，成型工艺的革新催生了全新的装饰工艺，极大地提升了生产效率，使装饰工艺焕发出勃勃生机。

第五节　青瓷的窑业工艺融合

宋元时期，龙泉青瓷装饰技艺的演变不仅仅受到胎料、釉料及其成型创新等关键性工艺因素的推动，实际上还与生产环境的变迁密切相关。除此之外，社会政治变革、瓷窑属性的转变以及国际贸易的畅通等众多因素都共同推进了瓷窑行业生产模式的改革。

一、南北方窑业工艺的交融

（一）社会变革与南北窑工的迁徙

北宋时期，在终结五代十国长久分裂乱象后，将都城定于汴京（今开封）。政权统一与社会渐趋稳定的背景下，城市人口开始迅速聚集，商业繁荣带动市民生活水平提升，瓷器需求与日俱增，促使北方窑口的制瓷技术迅速提升。而此时位于浙西南偏远山区的龙泉青瓷乏善可陈，还处于小规模自产自销的状态，质地粗厚。直到宋室南迁，龙泉青瓷方一跃而起，成为江南名窑。[①]

南宋时期龙泉青瓷的繁荣发展，很大程度上得益于北方制瓷技术的向南方传播。靖康二年（1127年），金兵攻占汴京，北宋王朝覆亡，史称靖康之变。之后，赵构称

① （宋）叶寘：《坦斋笔衡》，载（元）陶宗仪撰，李梦生校点：《南村辍耕录》，上海古籍出版社，2012年，第325-326页。

帝，南渡逃亡临安（今杭州）定都，改元建炎。"高宗南渡，民之从者如归市。"① "靖康之乱，中原涂炭，衣冠人物，萃于东南。"② 宋高宗南逃，大规模人口随之南迁，大批北方经验丰富的窑工举家南迁，先进的制瓷技法随之流入。南北文化在江南荟萃交融，再加上宫廷对瓷器有着"制样须索"要求，诸多因素相互交织、协同发力，为龙泉青瓷的演进注入源源不断的活力与强劲动力，使其在南宋时期登峰造极。赵彦卫在《云麓漫钞》中记载："青瓷器，皆云出自李王，号秘色；又曰出钱王。今处之龙溪出青色粉青，越乃艾色。"③

另外，江南地区的士绅阶层对于当地的政治、经济、文化领域都有着深刻的影响力，这也为龙泉青瓷的发展提供了强有力的支持。

（二）南北窑系制瓷技术的交融

越窑作为青瓷窑系的母亲窑，对南北方的许多瓷窑口都产生了深远的影响，其中就包括龙泉青瓷。南宋庄绰在《鸡肋编》中记载："处州龙泉县，多佳树……又出青瓷器，谓之'秘色'，钱氏所贡，盖取于此。"④说明了两者产品极其相似，进一步印证了龙泉窑与越窑的关系。龙泉青瓷既传承了越窑的制瓷工艺，又具有自己的特点。首先，在胎料方面，早期龙泉青瓷采用的是一元配方制胎，胎色深沉，质地厚重。其次，在釉料方面，早期龙泉青瓷采用草木灰和石灰石的混合物制成的釉料，这种釉料在高温下的黏度较小，单层施釉，釉层薄而透明，玻璃质感强。再次，成型方面，早期龙泉青瓷主要使用单一的辘轳成型工艺，其造型大多为圆形。⑤其装饰手段起初多采用质朴风格的细线刻划花工艺，随着时间推移与技艺精进，慢慢演变为半刀泥刻划技法，刻划而成的各类精美图案，在那薄透如镜的釉色映衬之下，愈发显得清晰明了。值得一提的是，北宋的龙泉青瓷生产已然具备了相当的规模，这为后续南宋时期龙泉青瓷走向极度繁荣的局面筑牢了根基，成为其蓬勃发展历程中不可或缺的重要铺垫。

靖康之变后，众多制瓷工匠纷纷南下，他们携带着北方先进的制瓷技术，极大地激发了龙泉青瓷的生产活力，使得生产达到了空前的繁荣。皇室贵族的青睐推动青瓷的风格从厚胎薄釉逐渐转变为薄胎厚釉，产品的整体风格得到了彻底更新。究其发生变化的根本原因，在于此时的龙泉青瓷摒弃了早期的制瓷工艺，继承了北方汝窑青瓷

---

① （元）脱脱等：《宋史·食货志》，中华书局，1977年，第4340页。

② （宋）朱熹：《晦庵先生朱文公文集》卷八十三《跋吕仁甫诸公帖》，上海书店出版社，1989年，第1162页。

③ （宋）赵彦卫撰，傅根清点校：《云麓漫钞》，中华书局，1996年，第171页。

④ （宋）庄绰：《鸡肋编》，上海书店出版社，影印本，1990年，第4页。

⑤ （明）陆容：《菽园杂记》，中华书局，1997年，第176—177页。

的核心生产技术。[①]

这一变化主要体现在三个关键方面：首先是胎料配方的调整，也就是从一元配方变为二元配方。具体的方法是在氧化铝含量相对较低的瓷石中混入适量的紫金土，这样可以改变其胎色。并且当胎中的氧化铝含量上升时，瓷器在烧制过程中的耐高温性能也会显著增强，在高温焙烧过程中不容易发生坍塌或变形。工匠们凭借巧思，运用各式各样的胎料进行创作，匠心独运地打造出露胎火石红、紫口铁足这般别具一格的装饰效果。第二点是釉料方面发生了显著的转变，最为突出的便是从传统的石灰釉逐步迈向更为先进的石灰碱釉。在调配釉料配方时增加瓷石的用量，同时减少草木灰的比例，如此一来，釉料中的氧化钙含量便会随之降低，而氧化钾的含量上升，这使得釉的高温黏度得到了显著提升，从而实现了厚度适中而不流动的效果。在施釉技术方面，突破了北宋时相对单一的单层施釉模式，独辟蹊径地引入多次素烧与多层施釉相结合的工艺手段，最终成功催生了一种质地温润、仿若美玉般润泽的厚釉质感，彻底革新了瓷器的外观风貌。同时，厚釉所独有的露筋与开片工艺更是得到了淋漓尽致的发展。第三点是关于成型的变革，也就是模成型技术的应用。南宋龙泉青瓷迎来一项重大工艺变革——引入模成型技术，解锁了器物造型的无限可能，使得其彻底摆脱过往的造型局限。不仅如此，以模成型技术为基石，工匠们巧妙地延伸发展，钻研出模范印花与贴花工艺，使得装饰工艺呈现全新的风貌。

龙泉青瓷无疑是南北两大瓷窑于制瓷技术领域深度交流、精妙整合的典范之作。回溯其发展历程，在从原料甄选、坯体塑形、釉料调配到烧制淬炼的每一个生产环节，龙泉青瓷都孜孜不倦地汲取着来自其他窑口的前沿制瓷技术精华，将吸纳而来的技术与之有机融合，大胆开拓创新，从而创造出与制瓷工艺相适应的新型装饰风格。龙泉青瓷之所以能够一跃成为中国古代青瓷的杰出代表，归功于其包容性的态度、创新精神和对制作工艺的不懈追求。

二、民用、官用青瓷的共存与互通

（一）宋元时代民用青瓷之装饰

1. 北宋民用青瓷之装饰

在北宋时期，龙泉青瓷主要生产民用瓷器。胎质颜色主要呈现灰色或者灰白色

---

① 丁银忠、李合、王光尧等：《试论汝官窑青瓷制釉技术的南传与发展》，《故宫博物院院刊》，2020 年第 4 期，第 86-92 页。

调，釉层表面具有较高的光亮度以及良好的通透性能。在装饰方面，大多数作品采用了简洁明快的刻划花纹设计，同时也将贴近人们日常生活的自然花卉和风土人情作为主要的装饰主题。

根据史料记载，北宋初期龙泉青瓷的主要产地集中于金村以及瓯江上游的大窑一带。金村地区被认为是龙泉青瓷的起源之地，这里出土了大量的叠烧碗、盘等日常用具，釉色淡雅宜人，装饰工艺则以刻划花为主，线条流畅细腻。[①] 从这些产品的叠烧方式来看，其制作过程中并没有过于精细的考究，垫片选用的也是普通的泥土材料，这充分展现了其作为民用瓷器的特性。在这个阶段的青瓷装饰中，生活化的图案如植物花卉、儿童嬉戏、水中的游鱼成为主要元素，散发出浓郁的民间气息及独特的韵味。

北宋中晚期，龙泉青瓷生产初具规模。在大窑、金村、大白岸等地发现了 20 余处窑址，均为这一时期的遗迹[②]。龙泉青瓷博物馆收藏的北宋时期五管瓶主要用于祭典和丧葬礼仪，深深根植于本地的风俗传统之中。五管瓶以六层构造呈现，各层均镂刻有精细的莲瓣和卷草纹样，瓶口内保留有墨迹书写的"张氏五娘五谷仓柜上应天宫下应地中荫子益孙长命富贵"字样，堪称工艺之杰作。

2. 南宋民用青瓷之装饰

根据《鸡肋编》与《坦斋笔衡》两部历史文献的记载，在南宋时期，龙泉青瓷逐渐引起皇室的关注，其窑场性质发生了变化，从过去单纯的民用产品制作逐渐转向生产能够满足皇室需求的厚胎薄釉瓷器。尽管官窑的介入使得龙泉青瓷的生产更加专业化，但这并未对民间瓷器的生产产生任何负面影响，反而促进了官民瓷器共同繁荣发展的局面，从而极大地拓宽了龙泉青瓷装饰艺术的领域。

以 1987 年在广东江门川山群岛海域被发现的南海一号沉船所出土的南宋中期龙泉青瓷文物为例，这些瓷器共计 410 件，其中 378 件为碗，其他则为盏、盘、碟、钵等日常生活用具。这些瓷器的釉层相对较薄，釉质呈现哑光乳浊状，相较于北宋时期的玻璃质感，显得更为柔和。其纹饰主题多为荷花、荷叶，以及卷云纹、牡丹纹、蕉叶纹等，而外壁部分大多为素面处理，仅有少量刻有折扇纹。[③] 总的来说，它们的整体风格与北宋中晚期的刻划花装饰颇为相似，但釉质却略有差异，虽然同样属于薄釉类型，但南海一号沉船出土的瓷器釉色更多地呈现乳浊釉的特点。

---

① 浙江省文物考古研究所、龙泉青瓷博物馆：《浙江龙泉金村青瓷窑址调查简报》，《文物》，2018 年第 5 期，第 26—43 页。

② 朱伯谦：《揽翠集——朱伯谦陶瓷考古文集》，科学出版社，2009 年，第 149 页。

③ 国家文物局水下文化遗产保护中心、中国国家博物馆、广东省文物考古研究所等：《南海 I 号沉船考古报告之一：1989～2004 年调查》，文物出版社，2017 年，第 167 页。

3. 元代民用青瓷之装饰

在元代，龙泉青瓷的生产不仅持续推动着民用和官用瓷器的同步发展，而且还受到市场需求这股强大推力的影响，使得这一阶段更加偏向于采用效率更高且能进行大规模生产的印贴装饰技术，逐渐取代了那些传统且需要手工精雕细琢及捏塑的制作工艺。

在龙泉青瓷的众多装饰手法中，印贴装饰工艺可谓独树一帜，广泛应用于各类民用品之上，其主题涵盖了广大民众喜闻乐见的吉祥神兽、花卉植物以及寓意吉祥的文字，生动反映人民群众的日常生活面貌。例如，通过印制方式展现的各种祝福话语，包含了人们对于生活的美好期盼——幸福安康、富贵长寿、寿比南山以及金银财宝等，无不透露着普通老百姓对生活的无尽热爱；还有那些作为品牌标识的字样，清晰地注明了产品的制造商或产地；除此之外，还有那些表达生活情感的美妙诗句，通常会被雕刻成精致的花纹图案来呈现。

（二）宋元时代官用青瓷之装饰

1. 龙泉青瓷始红两宋

在两宋时期，龙泉青瓷凭借其独特的品质逐渐赢得了宫廷的瞩目和青睐。宋人叶寊在《坦斋笔衡》中记载："本朝以定州白瓷有芒不堪用，遂命汝州造青窑器，故河北、唐、邓、耀州悉有之，汝窑为魁。江南则处州龙泉县窑，质颇粗厚。"[①] 尤其是北宋晚期，由于定窑部分产品存在瑕疵，宫廷将青瓷的烧造任务交给了汝窑。虽然龙泉青瓷的质地略显厚重，但它的独特魅力已经引起了世人的关注。

在这个历史阶段，主要有三类具有代表性的青瓷产品。第一类是装饰风格独特的产品。众多装饰风格的产品里，有一种格外引人注目，那便是将刻划花手法运用得炉火纯青，创新性地让刻痕中脊隆起，形成出筋刻划效果的产品。家中常用的碗、盘、碟、杯等物件，不少都采用了这种装饰风格，使其在兼具实用性的同时，更具艺术观赏性。第二类是顺应当时的复古潮流，借鉴古代铜器、玉器造型的产品。通过精湛技艺的运用，让器型尽显端庄大气之姿，纹饰雕琢精细入微，釉层呈现丰满厚实的质感。像琮式瓶、贯耳瓶、觚式瓶、奁式炉等陈设器，便属于此类精品，它们主要用于国家举行的礼制性活动，或是在宫廷特定场合中展示，彰显着庄重与尊贵。第三类是大胆创新的产品。这些产品突破性地以模范印贴工艺为核心手段，精心制作器物的关键部件或是打造出精美绝伦的图案，为瓷器装饰开辟了新路径。这般独具匠心的创作方式，

---

① （宋）叶寊：《坦斋笔衡》，载（元）陶宗仪撰，李梦生校点：《南村辍耕录》，上海古籍出版社，2012 年，第 386 页。

孕育出诸多惊艳世人的经典，优雅灵动的凤耳瓶、鱼耳瓶仿若随时会振翅、摆尾，还有那贴花双鱼洗，上面的双鱼鲜活逼真，似在水中畅游嬉戏，令人拍案叫绝。釉色柔和细腻，装饰典雅大方，完美地满足了官僚贵族对于高雅生活用瓷的追求。

2. 薄胎厚釉成时尚

南宋时期，出于为朝廷专供官用瓷器的需求，龙泉青瓷迎来了发展的高光时刻，其制瓷技艺如同被注入了蓬勃动力，逐步迈向成熟巅峰。在胎料与釉料的探索上更是实现了重大飞跃，烧制出薄胎厚釉的白胎、朱砂胎以及黑胎瓷器精品，直接引发了装饰风格的系列转变。

时至今日，杭州市的南宋临安城遗址以及绍兴市的攒宫宋六陵墓地，出土了数量可观的厚釉龙泉青瓷制品，有力地证实了在那个风云变幻的南宋时代，龙泉青瓷的薄胎厚釉之作深受宫廷皇室与官僚贵族阶层的垂青厚爱。尤其是朱砂胎青瓷与黑胎青瓷，凭借独具一格的装饰风格，在众多瓷器品类中脱颖而出。以龙泉青瓷的朱砂胎产品为例，其器型以简洁流畅的线条勾勒出优雅轮廓，展现出灵动美感；胎骨似将玉石的温润质感融入其中，触手生温。而在装饰层面，自然生成的火石红、简洁明快的出筋设计，更是将特色发挥到极致。

3. 元代的宫廷青瓷

元代时期，龙泉窑仍旧坚持精心烧造宫廷生活所需瓷器。从考古挖掘出的文物证据来看，在龙泉大窑及溪口乃至莲都宝定等地出土的元代碗和碟子上，清晰地印刻八思巴字母图案，这些字母只有在官方文件和特许制作的器皿上才会出现，证实了当时龙泉青瓷在官僚贵族阶层中的盛行，也证明了其在陶瓷产业中占据了举足轻重的地位。

综合以上论述，可以看到龙泉青瓷由北宋时期以民用瓷器为主导的生产模式，逐渐发展到南宋时涉足官用瓷器的制造领域。随着技术工艺的不断成熟，其装饰艺术也达到了前所未有的高度，这得益于朝廷政策的大力支持和推动。龙泉青瓷通过对官用瓷器的仿效，彻底改变了其制作技艺、器物观念和审美理念。而官用瓷器与民用瓷器的并存与交流，使得龙泉青瓷的装饰风格呈现丰富多彩的面貌，从而推动龙泉窑从一个地方性的民间窑场迈向全国知名的窑业巨头。

三、国内外陶瓷市场的互动

（一）国内陶瓷市场不同阶层的审美需求

北宋时期，龙泉青瓷逐渐崭露锋芒。龙泉大窑、金村、安福以及大白岸等地发现的窑址数量高达二三十处，为南宋瓷业的繁荣奠定了坚实基础[1]。随着南宋政治经济重心的南移，龙泉窑在皇室及官员们的大力支持下成功掌握了卓越的制瓷技艺，产品畅销海内外，窑场数量激增——共有窑址 316 处，以龙泉大窑、金村和溪口为中心且遍及瓯江流域，发展极为迅猛[2]。元代各民族大交融，经济贸易活跃，窑址数量一跃达到 445 处，生产规模盛况空前[3]。不同时期龙泉青瓷窑址数量的变化，折射出当时极为庞大的市场需求量，以及龙泉青瓷在宋元时期生产的繁荣盛景。

据相关数据显示，全国各地都出土过带有明确纪年的龙泉青瓷墓葬和窖藏。南宋时期的纪年墓包括浙江新昌墓、江西吉水墓、浙江松阳程大雅墓等共计 24 处；而元代的纪年墓则包括河北真定史天泽墓、山东济南王张荣家庭墓、辽宁建昌李伯宥墓等共 12 处。从窖藏来看，浙江、江苏、山东、河北、四川、湖南、江西、陕西、内蒙古、吉林、广西等均发现有龙泉青瓷窖藏，数量达 40 余处。这些纪年墓以及窖藏之中所出土的龙泉青瓷可谓品类丰富，涵盖了碗、盘、杯、碟、瓶、炉、罐、洗、砚滴等器形，充分且直观地展现出当时各地不同社会阶层的人们对龙泉青瓷的喜爱。

梳理国内出土的各个历史时期的龙泉青瓷产品便能发现，因使用者身份地位的不同，其产品样式以及装饰风格也各有千秋，生动形象地映照出不同阶层别具一格的审美情趣。在北宋时期，龙泉青瓷的销售市场主要聚焦于本土区域，所呈现的产品样式和装饰风格整体偏向简约质朴。常见的多为碗、盘、碟、执壶、五管瓶等日常器具，制作工艺上大多采用朴实无华的刻划花手法，符合当地人的生活情调和审美追求。比如在龙泉秋畈村北宋元丰元年（1078 年）墓出土的龙泉青瓷五嘴罂和盘口瓶，均是采用刻划花工艺装饰莲瓣纹、蕉叶纹、篦线纹等，质颇粗厚，朴实无华[4]。

南宋龙泉青瓷深受皇室和官员们的青睐，产品样式显著丰富，涌现出诸多宫廷专用瓷器和文人墨客钟爱的器具。宫廷所用的瓷器皆是薄胎厚釉的稀世珍品，其装饰风格内敛且严谨，常见的品类为各类礼仪用品以及仅供宫廷内部使用的御用瓷器，这些瓷器彰显出了龙泉青瓷所能达到的最高制造水平。而文人墨客们所钟情的龙泉青瓷，则是以各类香具和文具为代表。这类瓷器在制作上精益求精，造型上追求简洁大方，釉色更是优美动人，装饰方面也尽显典雅格调，于细微处见精妙，与文人雅士们的高雅品味相得益彰。这一时期广为流行的弦纹、出筋、纹片等装饰手法，简洁却韵味十

---

① 朱伯谦：《揽翠集——朱伯谦陶瓷考古文集》，科学出版社，2009 年，第 149 页。
② 丽水市文化广电新闻出版局：《河滨遗范》，浙江古籍出版社，2011 年，第 18 页。
③ 丽水市文化广电新闻出版局：《河滨遗范》，浙江古籍出版社，2011 年，第 21 页。
④ 浙江省博物馆：《浙江纪年瓷》，文物出版社，2000 年，第 12–15 页。

足，契合了宫廷精致典雅的审美喜好以及文人墨客风流雅致的审美取向对于美的独特
追求。

（二）国外陶瓷市场不同民族的文化交流

1. 宋元时期龙泉青瓷外销概况

10世纪末到11世纪是中国古代陶瓷海路外销的低谷时期，同时，这一时期越窑
正趋于衰退，龙泉窑刚开始兴起，两者正处于此消彼长的嬗递时期，故而并未大力推
广外销活动[①]。因此，北宋时期龙泉青瓷极少有外销瓷，只在日本九州北部的博多遗
址、太宰府遗址以及京都等西日本地区出土有少量内外均以花纹装饰的北宋末期龙泉
青瓷碗、碟。

南宋时期，朝廷为了推动经济发展，高度重视海上贸易，绍兴十六年（1146年），
宋高宗诏曰："市舶之利，颇助国用，宜循旧法，以招徕远人，阜通货贿。"[②]为了招徕
外商，政府还推行了一系列措施，"诸市舶纲首，能招诱舶舟，抽解货物，累价及五万
贯、十万贯者，补官有差"，极大地促进了海外贸易的发展[③]。在政策的助力下，国内
商业氛围愈发浓厚，各行业积极探索海外市场。与此同时，龙泉青瓷的生产工艺历经
岁月打磨与匠人们的不懈钻研，日臻成熟。凭借着政策的有力支持与自身过硬的品质，
龙泉青瓷在南宋对外贸易的舞台上大放异彩，成为重要的出口商品。随着海外市场的
扩大，南宋龙泉境内窑址数量剧增，达到三百余处，其中以大窑和金村两地最多，烧
瓷质量最精。[④]这些瓷器从大窑启程，途经大窑—金村古道运抵金村码头，随后通过
水路发往温州、泉州等港口，最后销往海外市场。南宋赵汝适在《诸蕃志》中记录，
瓷器外销东南亚、南亚的十余个国家，包括今越南、印尼、马来西亚、柬埔寨、斯里
兰卡、印度、菲律宾等。在印度尼西亚的苏门答腊北部就发现有南宋早期的龙泉青瓷
盘，内外壁分别刻划卷叶纹和漩涡纹[⑤]。南宋中后期，龙泉青瓷源源不断地被运送至东
南亚和非洲地区，在埃及福斯塔特遗址中就发现了大量龙泉青瓷，主持发掘的斯坎伦
教授形容当时龙泉青瓷像洪水一般涌入埃及[⑥]。随着南宋海外贸易的迅猛发展，龙泉青

---

① 北京艺术博物馆：《中国龙泉窑》，中国华侨出版社，2015年，第24页。

② （宋）赵汝适著，杨博文校释：《诸蕃志校释》，中华书局，2004年，前言第7页。

③ 浙江省轻工业厅编：《龙泉青瓷研究》，文物出版社，1989年，第30页。

④ 冯先铭：《中国古陶瓷图典》，文物出版社，1998年，第319页。

⑤ 项坤鹏：《浅析东南亚地区出土（水）的龙泉青瓷——遗址概况、分期及相关问题分析》，《东南文化》，
2012年第4期，第85-95页。

⑥ 秦大树：《埃及福斯塔特遗址中发现的中国陶瓷》，《海交史研究》，1995年第1期，第79-91页。

瓷的出口量大幅度提升，为其繁荣昌盛注入了源源不断的活力。

　　元代时，龙泉青瓷得益于蓬勃兴盛的对外贸易环境，成为当时最重要的外销瓷器，销售量达到了前所未有的水平。其背后的推动力主要来自以下几个方面：首先，南宋时期龙泉青瓷的制作工艺得到了显著提高，产品品质卓越，赢得了国内外消费者的热烈追捧，积累了良好口碑，为元代时期产品的外销筑牢了市场根基。其次，龙泉窑的地理位置得天独厚，拥有极为便利的水运交通。元代时，龙泉东部沿瓯江两岸，众多窑场如雨后春笋般拔地而起，迅速发展成为龙泉青瓷的核心生产基地。龙泉青瓷产量随之大幅增长，通过便捷的水路运输网络，源源不断地销往世界各地。最后，元政府对手工业和对外贸易给予了高度关注，推出了一系列积极的鼓励措施。例如，在泉州、庆元（今宁波）、上海、澉浦设立市舶司，管理海外贸易。龙泉离上述区域距离较近，交通优势明显。[1] 同时，朝廷还派使臣到东南亚、东非等国家，建立政治和经济关系，鼓励外商进入，扩大对外贸易。此外，还实行官本船的海外贸易政策，"官自具船，给本，选人入蕃，贸易诸货，其所获之息，以十分为率，官取其七，所易人得其三"[2]。朝廷为激发海外贸易活力，出台了一系列极具吸引力的优惠政策，大力鼓励民众投身其中。在这些利好政策的推动下，元代龙泉青瓷海外市场得到了极为显著的拓展。

　　元代龙泉青瓷的海外销售网络遍布欧、亚、非。元代航海家汪大渊在《岛夷志略》中记录，麻里噜、苏禄、旧港、花面、日丽、吉兰丹、占城、罗斛等20多个国家都能找到中国青瓷的踪迹[3]。在韩国全罗南道附近海域发现的驶往日本博多港的新安沉船中，出水的龙泉青瓷总量高达12300多件，占据了整个船只装载瓷器的60%以上[4]。欧洲地区的土耳其伊斯坦布尔托普卡帕宫收藏中国青瓷上万件，其中元代至明代的龙泉青瓷有1300余件[5]。这些数据确凿有力地印证了元代时期龙泉青瓷对外贸易的宏大规模，龙泉青瓷已稳坐外销瓷领域的头把交椅，成为当之无愧的主导产品，备受海外市场的追捧与青睐。

　　为了契合海外贸易市场日益增长的强劲需求，元代时期的龙泉青瓷窑场从南部的大窑、金村和溪口一带向东部沿瓯江两岸进行了大规模的扩张，新建了大量瓷窑，形

① 朱伯谦：《揽翠集——朱伯谦陶瓷考古文集》，科学出版社，2009年，第208页。
② （明）宋濂等：《元史》卷九十四，中华书局，1976年，第26页。
③ （元）汪大渊著，苏继庼校释：《岛夷志略》，中华书局，1981年，第86页。
④ 沈琼华：《大元帆影——韩国新安沉船出水文物精华》，文物出版社，2012年。
⑤ ［日］三上次男著，李锡经、高喜美译：《陶瓷之路》，文物出版社，1984年，第58-59页。

成了瓯江两岸瓷窑林立、烟火相望，江上运瓷船舶络绎不绝的繁荣景象①。龙泉东区烧制青瓷的历史，相较于南区的金村、大窑一带要晚得多，在品质方面也不及南区那般精致，不过，其产品定位清晰，主要面向海外市场。烧制成型的青瓷借助便利的水路运输优势，顺流而下，先被运送到温州、宁波这些重要的通商口岸，随后辗转至泉州、广州等大型港口，最终搭乘来自各地的商船，远销海外。

2. 龙泉青瓷装饰的海外考量

全球范围内广大的海外市场推动了各民族间丰富且多样的文化交流，进一步使龙泉青瓷的装饰风格呈现多元化的特征。世界各国以及各民族的生活习惯与文化习俗皆具有显著的不同，所以其日常用品在形态、功能以及装饰层面也表现出极大的差异，这些差异在龙泉青瓷的生产过程中得到了充分的体现，并对其装饰风格产生了深远的影响。

首先聚焦于生活习惯与文化习俗对龙泉青瓷产生的影响。步入元代，龙泉青瓷的生产策略出现了显著转变，开始有的放矢地依照海外不同地区的喜好来烧制瓷器。这一时期的产品风格大变，多偏向高大厚重；装饰手法更是百花齐放，样式丰富多样，图案不仅设计精美还排列得繁复饱满，极具视觉冲击力；在器形创新上，贴花露胎大盘横空出世，印花小罐小巧玲珑，高脚碗也应运而生，这些新产品的诞生，无一不是为了精准契合不同国家和民族的需求，让龙泉青瓷能更好地融入当地生活，开拓海外市场。例如，周仁在《中国古陶瓷研究论文集》中描述，这一时期大量生产大花瓶、大盘、大碗等大件瓷器，花瓶高可达 1 米，大盘口径可达 60 余厘米。朱伯谦《龙泉窑青瓷》中记载，这些大件的瓷器主要是销往西亚和中东地区，带有强烈的伊斯兰文化和生活特色：伊斯兰地区饮食多是用大盘盛放食物，众人围坐或席地而食，大盘的烧制正是为了适应当地的饮食文化。

日本的众多考古发现及馆藏有力证明了龙泉青瓷曾大量流入。日本大阪市立东洋陶瓷美术馆、藤田美术馆、京都国立博物馆等，都珍藏着各式各样的龙泉青瓷。自镰仓时代（1185～1333 年）起，日本便开始从中国大规模进口龙泉青瓷。彼时，日本国内的茶会、歌会等活动频繁，对这类精美的瓷器有着强烈需求。日本的一些书画资料中记载，大谷本愿寺内曾摆放着青瓷花瓶与香炉，其形态与新安沉船中的器物极为相似。这一发现意义非凡，充分表明在当时，龙泉青瓷大量出口至日本，主要是为了满足日本在茶道、香道、花道等文化生活层面的需求。龙泉青瓷凭借自身的精美特质，

---

① 丽水市文化广电新闻出版局：《河滨遗范》，浙江古籍出版社，2011 年，第 21–22 页。

深度融入了日本的传统文化，极大地丰富了日本人民的精神文化世界。

其次，从地方工艺基础与审美偏好的角度来探究海外市场带来的影响。元代龙泉青瓷对于产品质量的把控标准相较于南宋时期有所降低，但需求量的增加，促使匠人们在装饰上倾向于选用操作更为简便快捷的印贴花工艺，以此提升生产效率。在土耳其、埃及以及伊朗等地区，考古发现了元代龙泉青瓷上一种独特的印贴装饰：器物底部存在一个小孔，一块宛如饼干形状的大菊花纹贴附在小孔之上，不仅遮盖住了小孔，还起到了装饰器物的作用。而在中国以及东亚其他国家所出土的宋元时期龙泉青瓷中均未出现过这种装饰形式，即便存在相近的装饰手法，但器物底部也都不见开孔，这足以表明，采用这种特殊装饰方式的器物，极有可能是专门为中东地区定制生产的。从制作工艺原理分析，在瓷器底部开孔，能够让器物在烧制过程中受热更为均匀，同时还能使贴花部分粘贴得更加牢固紧实。印贴装饰工艺在元代龙泉青瓷的制作中占据主流地位，这一技法不仅操作简易，而且成本较低，兼具经济实用性与美观性。

土耳其托普卡帕宫珍藏着数量众多的精美龙泉青瓷，这些瓷器大多在皇家重要庆典活动中使用。其中，许多龙泉青瓷采用了金银镶边的工艺，有的瓶口沿与足部装上了金制的盖和足；有的瓶身被装上银制的壶嘴、把手与盖子，摇身一变成为注子；还有的运用银质材料将瓶颈与碗巧妙组合，打造出高足器。由此可见，龙泉青瓷在流入当地后，结合了当地的审美观念与本土工艺，进行了二次创新，以迎合当地皇家贵族的高端需求。

龙泉青瓷在国内和海外两大市场的双重影响下，呈现百花齐放、多元发展的态势。特别是在坚守中国传统文化的根基之上，广泛吸收不同民族文化以及外来文化，秉持兼收并蓄的理念，不断吸纳新元素，开创出丰富多样的装饰技法。这使得龙泉青瓷既保留了汉文化的典雅精致韵味，又融入了游牧文化的豪迈大气风格，同时还展现出伊斯兰文化的优美繁复特色。这些多元的装饰手法，让龙泉青瓷焕发出勃勃生机，在海内外市场都备受青睐与欢迎。

第四章
龙泉青瓷文化传续的时代价值

第一节　龙泉青瓷文化传续的文化价值

　　龙泉青瓷在漫长的发展过程中形成了自己独特的风格特色，宛如一座文化宝库，承载着悠长的历史记忆、多元融合的文化内涵以及精湛独特的制作技艺等诸多宝贵财富，作为国家非物质文化遗产的杰出典范，它鲜活地展现出我国民族文化与艺术的丰富性、多样性与独特魅力，是中华民族智慧与创造力的生动体现。龙泉青瓷蕴含着丰富且深刻的文化价值内涵，其中文化认同价值居于核心位置，这一价值承载着民族文化的基因与集体记忆，是传承与凝聚中华民族文化的关键。

一、赋能文化认同

　　龙泉青瓷的文化认同究竟为何？其或植根于对手工艺的珍视与承继，是对慢生活意趣及工匠精神的衷心赞许；或萌生于对传统文化的洞察与熟稔，是投身文化生活的亲身体验与积极融入。在当下时代，相较于经济价值，龙泉青瓷所蕴含的文化认同及社会价值，愈发为社会各界所看重。行业、学校与政府等各方力量，皆大力倡导非遗文化的传承事业，踊跃开设各类手工艺与历史文化相关课程。深入探究龙泉青瓷的历史文化脉络，会发觉它满载着中华民族的深厚文化底蕴，其烧制技艺炉火纯青，设计构想匠心独运，将古代人民迎难而上、果敢突破、慧心巧思的精神风貌尽显无遗。

　　龙泉青瓷依托深厚的历史文化积淀，全方位展现了传统民族精神文化与艺术情愫，它宛如时光的记录者，既让我们回望过往，亦引领我们展望未来。往昔岁月里，工艺匠人将民族文化精髓融入青瓷创作；当今时代，创作者又将当代艺术风尚植入其中。作为重要的文化遗产，龙泉青瓷亟须保护与传承，要求传承者在深刻领会其文化内涵的基础上，紧密贴合当下社会文化特质，融入现代审美意趣，为龙泉青瓷产业开拓出一条可持续发展的崭新路径，匠心打造兼具民族特质与时代风貌的精品佳作。不只是让龙泉青瓷成为博物馆展柜中的珍藏，更要使其成为活跃于当代社会、广受喜爱的工艺典范。

历经千载传承的龙泉青瓷，其丰富的历史文化内涵、独特的烧制工艺与迷人的釉色文化，至今依旧广受瞩目与喜爱。传承至今，它已成为我国瓷器文化中别具一格的审美象征，成为中华民族瓷器文化的显著标识。它能在传统工艺文化的历史长河中长盛不衰，关键在于其始终契合人们对美好生活的向往以及工艺文化的审美范式，不断满足历代艺术家的奇思妙想与人文追求。从悠远历史、演变历程、与人追求及审美的呼应等维度来看，龙泉青瓷始终紧紧跟随着人们审美观念的发展步伐，延续着独特魅力。

龙泉青瓷宛如一座文化丰碑，醒目地彰显出中国劳动人民天马行空般的创造性思维，以及工艺技艺方面令人惊叹的丰富性与多元性。深厚的文化认同价值、超凡的审美价值和卓越的工艺价值相互交织、熠熠生辉。而文化认同价值恰似这价值体系中的明珠，稳稳占据着核心地位。

二、工艺具象价值

千百年来，众多造艺精湛的陶瓷工匠们，凭借其卓越的技艺，经过无数次尝试与探索，运用各种制陶手法和技巧，使得每件青瓷制品都展现出独特且别具韵味的形态特点。而这种独特的形态特点正是构成青瓷艺术集大成的重要因素。正因如此，龙泉青瓷制作过程中所体现出的这种难以言喻的不确定性，恰恰成为此种艺术品无穷魅力和珍贵价值的根源。

龙泉青瓷传统烧制技艺的整个制造过程，涵盖了从挑选和处理瓷土直到烧制成型这繁复的百道工序。在长达一千六百多年的陶瓷制造历史中，龙泉青瓷形成了四大独特的工艺特色，即青釉配制、厚釉修饰、青瓷烧成以及开片控制。在青釉配方的环节中，所采用的材料包括了紫金黏土、瓷土、石英、石灰岩以及植物灰等。青瓷的装饰艺术表现形式丰富多彩，包括刻花、划花、印章、贴花、剔花、镂空、捏塑、堆砌、点染、露胎等多种技法。龙泉瓷的烧制过程颇具挑战性，温度过高或过低，都无法达到理想中温润如玉的效果。为了准确把握烧制过程中的温度、持续时间以及温度变化，工艺师们通常会借助温度计并结合自己长期累积的经验进行判断。开片是当釉面的热膨胀系数高于胎的热膨胀系数时，瓷器表面出现的纹片。为了实现开片或不开片、开大片或开小片的效果，青瓷艺人往往会运用特定的方法来调控瓷器的热膨胀系数，其中，调整釉中二氧化硅的浓度是一种常见手段。正是这些独特工艺，使得龙泉青瓷具有纯净的釉色之美、庄重古朴的造型之美、瑰丽奇异的装饰之美，从而誉满全球。

三、制瓷工艺的传播和交流价值

在龙泉青瓷生产工艺日益成熟的背景下，南宋时期，龙泉青瓷迎来了蓬勃发展的黄金阶段，其制瓷窑场呈现一片繁荣扩张的景象。南宋早期，窑场已逐步拓展至庆元、遂昌等地，沿着瓯江两岸星罗棋布；至晚期，其影响力更是远播，生产范围进一步扩大，延伸至江西以及福建的部分窑场。

彼时，龙泉青瓷在海外市场广受欢迎，这一旺盛的外销需求促使福建部分窑场纷纷效仿龙泉青瓷进行瓷器烧造。南海一号沉船作为南宋中晚期承载外销商品的商船，出水了数量可观的龙泉窑青瓷，其中的青釉斗笠盏便是模仿龙泉青瓷的产物，尽管在品质上与正宗的龙泉青瓷存在差距，但这一现象恰恰揭示了当时龙泉青瓷烧造工艺已在国内部分窑场中引发了模仿学习的热潮，其工艺的先进性和影响力可见一斑[①]。

随着龙泉青瓷大规模的出口贸易，其背后蕴含的制瓷技术也如同星星之火，在传播的过程中渐成燎原之势，为世界各地的陶瓷业者所学习和借鉴，进而应用到各个国家的青瓷制造中。例如，朝鲜的高丽青瓷以及日本古濑户窑的青瓷制作工艺，皆受到龙泉青瓷的影响。这些国家的陶瓷工匠们在学习和借鉴龙泉青瓷的釉色、纹饰等方面的同时，并非单纯地照搬照抄，而是巧妙地融入了本土文化元素和民众审美观念，从而创造出独具特色的青瓷制品。

---

① 张思桐：《宋代龙泉窑青瓷的工艺创新和历史文化价值》，《文物鉴定与鉴赏》，2021 年第 8 期，第 75–77 页。

第二节　龙泉青瓷文化传续的经济价值

一、支柱性地方产业

（一）龙泉青瓷产业发展现状与问题

龙泉青瓷作为历史悠久且独具魅力的古老陶瓷品类，凭借其深厚的历史文化底蕴与精妙绝伦的制作技艺，在文化创意产业蓬勃兴起的浪潮中，重新焕发出勃勃生机，逐步成为龙泉市支柱性地方产业。

从产业规模来看，根据龙泉市统计局的数据，2024 年全年，龙泉市剑瓷产业增加值 12.17 亿元，现价同比增长 9.4%，占国内生产总值（GDP）比重 6.04%，其中青瓷产业增加值 8.22 亿元，现价同比增长 10.6%；宝剑产业增加值 3.95 亿元，现价同比增长 7.0%。这些数据表明，龙泉青瓷产业在地方经济结构中占据着相当的比重，并且保持着良好的增长态势，有力地推动了地方经济的发展。

龙泉青瓷产业作为支柱性地方产业，取得了一定的经济价值，然而，从文创产品的发展现状来看，也存在不少问题。龙泉青瓷文创产业尚处于起步探索阶段，尚未构建起具有强大市场竞争力和行业引领性的标志性产品体系。一方面，受青瓷材料历史局限性的束缚，企业大多延续传统生产模式，规模偏小且分布较为零散，生产规模难以有效拓展。这种传统的生产经营模式在一定程度上制约了产品创新能力的提升，致使企业难以推出具有高度创新性和广泛市场影响力的标志性作品。另一方面，龙泉青瓷的销售模式和渠道相对保守，产品的应用范围较为狭窄，主要集中在传统的生活器具领域，如餐具、茶具等，在其他新兴领域的探索尝试不足。在与现代科技产业的融合进程中，同样相对滞后，未能充分借助现代科技手段提升产品的附加值和市场竞争力。

（二）政策支持与发展机遇

2016 年，国务院办公厅向多部门转发了文化部、国家发展改革委、财政部、国家文物局《关于推动文化文物单位文化创意产品开发的若干意见》，着重指出，博物馆等文化文物单位依托馆藏资源，开发各类文创产品，是增强服务能力、提升服务水平、丰富服务内容的必然要求，对推动优秀传统文化与当代文化相适应、与现代社会相协调，推陈出新、以文化人，具有重要意义。同时，还提出了主要任务、支持政策与保障措施。

2022年，龙泉市积极响应国家和地方政策，依据《关于推进剑瓷产业高质量发展若干意见》，以坚定的决心和精准务实的举措，扎实推进剑瓷产业扶持资金政策的落实工作。该政策的核心是推动剑瓷产业实现规模扩张与综合实力提升的双重发展目标。

（三）龙泉青瓷文创产品的发展方向与策略

推动龙泉青瓷文创产品的进一步发展，需要在多个关键方面持续努力，集中体现在创新产品设计理念与现代技术应用、拓展销售渠道与创新营销模式、传统技艺传承与创新人才培养三个方面。

第一，创新产品设计理念与现代技术应用。借鉴先进设计理念，鼓励设计师大胆地将现代艺术风格、流行文化元素与龙泉青瓷的传统特色巧妙融合，由此设计出文创产品，使之既饱含传统文化的典雅韵味，又顺应现代审美的时尚潮流。鼓励企业加大对青瓷新材料、新工艺的研发投入，全力突破传统材料和工艺的局限，切实提高产品的质量和性能。

以市场需求为导向，大力拓展龙泉青瓷文创产品的应用领域。在巩固传统生活器具领域优势的同时，积极加大在室内装饰、办公用品、时尚配饰、文化礼品等领域的产品开发力度。进一步加强与其他行业的跨界合作，鼓励企业加大研发投入，建立产学研合作机制，全力推动青瓷产业与现代科技深度融合。实现资源共享、优势互补，全力打造具有创新性和独特性的联名产品。不断拓宽文创产品的创意边界，吸引更多不同领域的消费者关注和购买。

第二，拓展销售渠道与创新营销模式。充分利用互联网技术，精心搭建龙泉青瓷文创产品的官方电商平台，全力整合线上线下资源，实现产品展示、销售、客户服务等功能一体化。持续优化电商平台的用户体验，通过展示精美的产品图片、提供详细的产品介绍、播放生动的视频等方式，全方位展示产品特色。

大力开拓社交媒体营销的多元渠道，将微博、微信、抖音、小红书等热门社交媒体平台充分利用起来，依据不同平台特性制定个性化营销策略，提升品牌知名度与影响力。发布有趣、有料、有创意的内容，如精彩的制作工艺视频、引人入胜的文创产品故事、生动的使用场景展示等，吸引用户广泛关注和积极互动。定期举办线上互动活动，如抽奖、打卡挑战、用户征集等，增加用户黏性和品牌知名度。

大力推动线上线下融合营销模式创新，将线下体验与线上购买有机结合。在线下实体店铺或文化旅游景区设立展示体验中心，通过实物展示、现场制作演示、互动体验等方式，让消费者亲身感受龙泉青瓷的独特魅力。

第三，传统技艺传承与创新人才培养。建立健全完善的龙泉青瓷传统技艺传承体系，切实加强对传统手工艺人的保护和扶持。设立专门的传统技艺传承工作室，为手工艺人提供良好的创作环境和条件。鼓励手工艺人开展师徒传承活动，制定合理的传承计划和激励机制，对带徒成效显著者给予奖励补贴。同时，注重人才培养，政府通过制定一系列优惠政策，吸引和培育各类人才投身青瓷产业发展。加强职业教育和技能培训体系建设，与高校、职业院校合作开设相关专业课程，培养适应产业发展需求的专业技术人才和创新型人才。

二、现代的经济价值

千年窑火淬炼的龙泉青瓷，不仅承载着东方美学的深厚底蕴，更在当代经济浪潮中完成了从文化符号到产业引擎的华丽蜕变。通过全产业链延伸、文旅融合创新、品牌价值重构与国际市场突围，龙泉青瓷构建起多维立体的经济生态，为传统工艺赋能区域发展提供了可复制的范本。

（一）全链产业生态：打造区域经济增长极

龙泉青瓷以"文化＋制造"为核心，构建起覆盖全产业链的现代化经济体系。在原料端，当地依托特有的紫金土、瓷石矿脉，形成专业化原料开采与加工基地，保障优质制瓷原料的稳定供应；生产环节中，从手工拉坯、模具成型到3D打印技术的创新应用，既保留传统技艺精髓，又融入现代科技力量。目前，龙泉市已集聚超500家青瓷生产企业及作坊，直接创造2万余个就业岗位，涵盖原料筛选师、釉色调配师、窑炉技师等细分工种；上下游产业如窑炉建造、模具研发、电商运营等领域，间接带动就业规模突破5万人。

市场端，龙泉青瓷凭借"青如玉、明如镜、声如磬"的品质，在高端陶瓷市场占据重要地位。国际拍卖会上，明代龙泉窑青瓷精品常以百万级价格成交，当代大师作品更是成为收藏市场的抢手货，单件定制价可达百万元级别。2023年，全市青瓷产业总产值突破58亿元，同比增长12%。此外，围绕青瓷衍生的包装设计、仓储物流等配套产业加速崛起，如本土企业开发的青瓷纹镂空礼盒年销售额突破3000万元、专业陶瓷物流公司为全国 2000 余家经销商提供定制化运输服务，形成"主链强劲、辅链协同"的产业集群效应。

（二）文旅深度融合：激活沉浸式消费新场景

作为"海上丝绸之路"的重要陶瓷源头，龙泉以青瓷文化为核心，构建起"遗址探秘 + 技艺体验 + 文创消费"的全域文旅生态。大窑龙泉窑国家考古遗址公园、龙泉青瓷博物馆等文化地标年均接待游客超 80 万人次，其中"青瓷开窑仪式""釉色 DIY 体验"等沉浸式项目成为爆款，节假日单日体验工坊客流量突破 500 人，单次体验消费达 80 ～ 200 元。

文创领域更是成果斐然，通过"非遗技艺 + 现代设计"的跨界融合，开发出青瓷茶具、首饰、文具等系列产品，年销售额突破 1.2 亿元。例如，与故宫文创联名推出的"青瓷珐琅彩系列"，将传统纹样与宫廷美学结合，上线即售罄；以宋代美学为灵感的"极简风青瓷餐具"，成功打入年轻消费市场。此外，"青瓷文化之旅"精品线路串联古窑遗址、大师工作室和特色民宿，带动周边餐饮住宿业年均增收 35%，形成"文化引流、产业变现"的可持续发展模式。

（三）品牌价值重构：提升市场竞争新优势

依托"国家地理标志保护产品"和"人类非遗"双 IP，龙泉青瓷通过标准化建设与国际化传播实现品牌溢价。政府联合行业协会制定《龙泉青瓷生产操作规程》《龙泉传统艺术青瓷（弟窑）》等标准，涵盖原料配比、烧制温度等 12 项核心指标，建立"非遗传承人 + 质检认证"双重品质保障体系，并引入区块链技术实现产品溯源，确保每一件青瓷都可追踪其产地与工艺。

在品牌传播层面，龙泉青瓷通过"走出去 + 请进来"策略提升国际影响力：连续举办国际陶瓷艺术研讨会、青瓷文化节，吸引全球艺术家与收藏家；积极参与米兰设计周、巴黎家居展等国际盛会，以"东方美学符号"的形象走向世界。市场端，带有"龙泉青瓷"标识的产品溢价率达 30% ～ 50%，普通手工茶杯售价 80 元，同款产品贴上龙泉标签后售价可达 120 元以上；国宴用瓷、高端商务礼品等定制化服务，更将单件产品价值提升至数十万元，成为文化消费市场的价值标杆。

（四）国际市场突围：开辟外向型经济新通道

凭借独特的艺术魅力，龙泉青瓷已远销全球 70 余个国家和地区。近年来，跨境电商成为增长新引擎，通过亚马逊、速卖通等平台，海外销售额年均增速达 25%，仅亚马逊平台上，青瓷茶具月均销量超 1 万件。龙泉青瓷更成为文化外交的重要载体，作为"国礼"亮相 G20 峰会、"一带一路"国际合作高峰论坛等场合。

为进一步拓展国际市场，政府推动建设"海外青瓷文化中心"，已在欧洲、东南亚落地多个展示展销平台，通过"文化展览＋贸易洽谈"模式，不仅提升品牌国际认知度，还吸引意大利陶瓷设计团队、日本釉料科研机构等开展跨国技术合作。例如，与德国企业联合研发的"智能温控青瓷茶具"，将传统工艺与现代科技结合，成功打入欧美高端家居市场；与东南亚国家合作的"青瓷文化研学项目"，实现文化输出与经济效益双赢，为地方经济注入国际化创新活力。

龙泉青瓷的经济价值嬗变，本质上是传统文化与现代经济深度融合的生动实践。其成功经验不仅为传统工艺的传承发展提供范本，更彰显了文化产业在区域经济转型升级中的关键作用，为实现文化自信与经济高质量发展的良性互动开辟了新路径。

第三节　龙泉青瓷文化传续的德蕴价值

在当下这个时代，人们身处于社会经济飞速发展的激流之中，同时，人类的思维观念以及社会结构亦正在经历史无前例的巨大变革。在这样一个时代，如何才能清醒地看待事物并做到理智而深入的思辨呢？青瓷文化就是一种在人的行为和生活层次上悄无声息地进行修炼的文化。通过深度研究和剖析龙泉青瓷文化独特的艺术特色，挖掘并揭示其内在的深刻哲理内涵，人们可以从中汲取人生智慧。龙泉青瓷中所蕴含的"瓷如皎月寄襟怀，釉若碧水喻本（纯）心"，意味着人们在欣赏青瓷之美的过程中所追求的一切，实际上都是对高雅生活品味的向往，更是修养性情的关键良方，也是他们心灵深处的寄托和情感上的安慰。

一、陶冶高尚品德情操

源远流长的龙泉青瓷文化，历经沧桑变迁，薪火相传。它不仅代表着纯净无瑕、璀璨夺目的美丽，同时寓意着高贵纯洁以及廉明公正的品质。龙泉青瓷如同艺术瑰宝，静静地躺在岁月的长河中，散发出源于自然的迷人气息，恰似清澈透亮、皎洁如玉的一首诗，温柔地闪耀着人性的光辉，传递着中华民族深厚的道德价值。研究、探寻、传承和弘扬龙泉青瓷文化有着极其深远的历史与现实意义。

首先，青瓷温润细腻，仿佛包容万物，恰似忠贞向善的仁者眼中闪烁的善良和温暖，象征着广大干部应该具备的广阔胸怀和高尚情操。

其次，釉面紧密坚固的青瓷，给人一种坚韧不拔、刚毅果敢的智者形象，他们洞察深刻，处理事物周到稳妥，判断能力卓越非凡，能够以理性冷静的态度全面和客观地评估经验教训，展现出人类智慧的光芒。

再者，精美的青瓷品质犹如纯净无瑕的美玉，象征着忠诚坚定的品德。尽管青瓷表面偶尔会出现瑕疵，但并不影响其釉彩的美丽，也不会因为釉彩的存在而掩盖其本身的缺陷，这恰恰体现了做人真诚坦率、忠诚老实、光明磊落的精神风貌。

此外，青瓷内外一致，象征着诚信可靠的品德。共产党人应当言行一致，恪守承诺，言必行、行必果既要有大公无私的情怀，也要坚守党员干部应尽的职责。

还有，青瓷质地厚重且下垂，象征着礼仪谦逊的品德。与人相处时，能够保持谦虚、谨慎、尊敬他人的态度。

另外，青瓷虽有棱角，却不会伤害他人，象征着正义凛然的品德。只有具备深厚涵养的人才能够达到这样的境界。

再次，青瓷宁愿破碎也不愿扭曲原形，象征着勇敢果断的品德。面临困境和挫败，必须拥有迎难而上、百折不挠的勇气。

从次，青瓷沉静典雅，音色清脆悠扬，可以彰显人性的光辉美好。

最后，青瓷保持其纯洁，即便历经千载悠悠时光的洗礼，其色泽依然鲜亮如新，散发着澄澈而纯粹的光芒。东汉鸿儒王逸于《楚辞章句》里曾这样阐释"廉"与"洁"："不受曰廉，不污曰洁。"恰似这青瓷，在窑炉炽热的烈焰中历经千锤百炼，最终脱胎换骨，以清清白白、一尘不染的姿态傲然于世，纯净无瑕，恰似共产党人那矢志不渝的精神品格。

回顾古代文献，学者们指出龙泉青瓷蕴含九种丰富的道德特性。同时，龙泉青瓷的美丽已然成为一种固有的文化符号和内在精神寄托。品味青瓷，体验青瓷文化所蕴含的高雅情操，是一个潜移默化、修养美德的修行过程。在当今社会，这种德行化、人格化的龙泉青瓷文化，对于净化人心、守护道德底线，具有极高的实践价值。

二、涵养清正廉洁品格

创作、欣赏以及收藏龙泉青瓷这一古老艺术品的过程无疑是一种滋润灵魂，展示优雅生活方式的选择。冥想青瓷，宛若惬意地享受着一场灵魂的盛宴，它就如同是一股高洁、纯净的灵气，是对人类灵魂深处无尽热情的一种完美升华。

首先，青瓷文化就像是照耀心灵上的那一缕温暖阳光，给予人们无尽的滋养。龙泉青瓷所蕴含的深刻哲理，引导人们树立正确的道德观念，明确道德准则，并将这些理念付诸实践。静静地品味青瓷，那清新的釉色，那如月光般柔和的光泽，仿佛是一朵洁白无瑕的莲花在静谧的夜晚悄然绽放，这种深深触动内心的美好情感，就如同莲叶上闪烁的晶莹露珠。当人们默默地站在美丽的青瓷前，心中顿时感到清新明亮，世间的名利纷扰又怎能与之相提并论呢？青瓷为人们的人生修养输送着源源不断的精神动力，也成为滋养道德的源泉。

其次，通过品鉴龙泉青瓷，人们能够净化心灵，理解生活的起伏波折，领悟善良和真诚的真谛。龙泉青瓷文化本身就是一种高尚的道德实践，而挖掘、传承、欣赏和发扬青瓷文化中所蕴藏的正面力量，正是培育良好品德、修养道德素养的过程。英国诗人威廉·布莱克曾写下："不羡慕黄金酒樽，不羡慕白玉酒杯，只羡慕龙泉青瓷翠玉杯。"他用诗歌表达了对青瓷的热爱，同时也揭示了青瓷对于化解忧虑、带来欢乐的魔力。

"形而下者为器，形而上者为道"，这古老的哲思划分出了物质与精神的领域，也为人们理解龙泉青瓷提供了深刻视角。龙泉青瓷，作为形而下的器物，其优美的造型、温润的质地、独特的工艺，皆展现了古代工匠们卓越的技艺水平，是科学与艺术在实物器具层面的完美融合。但它所蕴含的价值远超于此，在形而上的精神领域中，闪耀着更为夺目的光辉。从哲学维度看，龙泉青瓷的诞生与发展，是人类对自然、对生活的深度思考与审美追求的结晶。它的简约与繁复、静谧与灵动，无不呼应着道家的阴阳平衡、儒家的文质彬彬等哲学理念，承载着中华民族独特的世界观与价值观，成为一种抽象精神的具象依托。

在美学意义上，龙泉青瓷的"青"，那一抹或淡雅或深沉的翠色，契合了东方美学对自然、质朴、含蓄之美的推崇。其线条的流畅、比例的和谐，为观者带来宁静悠远的审美体验，是美学理念在器物上的生动演绎。尤其值得珍视的是，龙泉青瓷所象征的伦理观和道德观。它仿若一位无声的贤者，教诲人们秉持清正廉洁、温润如玉的品格，在现代社会物欲横流的浪潮中，为人们提供了精神的锚点，时刻提醒着人们坚守内心的道德高地，其人文精神熠熠生辉，现实意义不言而喻。

　　历史已经无数次证明，保持清纯高雅的思想品质是人生中最宝贵、最美好的品质。只有保持这样的品质，才能在漫长的人生旅途中经受住各种困难和挑战，赢得他人的尊重和信任。在这纷扰尘世之中，名利的喧嚣与贪污腐败的浊气不时侵扰着我们的心灵。此时，不妨以龙泉青瓷为师，汲取其内在的精神养分，修筑我们人生的道德高台。让我们如同那温润的青瓷一般，拥有一颗高贵纯洁的心，不被世俗的污浊沾染；保持清纯淡定的心境，在诱惑面前波澜不惊；秉持自守自律的品格，坚守道德的底线。愿我们的人生之路，恰似那精美的青瓷，绽放出清纯淡雅的光泽，彰显出洁净高贵的气质，时刻践行着自守自律的操守，于喧嚣中独守一方心灵的净土，在纷繁复杂的世界里走出一条纯净而坚定的人生轨迹。

第五章
宋韵青瓷文化传续的实践

　　学术领域提出了以注重人本、倡导公正公平、实现社会与个体和谐共生、达成人与自然互利共赢为核心的"新型现代性"观念，旨在推动经济的可持续发展及社会的新型现代性转变。在此背景下，文化产业发展战略日益受到关注。以创新为核心的传统文化资源的现代转型，是传统文化资本的结构转型，有助于形成新的身体化、物质化、制度化形态，促进产业的良性运行和可持续发展。实施龙泉青瓷传统文化资源的现代转型，具体而言，就是推动龙泉青瓷产业实现现代化转换，把基于传统文化资源的产业升级为文化创意产业。

　　当下"文化"成为消费热词，当代龙泉青瓷文创品实践，以传统文化元素与当代设计相结合的消费理念展开，突破了龙泉窑在宋韵青瓷文创主题研发中的困境。它重构了当代文创实践，呈现宋韵青瓷文创设计"文物到文创"的新思维和新经验，开拓了龙泉青瓷文创产业发展的新路径。

第一节　龙泉青瓷传统文化资源与产业的现代转型

一、龙泉青瓷传统文化资源与产业的时代蜕变

　　1957年周恩来总理下达恢复历史名窑生产的指示，从此龙泉青瓷走上复苏之路。1959年，适逢国庆十周年之际，龙泉瓷厂承担了制作人民大会堂宴会用瓷（即"国庆瓷"）的重任，由浙江省轻工业厅厅长翟翕武统筹指导，中国美术学院邓白教授负责青瓷餐具的设计，历经半年艰辛，圆满完成牡丹云鸾图案青瓷餐具烧制使命。改革开放之后，龙泉青瓷产业更实现了历史性复兴。现代龙泉青瓷在传承古代产品特色的基

础上开拓创新，多年来在各类全国性评比中频频夺魁，其精品被人民大会堂、中南海紫光阁、故宫博物院、中国国家博物馆收藏，还常被作为国家领导人出国访问的礼品。2006年，龙泉青瓷烧制技艺入选首批国家级非物质文化遗产代表性项目名录，同时涌现出徐朝兴、毛正聪、夏侯文、张绍斌4位国家级青瓷大师以及9位省级工艺美术大师。

新时代龙泉青瓷产业呈现以下几点显著特征：一方面，龙泉青瓷在建国后经历了礼品瓷阶段，龙泉瓷厂主要负责十年国庆庆典重要瓷器生产任务，龙泉青瓷至今依然用于礼物馈赠；另一方面，龙泉青瓷逐渐转型为收藏瓷，得到各大机构收藏认可，其大师作品更是价格飙升；此外，龙泉青瓷凭借其独特的外销优势走红全球，是全球公认的中国外销瓷王者。

为弘扬龙泉青瓷文化，推动龙泉青瓷产业迈向新高度，龙泉市委、市政府确立"中兴龙泉青瓷"的奋斗目标：其一，全力提升龙泉青瓷艺术水准，使其超越历史，比肩哥窑、媲美章生，在当代中国成为首屈一指的青瓷艺术中心；其二，大力提高龙泉青瓷产业化程度，补齐日用瓷、包装瓷、工业瓷短板，实现多元发展，打造浙江规模最大、国内闻名的青瓷生产与出口基地；其三，大幅提升龙泉青瓷知名度，让龙泉瓷文化与青瓷精品走出国门，享誉世界，成为国际重要艺术品拍卖领域的璀璨明珠。2010年9月中旬，龙泉市政府前往法国巴黎举办"中国意境——人类非遗龙泉青瓷巴黎展"。在活动中，相关人员亲身感受到欧洲人对"雪拉同"的高度尊崇与热爱。此次展览成果丰硕，成功斩获众多订单。此外，龙泉市还在小梅镇建立大窑龙泉窑国家考古遗址公园，涵盖综合活动区、特色游览区、青瓷文化区、古迹观光区等多个区域，将大窑青瓷探秘之旅打造成一条黄金旅游线路。

根据布迪厄的文化资本理论，龙泉青瓷产业正逐步实现从文化资本到经济资本的转化。具体体现在，龙泉市政府实行包括奖惩制度和人才培养计划在内的措施，助力青瓷艺术发扬光大，例如龙泉市中等职业学校设立陶瓷工艺专业，校园内投资建设15亩陶瓷工艺实训基地；丽水学院则开设了青瓷方向的本科课程。那些已成功将文化资本转化为制度资本的艺术家们，通过不断提高作品质量来推动龙泉青瓷整体价值提升，这已经成为龙泉青瓷走向"收藏瓷"道路的商业运营模式之一。他们的肖像和简介在城市各处展示，他们的声望也与他们在各类全国性评选中的优异表现紧密相连。因此，龙泉青瓷的制度化形式正逐渐成为推动文化资本向经济资本转化的重要力量。

如前所述，龙泉青瓷作为中国宋元时期著名瓷品，在陶瓷发展史中的地位尤为显著。这一历史声誉在当代龙泉青瓷文化产业的持续推进过程中得以进一步凸显，使得对历代龙泉青瓷，特别是南宋时期盛产产品的相关论述层出不穷；同时，诸如章氏兄弟的传奇故事以及哥窑产品因祸得福的传奇故事，也是广为人知。此外，近几年关于龙泉"官窑"研究的活动成果颇丰，特别是中央电视台播出的纪录片——《探索·发现——龙泉官窑之谜》，拉长了龙泉青瓷的历史明细度，增加了文化厚度，从而提升了龙泉青瓷文化资本的物质形态，提高了龙泉青瓷文化资本转化为经济资本的估值。

二、龙泉青瓷传统文化资源与产业现代转型的困境和展望

由民国开始，龙泉开始仿制宋元时期的龙泉青瓷，到中华人民共和国成立初期恢复龙泉青瓷生产，走的是一条向传统文化资源回归的道路，即追求实现"追步哥窑、媲美章生、超越宋元"的目标。

民国初年，龙泉晚清秀才廖献忠投身于青瓷研究，率先谋划仿古事宜，精心研制出仿"弟窑"青瓷，其逼真程度极高，几乎能够以假乱真，故而成为民国初期龙泉仿制古青瓷的开山鼻祖。到了1933年，年事已高的廖献忠自觉时日无多，担心自己的青瓷仿制技艺后继无人，便将历次试验所积累的配釉秘方一一记录下来，整理成册。徐渊若在《哥窑与弟窑》中，抄录了廖氏的初期制釉方、改良方、万金难换方、新方以及未试方等配釉秘方。

在此之后，有几家原本生产兰花碗的窑厂，看到青瓷市场价格高昂、利润丰厚，便也开始着手仿造宋代青瓷产品。在古玩商人的鼓动与支持下，他们纷纷前往大窑古窑址，寻找优质矿源，搜集古瓷碎片，然后进行深入研究和仿制。"均仿二章破器制之，择其精者用弗酸侵洗，去其新光，亦可混珠，其巧者即鉴赏家亦茫然难辨。海上此货，战前颇为充斥。"[1] 正是因为有他们对青瓷技艺的潜心钻研与传承，才有了龙泉青瓷之后的恢复，并在今天绽放光彩。改革开放以来，党和政府高度重视龙泉青瓷发展，积极推动产业进步。一些失传的传统工艺逐渐重见天日，一批国宝级水准的作品被烧制出来，龙泉青瓷产业再度迎来发展高峰。

向传统文化资源的回归主要是两个方面，即技艺回归（传承）与文化回归（文化认同）。目前龙泉青瓷行业有中国工艺美术大师5人，中国陶瓷艺术大师7人，浙江省工艺大师54人，丽水市级工艺美术大师68人，国家级传承人3人，省级传承人6人，丽水市非遗传承人18人，正高级工艺美术师18人，副高级工艺美术师164人，龙泉青瓷业形成了相当规模的继承人团队。文化的回归主要源于龙泉青瓷中所蕴含的"天

① 吕鸿、徐瑞龙：《民国时期龙泉青瓷文化传承考析》，《浙江档案》，2008年第10期，第57–59页。

人合一"的深刻文化内涵以及中国人"崇玉""崇青"的心理。青瓷那犹如碧玉般的质地以及绚烂如大自然青山绿水般的青翠颜色，塑造了历代文人雅士都推崇的内敛而婉约、典雅而含蓄的文化特色，这也赋予了青瓷独特的品格。

遗憾的是，现代社会中部分人群盲目追求"拜金主义"，而对"崇玉""崇青"等传统文化的忽视越来越严重。例如，尽管目前白玉、翡翠的价格已经飙升到令人瞠目的地步，甚至被戏称为"疯狂的石头"，但是推动价格上涨的动力并非其所承载的深厚传统文化底蕴，而是经济利益。虽然龙泉青瓷在回归传统文化资源的道路上取得了显著成果，技艺得到了有效的传承，但是在浓厚的炒作氛围下，龙泉青瓷的历史故事与文化背景被过分夸大，导致其中夹杂了许多经济利益的因素，并未真正实现龙泉青瓷文化的全面回归和振兴。

龙泉青瓷正面对着行业内部热度上升而外界冷淡的困境。以徐朝兴等大师的作品为典型代表的艺术青瓷，于各类拍卖市场中成绩斐然，拍出令人瞩目的价格，这不仅彰显了艺术青瓷的独特魅力，更让大众切实看到传统青瓷工艺传承所蕴含的巨大市场价值。然而，在日常生活用品方面，无论是知名度还是销售额始终未能达到理想水平，市场化程度较低。即使是在拥有巨大消费潜力的大都市如上海，龙泉青瓷的销售点仍然屈指可数，普通民众对其的认知度和接受度也都相对较低。

作为一种具有产业化特征的传统文化资源，龙泉青瓷不应仅依赖当代艺术大师走上一条所谓的高端化、收藏化的路线。青瓷产业的壮大离不开几位国家级大师或若干名省级大师的努力，但并非某位大师作品能够拍出惊人天价、成为博物馆的收藏对象就足以印证龙泉青瓷产业的繁荣。若想扩大龙泉青瓷市场规模，提升普通消费者对其的认知与认可，不仅要回溯传统文化资源，还需推动传统文化资源的现代转型，也就是促使龙泉青瓷产业从依赖传统文化资源的产业，转变为文化创意产业。

在推进文化创意产业的人才培育机制时，不仅要关注传统技艺的传承，重视培养陶瓷手工艺人的技艺水平，更要致力于打造产品创意型人才，他们的培养重点在于理论和艺术鉴赏能力的提升，从而更好地胜任产品创意设计师的角色。中国传统陶瓷产品设计制作理念通常被理解为集一切于一身，即一人自行设计并亲自完成一件瓷器的全过程。唯独清中期宜兴紫砂发展史上出现的关键人物陈曼生可谓例外，他首创"曼生十八式"壶形设计，先后交付杨彭年等制壶艺匠进行制作，使得紫砂产业得到了空前的繁荣。因此，可以将设计师与制作艺匠的职责适当分离，让手工艺匠成为设计师理念的执行者，成果的知识产权归属于设计师，以此激发他们在继承传统的基础上实现产品创新的热情。此外，还需关注青瓷创意产业的人才构成问题。青瓷产业要实现良好发展，产品包装设计师、广告设计师、专业市场营销人员等各类专业人才不可或缺。唯有汇聚这些人才，才能构建起设计、生产、销售三个环节协同共进的产业通路。

陶瓷的传统烧制工艺正在发生着微妙的变化，如在龙泉青瓷从传统的龙窑柴烧转向煤气窑、电窑烧制的过程中，如果坚持回归龙窑柴烧的传统烧制工艺，那么在当前倡导"绿色经济"的大背景下，无疑将会陷入困境。因此，我们主张以创新为主导，推动传统文化资源的现代化转型，这既是对传统文化资本结构的调整，也是形成新的身体化、物质化、制度化形态的契机，有助于推动青瓷产业的健康、可持续发展。从某种程度上看，这种做法不仅是传统文化资源现代性转型的新模式，更是一种文化创新的体现。

第二节　宋韵青瓷文化传续现状概述

一、宋韵青瓷文创产品的主要类型

龙泉窑是世界上生产时间最长、青绿审美文化最典型、当下青瓷产业体系特征最鲜明、青瓷产业人员最多的青瓷龙头行业。作为文旅结合的佼佼者，龙泉青瓷文创产品在文旅融合日益深入的当今社会，彰显了其新颖细腻、装饰性强、轻便性强、便于携带的特点。当代龙泉窑宋韵青瓷系列文创产品的实践成果概述如下。

（一）文物再造系列

宋元时期，龙泉窑凭借独特造型与温润釉色，被后世赞为青瓷巅峰。如何通过产品创新实现转型升级，是当下必须解决的问题。龙泉窑的宋韵青瓷文化创新实践，通过文物再造为龙泉青瓷传统文化注入了新的活力。

龙泉窑典型器以文物再造的方式恢复了成熟的粉青色和南宋时期的冰裂纹，在保留器形、釉色、纹饰等工艺特点的同时，还融入了当代文创设计，不仅重现了龙泉窑瓷器往昔行销四方的辉煌，更完美呈现了历史韵味。例如，天下龙泉·黑胎青瓷凤耳瓶，其器形借鉴了故宫博物院所藏的龙泉窑青瓷凤耳瓶，端正典雅，采用黑胎开片工艺，将官窑特有的神韵表现得淋漓尽致。这些典型器历经了千年中华美学传承，上至宫廷御用，下至百姓家常，在国风浪潮盛行的当下，龙泉青瓷的传统文化与艺术迎来了新的春天。

（二）日用器皿系列

日用器皿作为与日常生活紧密相连的产品，已经成为龙泉青瓷文创产品中数量最多且发展状况良好的一类。龙泉青瓷的传统工艺，从成型到装饰，从上釉到烧成，都在日用器皿上得到了完美展现。龙泉青瓷的器皿产品中，茶具与餐具占据主导。从器形到装饰风格，皆深深扎根于传统，在保留古韵的同时，巧妙融入开片、绞胎、釉下彩等创新技法，既尽显传统美学的端庄优雅，又凸显文创产品的创意别致。以天下龙泉·清风竹韵茶器为例，该套茶器由一壶四杯组成，选用白胎搭配粉青釉，器身仿竹节形态，竹叶为饰，寓意高洁品质与情操。此产品将龙泉青瓷的材质与制作工艺奉为文化核心，在胎土与釉色上坚守传统，在造型与装饰这些视觉特色方面，不断推陈出新。

（三）装饰物系列

装饰品如摆设和首饰的审美价值明显超过其实用价值，从中国古代到现代，不同时代的文化艺术思潮影响着人类的审美观念，也造就出各种样式的摆件与饰品。传统龙泉青瓷摆件多集中于佛像、茶宠等品类，而在当下物质丰富的环境里，这些传统品类在现代消费市场的接受度逐渐下滑。市场对摆设与饰品的需求日益增长，要求愈发严苛，这既反映出人们审美需求的持续提升，也推动着产品类型不断创新。茶宠摆件是一种具有独特风格和精神寓意的艺术载体，不仅能满足消费者追求高雅格调的心理诉求，同时还兼具收藏和经济价值。如龙泉青瓷绿瑞马茶宠，小马造型简约生动，釉色温润如玉，质感细腻光洁，题材结合时事，趣味性十足，极大激发消费者购买欲。此外，龙泉青瓷色系丰富，完美融合自然的葱郁与润泽，如南宋的粉青、梅子青将青釉高雅的视觉效果展现到极致。以青瓷釉滴为亮点设计的文创首饰，与青瓷文化的普世之美及深厚内涵相契合。

（四）衍生品系列

龙泉窑宋韵青瓷文创系列，在传统器物的再造上进行了创新，在生活的各个领域融入了不同的元素，让文创焕发出更丰富的韵味，通过多种艺术表现形式拓展了创意。龙泉青瓷文创产业凭借丰富多元的产品类别，持续拓展创新设计思路，不断延伸产品边界，深度挖掘创意思维，充分释放文化创新的澎湃激情与活力，有力推动当代青瓷文化迈向更为多元、成熟的发展阶段。2021年《故宫龙泉日历》紧扣"青瓷之最 天下龙泉"主题，以展览中的精品文物为依托，全方位介绍了龙泉青瓷的发展脉络、历史地位、窑厂经营模式、产品传播路径以及技艺传承情况。日历的左页精心呈现龙泉青瓷的精美纹样并加以详细介绍，右页则清晰列有日期、节气，还贴心附有便于记录的横纹，布局错落有致，方便日常记事。这样的设计既方便实用，又能在日常生活用品中融入深厚的文化内涵，具有学习、日常使用和收藏的价值，提供了一个全新的审美视角和传播途径。

二、生产格局与经济效益

在文旅融合的大趋势下，龙泉青瓷文创产品凭借新颖精致的外观、极强的装饰性以及便于携带的特点，兼具文化、审美与经济多重价值，展现出广阔的市场前景与良好的发展潜力。然而，从丽水地区文创产品的整体发展现状来看，龙泉青瓷文创产业尚处于起步阶段。一方面，缺乏能够引领产业发展的标志性产品；另一方面，受限于青瓷材料的固有特性，产品主要集中在传统生活器皿领域，生产方式多依赖传统技艺，产业结构较为单一，销售渠道和范围相对保守，应用场景有限，与相关产业的互动也尚在摸索之中，在当前新经济形势下发展略显乏力。

以龙泉青瓷博物馆文创产品的销售情况为例，馆内设有购物区，主要售卖餐具、茶具、文具、香器、储藏器等日常用品，以及部分用于陈设收藏的青瓷；通过导购指引，扫码可进入龙泉青瓷博物馆文创店，该店运营已达四年，但粉丝数仅414人，商品数量53件，且月销量均为0，销售情况极为惨淡；龙泉青瓷博物馆旗舰店的商品同样以日用器皿为主，大多是传统款式的餐具与茶具，虽然粉丝数达32755人，商品数量440件，但月销量过百的产品仅有3件，与其他店铺产品同质化严重，创新匮乏，市场竞争力令人担忧。

总体而言，龙泉青瓷文创产业在总量、规模、战略布局以及发展态势等方面，与其他陶瓷主产区相比存在显著差距，经济效益尚未得到充分发挥。如何保护并弘扬龙泉青瓷独特的工艺魅力与人文特色，成为当代从业者亟待解决的实际问题。

三、宋韵青瓷传承发展存在的问题

尽管龙泉市政府为青瓷保护做出了大量努力，实行了相关保护政策，但在全球传统文化衰落、民俗技艺逐渐失传的当下，如何稳健且可持续地推进青瓷传承工作，仍存在诸多亟待探讨与解决的难题。

（一）传承方式僵化单一

以往，龙泉青瓷的传承往往仅限于家庭成员间，这样的传承模式凸显出师徒关系的重要性，社会上的诸多传承难题亦随之浮现。随着时光流转，老年艺人健康状况恶化和数量逐步减少，因此需要积极培育新的青瓷工匠，以维持传承。然而，年轻一代对青瓷的兴趣不高，学习动力不足，尽管龙泉青瓷学习已被纳入龙泉青瓷宝剑培训课程，但实际参与者寥寥无几。究其原因，既有新技术冲击，又因代际观念不同，使传统文化传承面临严峻挑战。因此，抓紧整理青瓷资料，保护老一代艺人，培育新生代传承者已然迫在眉睫。

（二）制作技艺存在断档的风险

近年来，龙泉青瓷虽发展迅猛，却遭遇技艺传承断层、工匠人才匮乏等困境。为解决工匠短缺问题，龙泉市政府特意从江西景德镇引进一批工匠，并出台一系列优惠政策吸引他们投资建厂。尽管这些工匠技艺娴熟，掌握高超的烧制技术，但对龙泉青瓷文化的研究不够深入，对传统器形的理解也有所欠缺，致使大量风格变味、造型怪异、胎釉不纯的龙泉青瓷流入市场，影响了龙泉青瓷的声誉。因此，在当前时代背景下如何保护传承龙泉窑制青瓷工艺，是一个非常重要的课题。

（三）创品牌、拓市场活力不足

近年来，尽管龙泉青瓷凭借独特工艺在拍卖市场表现出色，但却出现行业内热、市场外冷的尴尬局面。作为一种文化产品，龙泉青瓷的审美与商业价值颇高，成为当地居民生活的重要组成部分。然而，在产业化和大众化方面，龙泉青瓷尚存局限，其日常使用的市场知名度与销售额皆较低，市场化程度亦不完善。

作为一种产业化的传统文化资产，不应过分依赖现代艺术家追求的高品质"收藏瓷"。实际上，青瓷的制作并非仅靠少数国家级或省级大师就能实现。简单地说，大师的作品能高价成交或被收藏并不意味着整个龙泉青瓷产业就成功。龙泉青瓷产业存在产品种类单一、无知名品牌、无品牌影响力等问题，这主要源于中国传统文化资源在市场经济环境下未能得到充分保护及传承。为了扩大市场份额及提升公众认知，必须对传统文化资源加以现代化改造，具体而言，就是要推动龙泉青瓷产业实现现代化转型，促使其从依赖传统文化资源的产业，成功转变为充满创新活力的文化创意产业。

（四）与旅游等相关产业的联动不足

首先，虽然龙泉青瓷文化与旅游产业的融合已取得一定进展，但由于起步较晚，整体发展仍面临诸多挑战，其中资金支持不足问题尤为突出。其次，文化开发在深度与广度上均显不足。目前，龙泉青瓷文化旅游资源的挖掘尚停留在浅层次，相关产品在品位与档次方面都还有很大的提升空间。不仅如此，龙泉青瓷文化与旅游的融合程度欠佳，游客获得的整体感受与体验未能达到预期效果。再者，相关专业人才稀缺成为一大难题。龙泉青瓷文化与旅游产业融合不畅，关键原因就在于人才的匮乏，特别是既懂文化又熟悉旅游专业知识的复合型人才严重不足。最后，广告宣传力度亟待加大。由于龙泉青瓷文化研究不够深入、资源挖掘不足，再加上专项扶持资金有限，使得龙泉青瓷文化与旅游融合产品的宣传及运营受到极大影响。尤其是资金短缺，导致难以构建有效的广告宣传机制，精准、多元且广泛的广告宣传也就无从谈起。此外，专业导游、讲解员的缺失，也给龙泉青瓷文化旅游带来了诸多困扰。

当前，龙泉青瓷行业多以传统模式运营，个体经营呈现小而散的态势。多数企业为家庭式或前店后厂模式，尚未形成大规模产业化生产，收益状况并不理想。一旦面临大量订单，众多中小型企业往往力不从心，这严重限制了龙泉青瓷整体产值的提升。另外，龙泉青瓷产品种类单一，缺乏知名自主品牌与独特设计，虽然在市场上有一定知名度，但企业特色不够鲜明，也影响了市场的开拓。

第三节　宋韵青瓷的文创实践

宋代陶瓷蕴藏丰富历史文化资源，宋韵青瓷的文创实践便是以传统历史文化与现代文化交融，推动文化创新为设计理念，结合宋代陶瓷历史文化元素与现代产品，为消费者提供一种全新的文化体验。

在现代社会文化消费盛行之际，文创产品作为文化元素与创意设计融合之作，逐渐成为市场关注的焦点，故宫的文创产品因其丰富的文化内涵和创新的设计理念，赢得了市场的广泛赞誉。故宫博物院文创产品，无疑是国内文创领域的标杆。故宫巧妙借助各类传统文化IP，深度探寻馆藏文物蕴含的精神内核，成功打造出如故宫文具、

故宫彩妆等一系列产品，一经推出便广受市场热捧。自 2016 年始，其年销售额已突破
10 亿元大关。龙泉青瓷行业可以从故宫文创的成功案例中借鉴宝贵经验，挖掘宋瓷的
文化内涵，研发出既具有现代审美价值又有实用功能的文创产品，将宋瓷的文化传承
提升到一个新的层次。龙泉青瓷产业首先要突破传统的流程化、模板化设计思维，对
产品进行萌化、趣味化、抽象化和概念化的艺术性处理。在此基础上，通过创意性和
功能性融合，让龙泉青瓷焕发出更加独特而富有生命力的视觉形象，展示现代美学与
古典韵味相融合的优雅风格，进而实现文化传播和商业推广目的。

一、宋韵青瓷文创实践设计思路

（一）充分挖掘文化潜力

习近平总书记强调，博大精深的中华文明是中华民族独特的精神标识，是当代中
国文艺的根基，也是文艺创新的宝藏。要挖掘中华优秀传统文化的思想观念、人文精
神、道德规范，把艺术创造力和中华文化价值融合起来，把中华美学精神和当代审美
追求结合起来，激活中华文化生命力。[①] 中华优秀传统文化不仅是文艺创新的坚实基
础，更是文创产品核心精神的关键构成。深入挖掘文物背后的历史文化底蕴，才能使
产品区别于普通旅游纪念品。只有具备文化深度的艺术衍生品，才能在时间和市场的
考验中站稳脚跟。

历经千年沉淀的龙泉青瓷，以精美的造型、温润纯净的釉色和简约的纹饰闻名于
世，其静谧优雅的艺术气质契合当下追求简约的潮流，如翠似玉的特质以及内敛谦逊
的审美趣味深受大众喜爱。青瓷文创产品应扎根于文化根源，挑选龙泉青瓷典型的造
型、釉色或装饰等元素，融入产品设计，研发出既具传统文化内涵又有鲜明时代特征，
符合大众需求的产品，满足当代社会对精神文化生活和审美体验的追求。

（二）创新青瓷设计理念

在龙泉青瓷的文创产品开发中，创新设计至关重要。选定 IP 后，可提取其设计元
素，包括外观样式或历史背景，再经设计转化，形成具有实际用途的 IP 文创产品。为
了让龙泉青瓷更具吸引力，需摒弃流程化、模板化的设计思维，突破传统造型和装饰
工艺，对传统元素进行艺术处理。如故宫文创青瓷包银莲花杯，其设计灵感源自明代

---

① 习近平：《在中国文联十一大、中国作协十大开幕式上的讲话》，《中国文艺评论》，2022 年第 1 期，第 4–11 页。

龙泉窑青釉童子莲纹碗，杯身施青釉，内壁及口沿以银包镶，展现出当代审美与古风韵味的融合。借鉴该理念，龙泉青瓷文创产品可与金工、木雕、漆艺、玻璃等艺术门类融合，吸引更多人群，开拓新颖的跨界设计思路。

早在 2013 年 8 月，故宫博物院即启动文化产品创意征集，历经三年精心打造，最终呈现在观众面前。尽管市场消费力和技术支撑影响文创产品的种类、规模和数量，但文化传承和发展仍离不开知识共享。众多国际知名博物馆机构通过特殊协议提供高清馆藏资源下载，支持用户商业化使用数字资源，部分博物馆还设有奖项，表彰大众优秀创意。面向大众的文创产品开发应关注大众需求，可采取专业设计师主导、公众广泛参与的众创模式，甚至举办创意评选、创意市集等活动，实现传统文化与现代生活的完美衔接，使文创产品更好地融入广大群众生活中。

（三）及时把握市场导向

随着新一代信息化技术的普及，"网络＋"等新型消费方式、商业模式和发展机遇的出现，开辟了新的消费者领域，刺激了购买欲望。青瓷文创产品的销售途径逐渐从实体店转向电商平台，可以创新销售模式如预先订购、移动购物、混合交易模式等。

龙泉青瓷文创产品，理应具备工艺精湛、轻便易用以及高价值等特性。鉴于其原材料独特，必须积极探索切实可行的批量生产模式，并在当下的现代商业环境中对其市场适应能力加以检验。在发展路径上，除了自主打造独特的青瓷 IP，还应积极寻求与其他 IP、品牌及活动展开合作，以此维持 IP 的鲜活度，丰富产品体系。可以借助 IP 授权的方式开展跨界合作，创造出更多新颖独特的产品，满足不同消费者的多样化需求，持续引发社会关注与话题热度，提升品牌影响力。虽然传统工艺对年轻群体的吸引力相对有限，但近年来陶瓷生产领域涌现的新技术、新工艺，诸如 3D 打印技术与立体光刻技术等，为龙泉青瓷的造型设计与装饰手法带来了更多创新可能，使其产品更具创造性与现代感。当代龙泉青瓷文创产品唯有兼顾时代工艺水准与艺术表现力，同时平衡好文化内涵与娱乐属性，方能有效吸引年轻消费群体的目光。以精准把握市场需求为导向，全面提升青瓷旅游文创产品的综合生产水平，最终达成文旅产业与青瓷文创产品协同发展、互利共赢的良好局面。

（四）培育人才创建品牌

优秀的文创人才，是实现产品创新的动力之源，也是宋韵青瓷文创产业发展最为坚实的后备力量。设计人才让宋韵青瓷文创品焕发活力与光彩，带动龙泉青瓷文创产业的崛起和发展。

当前，龙泉本地多数青瓷企业采用前店后厂或个人工作室模式，发展节奏迟缓。品牌作为产品设计与制作的引领者，是消费者认知的关键，对推动青瓷文创产业发展意义重大。当务之急是搭建青瓷文创企业孵化平台，优化现有企业经营与销售模式，打造集设计、制作、销售于一体的文创综合体，助力青瓷文创企业蓬勃兴起。在培育现代文创品牌进程中，既要激励老牌企业创新突破，又要大力扶持新兴品牌成长，打造一批拥有自主知识产权的知名文创品牌。

同时，应积极引导文化企业开展信息与技术交流，鼓励文化产品的合作研发与推广，推动新业态发展，延展文创产业链。鼓励企业参与文化产业博览会，宣传文创产品。举办文创产品评选展览，全方位展示区域优秀文创成果。强化文化内容产业培育，挖掘县域人文与自然资源，与周边影视基地展开横向合作，借助其影响力推动产业发展。

龙泉青瓷文创产品以小见大，展现传统文化独特魅力。未来发展应打通文创品牌从授权、设计制作到品牌赋能、平台运营及推广传播的全链条，提升消费者满意度与忠诚度，形成差异化竞争优势。在生产与流通环节，增进大众对龙泉青瓷传统文化的理解与认同，推动设计与商业跨界融合，以传统元素与流行文化的跨界创意为文化输出形式，推广龙泉特色青瓷文化。

借助传统文化孵化应用经济，为文化产业发展注入新动力，为文化消费增添活力，深化文旅产业模式，这些举措为消费转型升级提供新思路，为龙泉青瓷产业结构调整与提升及龙泉区域经济发展提供有益参考与积极助力。龙泉青瓷创新发展需紧跟市场变化，融入当代审美，运用新技术新工艺对产品进行时尚升级，契合当下文创文旅消费需求，扩大产业规模，开拓全新发展路径。

二、宋韵青瓷文创实践艺术表达

（一）意蕴转化表达

为了使消费者全面领悟宋韵青瓷文创产品的深层含义，设计师首先需深入剖析以宋韵文化特色为背景的龙泉青瓷审美观念，此乃设计宋韵青瓷的必备要素；其次，要深度研究宋瓷传统图形纹样的历史与象征意义，确保正确理解和合理运用；最后，注重反映那些传递正面寓意的传统装饰纹样，使之与当今社会的人文精神相契合，引发消费者的情感共鸣。

（二）设计元素转译

由于时代变迁导致文化需求的差异，当代文化呈现多元化特点。设计师在转译"宋韵文化"时，应采取现代性的诠释方式，即通过对宋韵青瓷视觉元素的分析、赋能及再造，将宋代青瓷纹饰的造型、色彩、质地等融入现当代视觉形式中，进行创新及深入探究，展现于文创产品上。

（三）传统纹样寓意转译

运用现代设计手法，在不变的传统图案基础上重新创作，使之与现代人的审美要求更加契合。设计师应当同时考虑纹饰类型、产品器形、现代性审美需求这三者之间的联系，有机地进行设计定位，通过革新、添加、重组等手段创生出具有高艺术品质的纹样。详而解之，就是考虑其表现形式、设计主体与产品表现的关联度以及产品承载的文化内涵；再从形态、色彩、构图、组织形式等方面，分析所选纹样的基本构成单元，提炼转译因子；最终提取宋韵青瓷隐性语义，进行拆分、重构后，赋予现代审美语境。譬如台北"故宫博物院"小乾隆茶器系列文创，以院藏清代乾隆帝《御制诗集》为灵感，将乾隆形象与壶、杯、印巧妙融合，兼顾茶具实用功能。壶身素彩釉工艺，缀以锦花纹饰，顷刻间让传统之美风情万种，流光溢彩。

（四）造物观意化转译

中国的传统造物思想以"意象"为核心，强调气韵，将无形的意象气韵转化为可见的直观状态，有助于消费者将内心情感完全投射至器物之中。造物观意化转译旨在探讨如何提炼、设计和运用宋韵青瓷的造物观，及其对造物文化精神的追求。例如，现代青瓷作品《你我同舟烛台》的设计灵感源于中国古代建筑的传统榫卯结构——楔钉榫，两个独立的烛台通过木条的插接，组成一艘"同舟共济"的小船，体现心手相连、共克时艰的美好寓意。

（五）重实用性设计

现代消费者在购买产品时，更看重其功能性。通过深入研究消费者的喜好和需求，可以得出具有实践指导性的结论。例如，礼品类产品应满足消费者求新求特心理，注重情感元素表达；文旅类产品则需具备纪念意义与长久保存性；日常生活用品则应兼具审美价值和实用性，以美观且实用的造型取胜。因此，设计师们应建立从"文物到文创"的设计研发理念，关注宋韵青瓷文化创意的发展前景，重视生活文化与情感认知，使文化创意产品既能畅销又能持久，让宋韵青瓷真正融入大众生活。

第四节　宋韵青瓷文化传续发展的策略

弘扬和维护龙泉青瓷的丰富内涵与优良技艺，是维系龙泉青瓷文化深度挖掘、系统传承与持久繁荣的核心要务，应当以长远战略视野和耐心细致态度，对此予以深入探索和不断改进。在此基础上，笔者期待以下四个具体的宋韵青瓷文化创新发展策略，能进一步提升和完善龙泉青瓷的传承与保护水平，共同推动中国传统陶瓷文化事业日益辉煌昌盛。

一、政府主导，强化传续发展的保障

（一）积极创建传续发展的平台

2013 年，清华大学张守智教授在"人类非遗——龙泉青瓷"传承创新恳谈会上指出，只有深刻理解与把握各个历史时期人们对于龙泉青瓷的真实需求，才能将龙泉青瓷深深融入日常生活之中。龙泉青瓷业正朝此方向迈进，从单纯观赏性向实用价值转变，通过形变、饰变、彩变、窑变及用途创新等多元化手段，丰富青瓷外观与使用体验，融合当代审美与生活习惯，在实用基础上展现独特艺术魅力与传统技艺。

同时，龙泉市政府为更好保护传承龙泉青瓷文化，着力打造了青瓷产业园、望瓯·陶溪川文创街区、青瓷小镇、青瓷博物馆及青瓷大师创作展示区等可持续传承平台。力图吸引全球范围内的游客、学者、实践者前往参观访问，增进对龙泉青瓷知识的了解、学习、调研乃至保护与传承，从而实现在保护非物质文化遗产的同时，促进当地经济社会的全面进步。

（二）加强对传承对象的生产性保护

对龙泉市委市政府而言，实现保护地方特色传统文化与确保传承人口世代相继的双赢，是非物质文化遗产生产性保护的内涵所在。在这种模式中，实现利益最大化的关键在于合理安排生产流程、保护方式、传承手法以及推出合适的市场终端接受者，

从而实现多方利益共享以及各类非物质文化遗产产生相应的经济收益。通过此举推动非物质文化遗产相关产业稳健发展，让非遗项目在生产实践中得到有效保护，最终实现龙泉市非物质文化遗产保护与经济社会和谐繁荣的双赢局面。

　　尽管目前国内非物质文化遗产的保护和传承工作取得了一定的成果，但仍需强化省级、市级、县级及下级工作机构对此项工作的认识与重视。因为非遗保护传承需大量人力、财力与时间投入，实际操作中，各级政府部门及其下设单位可能面临财力物力支持不足的情况。那么如何解决好这个问题呢？实际上，有些国家对此已有成功经验：在对本国的非物质文化遗产进行详尽研究和实践后，对于那些具有潜在实际开发利用价值的非物质文化遗产，做好政策引导，同时为项目配备专门的资金，其目标是吸引更多专业人士投身非遗传承保护与后续发展，引导更多社会资本参与。此外，这些专业人士在日常生活、教育培训等其他诸多领域也都能享受到相应的福利待遇和补贴奖励。

（三）力抓青瓷文化的传播

　　竭尽全力抢救和修复龙泉青瓷文化遗产，充分展现源远流长的龙泉青瓷传统文化。自 2009 年起，龙泉市政府贯彻执行《龙泉青瓷窑遗址保护总体规划》，该规划要求设立主馆及分馆，主馆（青瓷博物馆）选址龙泉新城，不仅立体展示龙泉青瓷窑遗址、讲解剖析相关背景知识，还展示丰富青瓷珍品，开展青瓷学术研究与藏品保存工作；负责挖掘青瓷文化底蕴的分馆（青瓷遗址博物馆）则坐落于充满历史气息的青瓷小镇，致力于展现窑址原貌、再现古代的遗址环境，提供文物妥善保护的相关信息，同时提供全方位优质的游客服务。

二、增强全民的青瓷文化传承意识

（一）拓宽社会性传承渠道

　　民众是非物质文化遗产保育与传承的根基，缺少民众参与，这些文化瑰宝将难以延续。激发民众在非遗保护、传承及发掘继承人方面的热情至关重要。为此，需借助互联网等新兴媒体，以及传统纸媒、电台等平台，广泛宣传非遗文化、资深老艺人及年轻继承人的事迹。同时，从国家到地方各级行政部门和各种相关组织，应通过举办公益竞赛、活动、展览、讲座培训等非遗保育及传统活动，鼓励公众积极学习、了解非遗保育知识，扩大非遗传播范围与影响力。同时，需要不断探寻各种可能的路径去寻找新的传承人。

　　总而言之，优秀的非物质文化遗产传承不仅需要得到更多民众的关注和认可，使全民积极参与保护和传承非物质文化遗产的工作，更需要全社会各部门、各阶层以及各类机构的共同努力与协力合作，让每个人都能在非物质文化遗产保护和传承事业中贡献自己的一份力量。

（二）强化传承人保护

　　在探讨如何保障非物质文化遗产的继承问题时，应当更加注重对非物质文化遗产主体传承者的保护与重视。王文章在《赋予非遗及其保护新的学术内涵——写在〈非物质文化遗产概论〉（第四版）出版之际》中强调，政府部门和社会相关方面作为保护主体的工作要旨是通过多种保护措施，形成以传承人为核心的非遗保护体系，保证作为传承主体的传承人对非遗项目在持有、认定、传承、再创造方面的主体和首要作用。因此，各行各业的传统手工艺者不仅需要承担起非物质文化遗产创作、保护与传承的艰巨任务，同时亦须全力以赴探索选拔、培育新一代接班人的途径，使之能够确保非物质文化遗产得以世代相传。

　　政府机关及全社会，应着力为代表性非遗继承人提供专项指导与培训，提升非遗保护质量。继承人的选择对非遗保护与传承至关重要，相关部门需投入资源，组建非遗项目专业培训团队，针对不同技术和非遗项目内涵，设计非遗保护相关培训计划。例如，省级、市级专业技术人员可邀请艺术工作者开展现场咨询或专业创作，组织民间艺人向公众讲解非遗知识，定期安排民间艺人到学校授课，培养后备传承人才。制定订金制度和学费标准时，要充分考虑技艺传授与继承人培育需求，提高继承人参与度。

三、完善龙泉青瓷产业化发展战略

（一）力抓龙泉青瓷市场化开发，深化宋韵青瓷品牌建设

1.挖掘宋韵文化内核，精准锚定市场定位

　　深度挖掘宋代青瓷"简约含蓄、温润如玉"的美学基因，结合现代消费趋势，构建"宋韵＋"产品矩阵。面向高端收藏市场，复刻南宋官窑器形与釉色，推出"宋韵·传世"系列艺术瓷，联合故宫博物院、中国丝绸博物馆举办宋代美学主题特展，强化历史厚重感；针对中端消费群体，开发符合现代家居风格的"宋韵新中式"茶具、

餐具，融入宋代点茶、插花等生活雅趣元素；面向年轻群体，推出"宋潮"文创系列，以宋代诗词、书画为灵感设计盲盒、文具，通过抖音、B站、小红书等平台打造"宋韵国潮"话题，实现文化破圈。

2. 构建宋韵品牌传播矩阵，提升国际影响力

以"宋韵青瓷·东方美学"为核心IP，打造全域品牌传播体系。线上制作《千年窑火·宋韵新生》纪录片，通过央视、腾讯视频等平台推广；开设"宋瓷密码"虚拟直播间，利用VR技术还原宋代窑厂制瓷场景，邀请非遗传承人讲解技艺；发起"宋韵青瓷挑战赛"，鼓励用户创作短视频。线下在杭州、上海等宋文化氛围浓厚的城市开设"宋韵青瓷文化馆"，设置宋代点茶体验、青瓷手作工坊；参与米兰设计周、巴黎时装周等国际活动，推出"宋韵青瓷×时尚设计"联名系列，将宋代美学与国际潮流结合，强化品牌高端形象。

3. 创新宋韵消费场景，拓展全渠道营销网络

构建"线上+线下"融合的沉浸式消费生态。线上入驻天猫、京东等电商平台，开设"宋韵青瓷旗舰店"，推出"宋韵生活月卡"订阅服务，定期配送主题文创；联合头部主播开展"宋瓷专场"直播带货，设计"宋代文人书房"虚拟直播间场景。线下在西湖、乌镇等文旅景区布局"宋韵青瓷快闪店"，结合宋代建筑风格与光影技术，打造打卡地标；与高端酒店、茶馆合作，推出"宋韵青瓷主题套餐"，将产品融入住宿、餐饮服务；发展城市合伙人计划，在全国一二线城市设立宋韵青瓷体验中心，实现文化传播与商业变现的双向赋能。

4. 延伸宋韵品牌价值，构建产业生态链

以宋韵文化为纽带，推动青瓷产业跨界融合。开发"宋韵青瓷研学游"项目，联合浙江大学、中国美术学院开设宋代美学研修班，将青瓷制作与宋代诗词、书画课程结合；打造宋韵青瓷主题民宿、酒店，从建筑风格到室内陈设全面融入宋代元素；探索IP授权模式，将宋代青瓷纹样应用于丝绸、香道、文具等领域，开发"宋韵生活"系列衍生品；举办"宋韵青瓷文化节"，开展宋代点茶大赛、青瓷设计创意赛，吸引全球艺术家、设计师参与，构建"文化+教育+旅游+创意"的全产业链生态。

（二）强化龙泉青瓷创作人才和后备力量队伍

1. 构建阶梯式人才培养体系

以"传统技艺传承"与"现代创新融合"为核心，构建"金字塔型"人才培育矩阵。依托徐朝兴、毛正聪等国家级非遗大师工作室，实施"青蓝工程"师徒传承计划，

通过"理论授课＋实操演练＋项目孵化"三位一体培养模式，重点培育宋代拉坯成型、釉料配方、龙窑烧制等核心工艺传承人，建立"大师带骨干、骨干带新人"的梯队培养机制。联合丽水职业技术学院、龙泉青瓷宝剑技师学院开设"宋韵青瓷设计与制作"定向专业，构建"基础课程＋特色模块＋实践工坊"课程体系，除宋代经典器形复刻、釉色矿物原料研究等传统课程外，增设 3D 建模、数字化仿真烧制、智能窑炉控制等前沿技术课程，培养兼具传统功底与科技素养的"新工匠"。携手中国美术学院、景德镇陶瓷大学共建"宋韵青瓷创新研发中心"，设立宋代美学研究、文创产品开发、艺术策展等研究方向，推行"双导师制"（学术导师＋行业导师），培育能够将宋代文化符号转化为现代设计语言的跨界复合型人才。此外，联合行业协会每年举办"宋韵青瓷青年工匠大赛"，设立百万元创作基金，并配套大师工作室进修、海外展览、IP 联名合作等资源，为青年人才搭建成长快车道。

2. 创新文化传承激励机制

构建"荣誉表彰＋政策扶持＋平台赋能"三维激励体系。设立"宋韵青瓷文化传承奖"，分设"工艺创新奖""文化传播奖""技艺守护奖"等类别，对成功复原宋代失传工艺、创新宋代纹样应用、培养优秀传承人的匠人，给予最高额度的经济奖励，并提供文创园区三年免租、税收优惠、优先申报高级别非遗项目等政策支持。深化"非遗进校园"工程，在龙泉中小学开发"宋韵青瓷美育课程包"，涵盖宋代瓷画临摹、迷你龙窑烧制、青瓷诗词创作等趣味模块，通过"课堂教学＋课后社团＋研学实践"模式激发青少年兴趣；与市博物馆合作推出"小小传承人"研学计划，选拔优秀学生进入大师工作室实习，表现优异者可获得升学加分、职业院校预录取资格等激励。此外，建立匠人数字档案库，通过 4K 纪录片、VR 工艺展演等形式留存技艺精髓，提升匠人群体的社会影响力与职业荣誉感。

3. 搭建人才交流与资源共享平台

打造"线上线下融合、国内国际联动"的立体交流网络。线下定期举办"宋韵青瓷国际学术研讨会"，邀请故宫博物院陶瓷专家、大英博物馆东方艺术学者、国际知名陶艺家等，围绕宋代青瓷工艺解密、文化传播路径等议题展开研讨；组织匠人赴国内外博物馆开展"宋代青瓷珍品溯源研学"，系统研究海外馆藏文物的工艺特征与历史价值。线上搭建"宋韵青瓷人才云平台"，集成人才数据库、技术共享库、创意交易库等功能模块，实现工艺难题在线会诊、创意方案协同开发、市场需求精准对接；设立"宋韵青瓷创新工坊"，配备 3D 打印机、智能釉料调配系统、小型实验窑炉等先进设备，面向青年创作者提供免费使用权限，并配套专家指导、成果孵化等服务，激发创新活力。同时，推动建立长三角青瓷人才联盟，促进区域间技术、资源、市场的互通共享。

（三）引进产业化运营的专业人才，建立反哺机制

1. 靶向引进复合型运营人才

实施"宋韵青瓷英才汇聚计划"，聚焦品牌营销、跨境电商、文创 IP 运营、数字化管理等关键领域，制定"一事一议"人才引进政策。对具有国际奢侈品牌运作经验的高端人才，提供最高额度的安家补贴、人才公寓、子女入学绿色通道及项目启动资金；与上海、深圳等城市的头部猎头公司、国际人才机构合作，定向挖掘熟悉海外市场规则、具备跨文化传播能力的专业人士；设立"宋韵青瓷产业创新岗"，面向 MBA、文化产业管理、电子商务等专业毕业生，提供创业扶持、职业培训、导师辅导等配套服务，推动现代管理理念与传统产业深度融合。此外，建立柔性引才机制，通过顾问指导、项目合作、兼职服务等方式，吸引国内外行业精英为龙泉青瓷产业发展提供智力支持。

2. 构建产教融合的人才反哺机制

深化校企合作，联合上海交通大学文创学院打造"宋韵青瓷产业人才实训基地"，采用"理论授课＋企业实战＋案例研讨"的教学模式，培养懂文化、善运营、精管理的复合型人才。推行"订单式"人才培养，企业与高校共同制定课程体系、共建实践基地，学生毕业后直接进入企业对口岗位；建立"人才服务基层"长效机制，要求引进人才每季度下沉企业开展品牌诊断、电商运营指导、市场渠道拓展等服务，帮助传统企业突破发展瓶颈。同时，设立企业人才培养奖励基金，对积极参与校企合作、人才培养成效显著的企业给予财政补贴。

3. 完善人才发展保障体系

设立"宋韵青瓷产业人才发展基金"，用于支持人才培训、项目孵化、成果转化及奖励激励；推行"双导师制"，为引进的运营人才同时配备行业专家与非遗大师，加速其对青瓷文化内涵与产业特性的理解。定期举办"产业人才沙龙""青瓷创新论坛"等活动，搭建企业管理者、运营专家、匠人之间的跨界交流平台；制定《宋韵青瓷产业人才评价标准》，将品牌价值提升、市场业绩增长、创新成果转化等指标纳入考核体系，对表现优异者给予股权激励、分红奖励、职称晋升等激励。此外，建立人才服务一站式平台，整合住房保障、医疗保健、子女教育等资源，解决人才后顾之忧，营造"近者悦、远者来"的良好生态。

四、立足非遗传统，注入现代血液

（一）做实宋韵青瓷的特色文化

1. 深挖历史文化内涵，构建学术研究体系

联合故宫博物院、中国陶瓷博物馆等权威机构，组建"宋韵青瓷文化研究联盟"，系统梳理宋代龙泉窑的历史文献、考古报告及海外馆藏珍品。运用科技考古手段，如光谱分析、热释光测年等技术，精准还原宋代"粉青""梅子青"釉料配方与烧制工艺，建立标准化工艺数据库。推动出版《宋韵青瓷文化大典》，从器形演变、装饰纹样、历史典故等维度深入解读文化密码，为产品开发与传播提供学术支撑。同时，设立专项课题基金，鼓励高校、研究机构开展宋代青瓷美学、文化传播路径等前沿研究，形成可持续的文化研究生态。

2. 强化文化标识认证，规范产业发展

制定《宋韵青瓷文化产品认证标准》，明确产品中宋代文化元素的占比、工艺传承要求及设计规范，建立"宋韵青瓷文化标识"授权使用制度。引入区块链技术搭建产品溯源平台，消费者扫码即可获取原料产地、制作工艺、文化典故等信息，实现"一物一码"全程追溯。对符合标准的企业授予认证标识，通过政府背书提升产品文化价值，同时加强市场监管，打击假冒伪劣，维护宋韵青瓷品牌公信力，推动产业规范化、高端化发展。

3. 推动文化活态传承，创新内容转化

鼓励企业与非遗传承人合作，将宋代制瓷工艺与现代设计理念结合，开发"宋韵新中式"系列产品。例如，以宋代极简美学为灵感设计餐具、茶具；提取青瓷冰裂纹、莲瓣纹等经典纹样，应用于丝巾、文具等文创产品。举办"宋韵青瓷设计大赛"，面向全球征集创新设计方案，推动传统文化元素在现代生活场景中的创造性转化，让宋韵文化可感知、可触摸、可消费。

（二）借力现代传播技术，力促宋韵青瓷深度走进生活

1. 构建全媒体传播矩阵，扩大文化辐射力

搭建宋韵青瓷官方融媒体平台，整合微信公众号、微博、抖音、B站、小红书等渠道，形成"短视频＋图文＋直播"的立体传播体系。制作系列微纪录片《青瓷里的宋韵密码》，运用4K高清拍摄与三维动画复原宋代制瓷工艺；邀请博主、文化达人开展"宋韵青瓷体验官"活动，通过沉浸式视频日志（Vlog）展示拉坯、施釉、开窑全过程。利

用大数据分析用户画像，精准推送个性化内容，针对年轻群体开发"青瓷表情包""宋韵滤镜"等社交传播素材，提升文化传播趣味性与参与度。

2. 融合元宇宙与数字技术，创新文化体验场景

打造"宋韵青瓷元宇宙博物馆"，通过 VR、AR 技术还原宋代龙泉窑全景，用户可"云游"古窑址、参与虚拟制瓷互动；发行青瓷主题数字藏品，将宋代经典器形转化为非同质化代币（NFT）艺术品，结合区块链技术实现数字确权与限量发售。与头部游戏厂商合作，在古风游戏中植入宋韵青瓷元素，设计专属剧情任务与道具，吸引 Z 世代群体关注。开发"智能青瓷助手"小程序，支持 AI 识别器形、语音讲解文化典故，实现"指尖上的文化科普"。

3. 联动线上线下消费，促进文化融入日常

开展"宋韵青瓷直播电商节"，联合头部主播开设专场，通过"文化故事＋产品展示"模式提升消费转化；在淘宝、京东等平台设立"宋韵青瓷官方旗舰店"，推出"一键配齐宋式生活"套装，整合茶具、香器、花器等场景化产品。在线下商圈打造"宋韵青瓷快闪店"，运用全息投影、感应灯光等技术营造沉浸式购物空间；与星巴克、喜茶等连锁品牌推出联名款青瓷杯，将传统文化符号融入现代消费场景，推动宋韵青瓷从"文化遗产"变为"生活日常"。

（三）文旅融合赓续宋韵青瓷文化

1. 打造全域文旅品牌，串联文化体验场景

以宋韵青瓷为核心 IP，构建"一核三带多节点"的全域文旅格局。以大窑龙泉窑国家考古遗址公园为核心，打造集遗址保护、考古研学、文化展示于一体的"活态博物馆"；沿瓯江、松溪等水系规划"青瓷水路文化带"，复航仿古商船，开发水上青瓷文化体验游；依托龙泉山区古村落，建设"窑工遗韵民俗带"，复原宋代窑工生活场景，设置青瓷主题民宿、农家菜馆；联动周边城市景点，形成"宋韵文化旅游协作带"。在重要交通枢纽、景区入口设置宋韵青瓷主题标识，统一视觉形象，强化品牌辨识度。

2. 创新文旅业态，丰富沉浸式体验内容

开发"宋韵青瓷主题实景演艺"，联合知名导演团队打造大型山水实景剧《青窑烟雨》，通过全息投影、威亚特效重现宋代窑火通明、商船往来的繁荣景象；建设"青瓷文化研学营地"，针对不同年龄段设计分层课程：儿童体验"趣味拉坯""釉彩涂鸦"，青少年参与"古法烧制""纹样设计"，成人开展"宋代茶器鉴赏""青瓷收藏讲座"。推

出"宋韵青瓷主题沉浸剧本杀",游客化身宋代窑工、商贾,在解谜探案中学习青瓷文化知识,提升参与感。

3. 强化文旅产业联动,延伸消费链条

推动"文旅 + 农业"融合,开发"青瓷茶园""釉果采摘园",游客可体验采摘制作青瓷原料、品鉴青瓷茶具茗茶;促进"文旅 + 工业"发展,开放青瓷大师工作室、现代化陶瓷工厂,展示传统手工技艺与智能制造的碰撞;联合文创企业推出"宋韵青瓷文旅伴手礼",将景区 IP 与青瓷元素结合,设计限量版纪念瓷、盲盒套装、数字纪念品。同时,举办"宋韵青瓷文化旅游节",配套举办国际陶艺双年展、宋代点茶大赛、青瓷拍卖会等活动,吸引全球游客,实现"以节促旅、以旅兴产"的良性循环。

第五节　宋韵青瓷创新实践案例分析

一、卢伟孙宋韵山水写意青瓷

卢伟孙为当代中国陶瓷艺苑中龙泉青瓷陶艺家的杰出代表,是中国工艺美术大师、浙江省非物质文化遗产传承人、中国陶瓷艺术大师,数十年来孜孜不倦地实践着青瓷艺术探索。他创作的青瓷作品古朴优雅,同时蕴蓄着对新颖造型的探索。他在青瓷领域成果丰硕,多次参加全国陶瓷专业类展览并获重要奖项,作品被中国美术馆、中南海紫光阁、中国工艺美术馆、浙江省博物馆等重要机构收藏。

卢伟孙的青瓷作品植根于龙泉当地悠久的艺术传统。他对宋瓷尤为推崇:"追求青釉的灵动,是青瓷艺人骨子里的天性,一千多年来,手艺人在宋人的光环下,依然孜孜不倦地从事着这份美丽的事业。"卢伟孙取法传统,同时妙合造化,在创作山水题材的青瓷作品时,认为师技容易师心难,没有执着固有的法则,沉醉于自我散淡放逸之中,看似山涧常见,但描绘的不仅仅是一片山水的景色,而是一个境界,心灵的寄托。卢伟孙的作品刻意求精,执着于变,反对受制于宋、元、明风格而缺乏个人风格。卢伟孙的制瓷技术不断完善,他首次以哥窑、弟窑研究绞纹,结合拉坯成型技法,使千年技艺融为一身,推动了中国 20 世纪陶瓷制作技术的发展。

概而言之,卢伟孙的作品具有以下特点:深得南宋龙泉粉青和梅子青釉的工艺真传,再现南宋官窑和宋元哥窑纹片釉风韵,探寻当代宋韵青瓷创新之路。

（一）再现古典宋韵

青瓷艺术历经商、周、汉、唐历代陶艺家的努力，至宋代完全成熟。南宋龙泉窑场艺人创造的粉青和梅子青釉，以及宋元龙泉窑场烧造的青瓷纹片釉，把中国古代青瓷艺术推向高峰。

中国古代色釉装饰艺术的发展，多受配釉、施釉和烧成工艺技术的制约。从工艺理论角度看，南宋龙泉窑青瓷粉青和梅子青釉的形成，主要是因为当时制瓷匠师启用了含氧化钾量高达27%的毛竹灰与高钾胎泥配伍制成的高温灰——石灰碱釉，同时运用了多次施釉与多次素烧相结合的上釉方法，致使釉层特别厚，从而产生釉面滋润浑厚、釉色纯正淡雅的艺术风格。这种传统工艺的特色，在卢伟孙的作品中完全能体会到。设计的贯耳瓶，瓶体造型稳重，双耳对称，轮廓腰线恰到好处，瓶体上部运用裂纹釉展现出古朴风采，瓶体下部粉青釉釉面滋润，光泽柔和，玉质感很强，综合装饰效果绝佳。卢伟孙通过自己的双手再现了南宋粉青釉的风范神韵，可谓深得传统工艺真传。

除了粉青釉外，裂纹装饰亦是卢伟孙所擅长的工艺。青釉中的纹片又称开片，它是一种控制和利用原本的胎釉结合缺陷——釉面裂纹来对青瓷进行装饰的一种工艺。南宋修内司官窑和郊坛下官窑，以及宋代龙泉大窑和溪口窑场出土的黑胎青瓷（又称"哥窑型青瓷"），均把纹片作为一种主要的装饰。

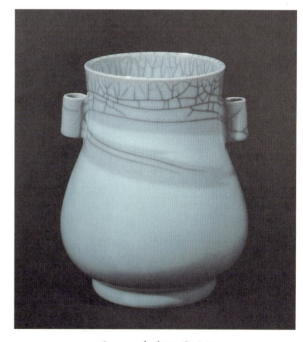

图 5.1 卢伟孙 贯耳瓶

南宋青瓷纹片的形成，主要是通过调整胎釉配方来实现的，总的原则是使釉的膨胀系数明显大于胎。卢伟孙在长期实践中，摸索、学习并掌握了宋代官窑和龙泉窑场烧造纹片釉青瓷的工艺原理，同时又练就了一身制作青瓷色釉装饰的过硬技术，从而能够通过作品得心应手地再现南宋官窑和宋元哥窑纹片釉的艺术风采。如作品《三足鼎》，比例协调，通体布满大小不一的裂纹，形成了独特的艺术效果。

（二）探寻创新之路

卢伟孙并不仅仅满足于追踪宋元官哥和
龙泉窑名贵色釉风范的再现，而是通过艺术
实践来探索龙泉窑青瓷艺术的未来。他看似
只是把装饰风格、工艺技法相互交织综合，
但仔细体会，人们能看到作者创新视觉语言
与艺术风格的探索和努力。如《江南烟雨》
图罐，将龙泉青釉作为画面底色，加影影绰
绰的远景山水，简洁而抽象地展现出水墨山
水的氤氲气韵，凸显出逍遥通达的传统文人
清流之风。

图 5.2　卢伟孙《江南烟雨》

故乡龙泉的山水田园给卢伟孙增添素材，并不断激发他创作的灵感。他十余年坚
守山水田园生活内容的青瓷创作，关注青瓷语言特质的挖掘[1]。他曾谈到对"青"的认
识，认为"青瓷取自然之土，而后熔于火中，在一千三百多度高温炼烧之后将自然中
美丽的青色凝结在器皿中，成就了大自然中最具生命力的青色。这个色泽像是水洗过
天空的颜色，引人无限遐想，美轮美奂"[2]。平实的言语折射着匠者思想，以及他对生
活的真切感受。

卢伟孙似乎生来便被水墨情韵所萦绕，周身散发着传统文人的风骨雅意。自青年
时起，他便钟情于书画，常以笔墨勾勒田园的质朴之美、自然之味，在水墨山水间的
实践与体悟，为他日后的青瓷创作筑牢了根基。他对石涛"笔墨当随时代""脱胎于山
川"的创作理念推崇备至，一心钻研国画水墨那枯湿浓淡的笔法墨韵，专注于借助水
墨的自然渗化与笔锋的起承转合，去捕捉大自然山川间烟云变幻的意象，并巧妙地将
这种水墨观念融入青瓷创作，彰显其高远的艺术理想与追求。

总的来说，卢伟孙青瓷作品的表现手法独具特色。其一是材料工艺上的创新之
举——哥弟绞胎，其二是装饰绘画方面的大胆实验——泥浆皴点，其三是雕塑语言的
巧妙叠合——塑刻一体。从造型设计到胎泥选择，从釉色调配到作品内涵，无一不体
现着传统思想与现代思潮的碰撞与交融，由此塑造出极具个性的艺术语言，完美契合
当下人们追求新奇独特的审美趋势。他的青瓷作品洋溢着田园般的宁静与秋水般的澄
澈意境，质朴纯真又不失典雅自然之美，在业界广受赞誉，也赢得了大众的喜爱与青

---

[1]　周武：《山水寄情 与道合真——卢伟孙的青瓷》，《艺术教育》，2017 年第 23 期，第 133–135 页。
[2]　周武：《山水寄情 与道合真——卢伟孙的青瓷》，《艺术教育》，2017 年第 23 期，第 133–135 页。

昧，成为青瓷艺术领域中一道独特的风景。

卢伟孙的主要艺术创新如下：

1. 哥弟绞胎

龙泉青瓷中哥窑与弟窑瓷器特征迥异，因其瓷土收缩比存在差异，将二者混合绞制极难烧制成器。卢伟孙凭借长期不懈的探索和丰富的经验积累，深入研究绞胎纹理的变化规律，反复试验两种色泥的揉制、绞合、拉坯等工艺环节，最终精准掌握了哥弟窑泥土的配比以及揉泥、绞胎、拉坯、修坯等独特技法，成功创作出具有山水意象、浓淡虚实相生、块面大小得当、线条粗细有致的绞胎纹。

早期阶段，卢伟孙专注于绞胎拉坯器皿的创新探索，以龙泉本地哥窑泥和弟窑泥为原料，运用传统工艺手法展现田园意象，这种在传统基础上推陈出新的做法，对龙泉青瓷工艺的革新意义重大。例如早期作品《冬的思绪》，简约大方，绞胎纹饰虚实交织，表现语言生动鲜活，荣获 1994 年全国第五届陶瓷艺术设计创新评比一等奖，成为他青瓷创作历程中的关键转折点，助力其个人创作风格逐渐形成。

历经二十余载的持续深耕，卢伟孙的哥弟绞胎系列作品表现技法愈发炉火纯青。2004 年创作的《天与地》较早期同类作品，体量增大、工艺精湛、型饰协调统一。该器皿采用龙泉本地瓷泥，经拉坯成型，施以粉青釉，釉色清新雅致、温润透亮，在 1320℃高温还原焰中烧制而成。器形由圆罐演变而来，直径超四十厘米、敞口、斜肩、圆腹、暗圈足，腹部镶嵌疏密得当的绞胎纹，在青釉的映衬下，幻化为天地云水的画卷，彰显出自然景物蓬勃不息的意象。

图 5.3　卢伟孙《冬的思绪》系列一

图 5.4　卢伟孙《天与地》系列一

卢伟孙的绞胎作品把山水意象融入辘轳成型的器皿之中，成功地将传统文化基因植入材料技艺的内核，在器物成型的工艺进程里构建思想内涵，精准地找寻到表达的意旨。其作品往往能够以小见大，透露出虚实相生、诗意盎然萌发的视觉意象，在当代陶瓷艺术领域独树一帜，为传统青瓷的创新发展开拓了崭新的路径，彰显出深厚的文化底蕴与独特的艺术价值，也为现代陶瓷艺术创作提供了富有启发性的范例，引领着陶瓷艺术在传承与创新的道路上不断前行。

2. 泥浆皴点

卢伟孙在 2000 年左右就开始涉足灰白胎青瓷的装饰手法，不断摸索泥料摹写形象的表现语言，成为其主要的创作探索。他以山水田园生活为主要内容，从材料、工艺、绘画、自然中抽取创作的元素，转换为青瓷创作的工艺语言，发展出"泥浆皴点"的青瓷装饰方法。泥浆皴点，即把青瓷弟窑泥浆作为笔墨，在青瓷器皿湿坯上进行绘画。这一技法使用笔、竹签和钢片等工具，注重手势动作、泥浆浓淡、泥点大小与方向等方面的变化，并强调装饰手法在不同造型器物上的灵活运用，通过手、眼、心的不断打磨，促进工艺语言的完善，提升视觉的表现力，传达出全新的视觉形象。这是一项富有创造性的精神劳动，其将传统的装饰手法加以拓造，并推陈出新开掘青瓷泥土、工具的工艺语言，此为泥浆皴点制作技艺的特质。这种泥浆皴点的青瓷装饰方法，丰富了当代龙泉青瓷的视觉感受，同时拓宽了青瓷艺术的表现空间，开启了人们对青瓷审美的不同感知。2002 年前后创作的《清》鱼盘便是这种装饰技艺的标志性作品。之后，通过对该表现手法的不断演变，卢伟孙进一步将这一装饰语言延伸到罐类等立体造型之中，其 2008 年创作的《山水》一作，便可看到这种手法的视觉特征。

在泥土塑造造型的过程中，卢伟孙别具慧眼地甄别出超越视觉的图像，以此来寄托个人的人生理想。《清》造型简洁大方，印纹鱼置于运用沾、皴、擦、抹等技法创作的泥点之上，造型与装饰相得益彰，共同营造出浮雕画面，手法新颖独特，饶有趣味。盘的外壁采用斜纹跳刀装饰，增添了别样的韵律感。在高温青釉的映照下，灵动的游鱼仿佛在浅滩欢快地戏水觅食，鹅卵石散落于清澈溪水中清晰可见，盘中呈现出鲜活灵动、晶莹流动的组合意象，营造出一种静谧而生动的氛围。

这种泥点的涂抹皴擦并非单纯地对

图 5.5　卢伟孙《清》

自然景物进行如实描绘，重点在于构建某种独特的意象组合，旨在自由地抒发内心深处的生命感悟。它突破了泥与釉图案装饰的传统概念局限，深刻体现作者对器物精神内涵与物象本质的深入品味与思考。卢伟孙在青瓷创作领域独特的艺术追求与审美境界，使其作品在众多陶瓷艺术品中独放异彩，彰显出传统与现代融合的艺术魅力，为观者带来别具一格的审美体验，也为青瓷艺术的发展提供了创新性的范例与思路。

3. 塑刻一体

通常而言，陶瓷艺术创作风格的演变不是一蹴而就的，多需经过较长时间的培育期。卢伟孙创作的方器《山水》系列青瓷作品也是如此：在包裹岁月的足迹中孕育而生，不再是传统的拉坯类器皿，而是巧妙地吸收了雕塑的造型语言，通过形体错位、转动与挤压等造型手法，探讨形体重量转换与凹凸高点变化的视觉力量。作品强调非对称性形态的塑造，在造型的挪动中蓄积能量，这是卢伟孙中后期青瓷创作实验的主要特征。这一类器物，外部多塑造刻划着乡村古城的青山、绿水和树石，表达诗意抒情的田园生活，运用青瓷语言的多维表现，展现师自然、师造化的人文特质。该类青瓷作品予人以清奇高远的视觉感受，那种随性自由的塑造与素朴自然的刻画，凝结为冲破传统的力量，建构起个人的创作观点，可以说这也是当下龙泉青瓷创新变革中的一盏灯标。

2006 年左右创作的《山水系列之一》，特征是从器皿平面装饰走向立体空间的塑造，为卢伟孙中后期青瓷创作实验的开山之作。2007 年创作的《山水系列之三》，是塑刻一体青瓷方器系列发展期的作品，器物表面塑雕切割等痕迹较为含蓄，语言表现的特征逐渐趋向明晰。而 2012 年以后创作的《山水系列之七》方器，可谓是塑刻一体青瓷方器系列成熟期的典型之作。这类青瓷方器强调器物边缘的变化，注重顶面与器物前后左右四面图像的贯联，不同平面空间的山水景物通过边缘的处理，统合为一个整体的雕塑化容器。器皿外部空间的视觉勾连，使视觉产生游走空间的体验，特殊的视觉感受转换成没有边框的田园景观。运用雕塑刻划的装饰手法叠合空间绘画构图，演绎春山秋水之意境，为该创作手法的核心所在。其间思想观念的转变，外加旺盛的创作精力，促使卢伟孙的青瓷《山水》

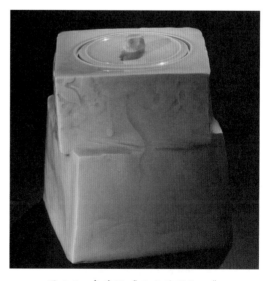

图 5.6　卢伟孙《山水系列之一》

方器别出心裁，达到山水寄情的视觉感知。

卢伟孙积极推动自己在拉坯湿胎方面的持续探索，借由对器皿形态空间的拆解与重塑，突破青瓷创作语言的固有模式。概括而言，这种创作语言体系的构建主要涵盖三个维度：其一，在砌筑器皿的创作进程中融入雕塑表现技巧，促使器物空间形态更为多样复杂，增添其变化性与层次感；其二，依据器物顶部及视觉所及之处的形状特征，巧妙附加田园山水的具象元素，以此丰富视觉图像所蕴含的内在意义，使其承载更多文化与艺术信息；其三，将青瓷贴塑、刻划、切割、施釉等多种工艺手段相互结合，提升青瓷作品在视觉感受之外的感染力与表现力，赋予作品更深层次的艺术魅力与审美价值，让观者在欣赏作品时能获得更为丰富多元的感官体验与心灵触动，从而推动青瓷艺术在当代语境下不断创新发展，展现出独特的艺术生命力与时代风貌。

二、雷慧仙宋韵时尚青瓷

源远流长的中华文明之河流淌至今，不仅积累了深沉厚重的历史积淀，同样涌动着波澜壮阔的创新洪流。宋韵青瓷的创新实践，旨在使中华优秀传统文化焕发出新的生机，让中华优秀传统文化"活"起来。其关键之处在于，如何赋予这些悠久的精华以崭新的时代气息。

雷慧仙作为现今杰出的青瓷艺术家之一，同时也是畲族优秀艺术家，浙江省工艺美术大师，师从中国工艺美术大师卢伟孙。她毕业于杭州师范大学艺术设计专业，系统的学习为其奠定了坚实的造型和设计基础。在过去的十多年里，她全身心投入对龙泉青瓷宋代传统工艺的研究之中，同时关注现代创新，将现代美术设计理念巧妙地融入其中，实践了宋韵青瓷的时尚表达。在创作过程中，她敢于尝试，大胆创新，运用现代艺术手法展示千年青瓷的独特魅力。她的青瓷作品精致典雅，器形简约纯粹，釉色清新淡雅、温润如玉，充满了自然的韵味，完美地融合了宋代名瓷的风韵和现代青瓷的风采：既保留了传统青瓷造型端庄秀美、釉色晶莹剔透的特质，又大胆吸纳现代艺术思维，逐步形成了自身独特的艺术风格；既传承了中华文化的深厚底蕴，又孕育了现代创新精神，展现出独特的审美情趣和艺术洞察力。

雷慧仙的作品充满了"艺"与"境"的交融，更体现了女性的细腻情感。在作品细节的描绘上，她充分发挥了细腻心思与丰富的想象力，赋予每一件作品独特的生命力。无论是器形还是釉色，从构思到烧制，无不彰显出与众不同的特色，既具有传统龙泉青瓷的浓郁韵味，又充分融合了现代艺术的审美取向，因此备受青瓷爱好者及收藏家的青睐。

雷慧仙在和泥、拉坯、修坯、雕刻、素烧、上釉等烧制技艺方面进行了深入的探索，在技艺磨炼和思想升华的道路上不断前进。她始终追求纯净之美的愉悦和宁静，运用多元化的表现手法传达感悟，并尝试将龙泉青瓷与传统中国画、雕塑、竹木、金银器、水晶等新型材料相结合，突破了传统青瓷仅以器形和釉色为审美对象的局限，开创了对青瓷创作与审美的全新视角，积极探索和实践宋韵青瓷的时尚化表达。

（一）宋韵时尚表达

2017 年，雷慧仙圆满完成了以《母爱如水》命名的系列作品。受到一位深陷困境、罹患严重疾病的母亲的委托，为她的女儿创造一份充满爱意的纪念品。雷慧仙巧妙地将作品的器形设计成母亲坚强有力的乳房形象，以此象征慈祥且永存的母爱，同时也是生生不息的生命源泉。凭借革命性的器形设计以及优雅流畅的线条布局，配合雕塑般的表现形式，她在精湛的青瓷工艺基础上，展现了孩子们呱呱坠地、逐渐成长、步入恋爱之途等各个成长阶段。在这些作品中，她寄予了一个母亲对孩子幸福、健康成长的热切期望以及深厚、感人肺腑的关爱之情。

《母爱如水》系列堪称雷慧仙创作生涯的重要里程碑。随着对青瓷艺术理解的日渐加深，雷慧仙并未执着于技艺的完美、纹饰的精细繁琐，而是倾注大量时间去探寻内心深处的灵感源泉。从单纯的装饰美观升华至追求诗境般的意境美，从擅长的雕刻手法转变为综合运用雕塑技巧进行表达，雷慧仙始终在寻找能够赋予青瓷更为丰富生

活体验的创作途径，使得青瓷作品生动地体现出世事无常、人间冷暖的主题。在《母爱如水》系列中，青瓷器以母亲哺乳孩子的场景为蓝本，在青翠欲滴的釉色和柔和婉约的线条中，母亲无私奉献的伟大母爱精神令人动容。

充满道家哲学思想的《太极》系列，结构简洁明快，却又充满生机活力，正如中国传

图 5.7　雷慧仙《母爱如水》系列一

统文化与传统青瓷在艺术家手中相互融合、相得益彰。作品《见月》则以人们耳熟能详的西湖为素材，青瓷器中似有若无的西湖景象，采用宋代经典的传统粉青釉色，肥厚釉水欲滴醉人、灵动湖水交相辉映，在青瓷中倒映一轮新月。观者在欣赏作品时，仿佛能听到内心深处的呼唤，感受到心灵的宁静。

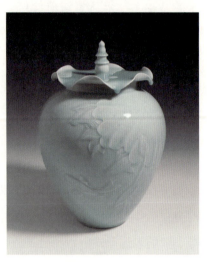

图 5.8   雷慧仙《太极》系列   图 5.9   雷慧仙《见月》

雷慧仙的青瓷作品还有一个显著特点，即许多作品与畲族文化紧密相连。民族的才是世界的，创作本民族的青瓷作品一直是雷慧仙内心深处的愿望。畲族自凤凰山迁徙至福建、浙江等地，这个古老的民族在建筑、音乐、婚礼、祭祀等诸多方面都拥有独树一帜的民族特色，留下了诸多艺术财富。一方面，雷慧仙深入研究挖掘畲族的历史文化；另一方面，她努力实践探索，旨在使她的青瓷作品能够为人们深入了解畲族提供别开生面的艺术视角。

在此之外，雷慧仙还曾前往中国美术学院进修中国画文化艺术，悉心探索传统中国画艺术与青瓷艺术的有机结合，从而在青瓷艺术领域取得更加卓越的成就。

雷慧仙所创作的宋韵青瓷作品，是宋韵青瓷现代时尚表达方式的创新体现，在屡次斩获业内重要奖项的同时，也被海内外许多著名博物馆所珍藏。2014 年，作品《静》入选杭州 G20 峰会机场元首厅陈列且被浙江省博物馆收藏，《遇见》荣获第九届中国（浙江）工艺美术精品博览会金奖，《荷谐》则被选为第一届世界互联网大会指定贵宾礼。2016 年，作品《荷韵》被选为第三届世界互联网大会指定贵宾礼。2023 年，作品《西湖之夏》入选了第十九届亚（残）运会大国外交国礼。

图 5.10　雷慧仙《静》

图 5.11　雷慧仙《荷谐》

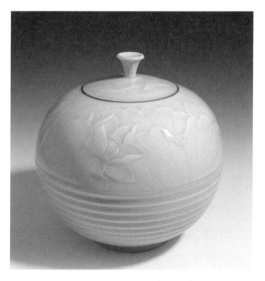

图 5.12　雷慧仙《荷韵》

图 5.13　雷慧仙《西湖之夏》

（二）材料与工艺的跨界融合

雷慧仙始终致力于新材料新工艺创新性结合的装饰研究，她运用与东阳竹编的镶嵌、银器融合、木材共生以及水晶结合等创新工艺，将新的工艺技术和材料引入青瓷制作，赋予传统青瓷全新的内涵。她重视实验性探索过程，勇于挑战材料使用的边界，成功地将两种截然不同的材质有机融合，突显材质间的对比语言，展示了跨领域设计理念的独特魅力。这种融合不仅是对传统文化的深度传承与发展，更是对古老艺术形式的革新与突破。她的独创手法和造型设计，经过巧妙的艺术构思和提炼，展现出一种前所未有的艺术表达方式，充分彰显了现代龙泉青瓷多元且丰富的内涵。

雷慧仙大胆创新，凭借深厚的艺术设计专业知识，秉持着"要呈现与众不同的青瓷作品"的理念，用心去创作心中最美的那一件瓷器。在装饰方面，常常采用植物、花卉、云、水纹等图案。她的作品既具备实用性又充满艺术气息，尤其是那些带有盖子的容器，通常以人物或动物的造型作为钮，形态生动自然。她喜欢运用人物题材做装饰，综合运用半刀泥、阳刻、堆塑等多种技法，使得她的技艺特征鲜明，富有叙事性和趣味性，真实情感的流露更是令人动容。

《竹林听荷》茶具套组是雷慧仙的代表作品之一。这款作品采用了龙泉青瓷中弟窑传统的烧制技艺，所有器皿皆由手工拉坯制成。茶具上施以粉青釉，釉色晶莹剔透，温润清雅，犹如玉石般清冷高贵，观赏时带给人们沉静如水的感受，使人在不知不觉间心境也随之变得淡然平和，具有极强的艺术感染力。这套茶具的装饰精美绝伦，每个茶杯上都刻绘有灵动飘逸的荷花图案，线条流畅、纹理清晰，卷曲张合之间尽显盎然生机，荷花生性高洁、惹人怜爱，与茶之清雅气韵相得益彰。值得一提的是，每件作品的竹编底座都是由工匠们精心编织而成，每件器皿都完美地镶嵌在竹编底座之中，手工竹编的精细与青瓷的釉色、器形相互辉映，韵味悠长。她巧妙地将竹之清韵、荷之高洁与龙泉青瓷之恬静淡雅融为一体，使得这套茶具的艺术价值与审美情趣得以大幅提升，一举夺得了"非遗情·青瓷缘"第二届青瓷 DIY 创意设计大赛的金奖。

青瓷作为一种独特的装饰品，兼具工艺性与艺术性，工艺价值固然不可忽视，但同时也融入了深厚的情感内涵。这些看似冷冽的瓷器，实际上却充满了人性的温暖以及生命的热情。雷慧仙对此有着深刻而独到的认识，她没有拘泥于传统的技艺与法则，而是以开放的心态投入现代青瓷世界的创作之中，凭借内心深处的灵感与创作动力进行自由发挥，在 1300℃ 的窑火中，将灵性与指尖的技艺完美地融为一体。庄子"既雕既琢，复归于朴"的美学观点，恰恰是对于简单美感最为深刻的诠释，对雷慧仙的青瓷艺术理念产生了深远的影响。此外，东晋时期的画家顾恺之提出的"以形写神"理论，同样也可以用来解释雷慧仙作品中所展现出的境界。

三、雷慧珍宋韵瓷画青瓷

雷慧珍为丽水学院中国青瓷学院副教授，师从中国工艺美术大师卢伟孙先生、国画家陆越子教授。近二十年来，她专注于青瓷文化艺术以及中国画创作的研究，充分利用高校的学科与资源优势，积极推进宋韵青瓷文化的传承与研究工作。她以宋韵青瓷为载体，聚焦于工艺技术创新和产业发展的核心问题，通过科学方法解决实际生产中的技术难题，推动青瓷文化和技艺的传承、艺术创新、品牌推广与成果转化。

雷慧珍宋韵瓷画青瓷的创新实践，主要体现在两方面：

第一，将青瓷与宋画相结合，创新出独具韵味的宋韵文化载体。深入研究青瓷历史及其当代价值，大力开发青瓷与宋画元素融合的系列文创产品，使其品牌化、产业化并融入当今人民群众的生活，让两宋时期最辉煌、最具代表性的文化符号结合成为宋韵文化最有吸引力、感召力和美誉度的品牌。《宋画全集》是一部具有工具书性质的大型宋画资料总集，反映存世宋画总貌，通过对《宋画全集》的研究，可以了解宋代审美，从中找到一些灵感。雷慧珍的瓷画一体艺术是高品位的创新，其宋韵瓷画作品，融入了丰富的情感内涵和厚重的文化底蕴，从而成为一种精神产品，形成了宋韵青瓷特有的文化现象。这些积极的探索，无不传递着精致、优雅的理念，引导着一种令人向往的生活方式。

图 5.14　雷慧珍《荷韵》系列一　　　　图 5.15　雷慧珍《荷韵》系列二

　　第二，龙泉青瓷融合国画装饰创新实践。龙泉青瓷传统装饰在宋代达到辉煌，是当代难以超越的巅峰。龙泉青瓷国画装饰工艺的创新即在青瓷传统文化的基础上融入现代创新理念，是现代青瓷文化装饰艺术发展的体现，呈现的是一种现代文化艺术的"跨界"现象。将国画与龙泉青瓷嫁接不仅是陶瓷艺术形式上的转换，更重要的是工艺思想、视觉效果以及审美终极目的上的突破。这一创新实践顺应了"多元时代、多元共生"的趋势，使之成为当代陶瓷艺术的一个重要组成部分，是龙泉青瓷产业在发展过程中面临的一个巨大挑战。

　　中国画属于相对独立的纯绘画艺术，然而青瓷融合国画装饰却是一门工艺美术，从器形设计到装饰制作，以至于烧成工艺，都需要经过一系列精细的工艺流程①。它建立在龙泉青瓷传统精湛的工艺技术基础上，整合各类主题文化元素，推动文化观念的更新迭代，丰富其表现手法，使之更加多元化，从而有力地推动文化青瓷的繁荣发展。融合国画装饰作为文化青瓷的一个有机组成部分，也在这一过程中不断创新与发展，融入更多的文化内涵与艺术价值，为文化青瓷增添独特的魅力与活力，使其在现代文化艺术的舞台上绽放出更加绚烂的光彩，进一步彰显文化青瓷的深厚底蕴和时代特色，让古老的青瓷艺术在现代社会中焕发出新的生机与活力，从而更好地传承和弘扬这一独特的文化遗产，有力地彰显出龙泉青瓷独特的文化韵味。

　　雷慧珍的作品《盛夏》以荷花为创作主题，厚釉效果的青瓷与优雅的国画荷花装饰形成鲜明的艺术对比，展示了柔美、张扬、沉静等多种视觉冲击。制作时要求结合绘画和雕刻技艺，充分表达国画艺术的韵味，突显文化品位和深刻内涵。这种对立统一的工艺技法力求将两种艺术完美融合，打造出静态青瓷与动态釉下国画装饰的和谐画面，实现青瓷工艺与国画艺术的"以意呈象，以象造型"的独特艺术境界，这不仅是对传统国画艺术的怀念与追求，更是对现代文化青瓷艺术的创新。

图 5.16　雷慧珍《盛夏》

---

① 文帅：《中国画艺术和陶瓷艺术的完美结合》，《景德镇陶瓷》，2013 年第 5 期，第 12–13 页。

雷慧珍在青瓷单色釉中融入国画装饰的实践，是将国画风格融入雕刻技术，应用到青瓷釉下和露胎的装饰中，在保留传统图案的基础上增添国画元素，追求精细刻画，丰富笔墨意趣，运用深浅虚实搭配，最终展现出国画装饰在"类玉如冰"釉色中的魅力。这种装饰创新展示了艺术理念和工艺水平的完美结合，挖掘出青瓷装饰的新艺术语言和审美。

雷慧珍的龙泉青瓷书画装饰在淋漓尽致地运用精湛技艺的同时，融入独具特色的地方文化元素。她将瓯江地域特色文化巧妙融入每件作品，使之全面展现国画青瓷所追求的美学及理念。如作品《太湖之梦》系列以自然山水为创作主题，端庄大方，线条流畅，釉层丰润，釉色青翠，光泽柔和，宛若翡翠。瓶盖上规则排列着富有张力的弦纹线条，罐体刻划生动流畅的不规则水波纹，富有韵味，罐顶融入太湖石的形象，搭配上粉青釉色，相得益彰。这款作品真正想要传达的是人们心中那轮明亮、皎洁的月亮，让人感受不到任何烦恼和牵挂，通过对事物的描绘，可以感受到事物真实的内在力量。它追求的是青玉之间，动静相宜，既显温润清透之质地美，又含清新泉深之韵的艺术效果。

图 5.17　雷慧珍《太湖之梦》系列一

中国画与青瓷的结合并非历史的偶然，乃东方审美风格与美学理想的必然体现，实为艺术性与实用性的和谐融合。雷慧珍将国画艺术巧妙地融入青瓷装饰工艺，使其装饰内容、形式呈现前所未有的丰富性与多样性。国画元素的加入打破了器形与釉色为审美对象这一固有格局，为青瓷装饰开拓出一片新天地，更赋予了青瓷深厚的文化底蕴与艺术感染力，引领着青瓷装饰审美步入全新的境界，展现出传统与现代交织融合的独特魅力。

宋韵瓷画青瓷装饰艺术深深扎根于传统烧制技艺，既体现了龙泉青瓷的地域特色，又融入了深厚的中国传统文化艺术元素。通过文化艺术与技术的完美结合，大大提高了龙泉青瓷的文化艺术价值，深化了其文化内涵，拓宽了青瓷的审美视野。在书画装饰的融合之下，青瓷除了传统的釉色和器形外，还增添了中国书画元素所带来的艺术形式和文化内涵，更是青瓷装饰材质美与人文精神的表现。如今，青瓷已不仅仅是工匠技艺的展示，而是艺术家"刀法现笔意，布局通画理"的独特创作。

四、陈淞贤"静""净"风韵青瓷

陶瓷艺术家陈淞贤先生是中国美术学院教授，曾担任浙江美术学院工艺美术系主任、中国美术学院工业设计与陶艺系主任等职务。陈淞贤认为，青瓷在浙江拥有天时、地利、人和，有着非常深厚的文化积淀。龙泉青瓷就是龙泉人民千百年来对于山水之美的独特理解与体验，青瓷的釉色与自然山水的色彩相互映衬。人们对于青绿之色的钟爱，源于它与美好愿景的紧密联系，体现了悠然自得的自然之美，也与中国传统文化中的"和谐、中庸、天人合一"的核心理念相契合。[1]

陈淞贤多年来致力于陶艺研究，即使步入花甲仍坚持奔走乡间山野，热情地守护在窑炉前。身处宁静环境的他，使作品弥漫着平静与纯净的气息，与繁华都市形成鲜明对比，成就了独特的陶艺风格——"静"和"净"，彰显了艺术无尽的可能性。

身为率先引入西方现代陶艺教育模式的实践者，陈淞贤深知现代陶艺与传统陶瓷及中西艺术间存在巨大区别。早期陶瓷仅限于日常生活用品，随着时代发展和科技提升，陶瓷的应用范围逐渐扩大，演变为现代陶艺这一纯粹的艺术形式。现代艺术更强调个性，唯有具备个性才能展现强大的表现力。相较而言，传统陶艺更注重实用性，器物中蕴含丰富的思想内涵，主张"道器并重"；而现代陶艺则更偏重艺术表现，实用性常常被忽视，陶瓷更多地成为艺术家表达创作理念的载体。尽管形式翻新，但中国当代陶瓷必须保持中国当代文化特色是不容忽视的。

中国人在创作和审美上的理念深深地植根于中国传统文化。自古以来，人们便致力于追求"简""雅""逸"的生活境界，遵从儒家的教诲，力求拥有高尚的品德，犹如玉石般晶莹剔透。这种含蓄之美，充分展现了东方美学的魅力。青瓷，被誉为"瓷器之母"，拥有悠久的历史和极高的文化价值，是最能展示中国人内心气质的艺术形式。陈淞贤成功地将现代的陶艺思想与青瓷艺术相结合，创作出了一系列具有创新性的作品。同时，他也鼓励学生们创作充满人文气息和个人特色的青瓷，使现代陶艺与传统青瓷达到完美的结合。

陈淞贤在对中国传统文化中的"神韵""意境""格调"进行深入研究后，试图从

---

[1]　伍斌：《青瓷的守望者——记著名陶艺家陈淞贤教授》，《中国陶艺家》，2006年第4期，第4—9页。

满足中国人审美需求的视角出发，吸取中国文人画和诗词等艺术元素，为传统龙泉青瓷注入现代审美的诗意。他的青瓷作品融合了魏晋时期的洒脱风格和宋元时期的宁静韵味，巧妙而深入地汲取了江浙文人画的笔墨精髓与诗意气质，从而散发着独特的文化魅力。在审美维度上，他匠心独运，高度重视陶艺外在形态与内在意境的平衡之美，精心雕琢每一处细节，致力于达成"藏野于逸、藏大于微、藏拙于雅"这般超凡脱俗的境界。

陈淞贤无论是对于作品形式的大胆探索与拓展，还是对于材料与工具的创新尝试，抑或是对于青瓷文化的深刻领悟，都充分展示了他作为一位富有创造力的陶艺家的卓越风采。他创作的青瓷作品，绝非沉溺于对工艺技巧的刻意炫耀，而是承载着深刻的思想情感，是其内在精神的外化表达。创作者醉心于营造一种清静、幽玄的格调，让每一件作品仿佛都自带一种宁静致远的气质，能引领观者脱离尘世的喧嚣，步入一个静谧且充满韵味的艺术空间，去静静感受那份超脱凡俗的深邃意境。

尽管绞胎工艺展现出了自然和精湛的技艺，但在绞胎的过程中，正确处理两种色泥之间的空间关系是至关重要的。《淡妆浓抹》是陈淞贤利用绞胎工艺制作的青瓷杰作。他并没有选择其他人常用的哥弟窑泥，而是选择了弟窑泥和铜红色泥这两种在色相上有差异的泥混合的方式。在制作过程中，他充分考虑了这两种材料的比例和空间布局，努力维持作品的粉青色基调，铜红的使用主要是为了突出作品的主题和色彩效果。"淡妆浓抹"原本是苏东坡对西子湖的颂扬，但陈教授通过在粉青釉色上涂抹一抹铜红，并搭配秀挺的造型来创作这一陶艺作品，这可谓是神来之笔，效果极佳。中国的艺术重视意境，中国的传统陶瓷艺术也不例外，它是一种"心觉"艺术，与西方的视觉艺术有本质的不同。陈教授强调意境的重要性，认为写意是中国文化的核心特质，《淡妆浓抹》的成功创作正是基于这一点。

在 2003 年至 2005 年这段时间里，陈淞贤带着独特的创作理念，对现代青瓷进行了深入的研究和探索，创作的青瓷作品包括《媿玉瓶》和《天圆地方香薰》等。他把目光聚焦于传统文化与现代艺术之间的关系。为了展现青瓷在釉色上的独特魅力，其不遗余力地追求如玉般透明、晶莹如脂的质地，因此在他的作品中，釉的技艺得到了充分的体现。从另一个角度看，他努力摆脱青瓷历史上的传统形式和规范，对青瓷的物理特性提出质疑，并在作品中强调人本主义的元素，使得中国的文化元素在"泥性"的展现中得到了自然融合。这样的尝试，是陈淞贤多年来潜心研究传统文化与现代审美相结合而取得的成果。

陈淞贤于 2014 年创作的作品《梦瓶生花》，利用异质同构技法巧妙地融合多种元素，展示出独特的美学观感，既是他的实验性艺术尝试，也是他对于艺术独特性的深入解读与实践。此作品因强化形、色、质之间的对比而提高了视觉感受，彰显出后现代创作思想的深度。

图 5.18   陈淞贤《天圆地方香薰》   图 5.19   陈淞贤《梦瓶生花》

陈淞贤认为，龙泉青瓷的传承与创新应秉持"古为今用、推陈出新"的原则。在传承时，要牢记古人为烧制青瓷所体现出来的"初心"与"道法自然"的智慧；在创新时，要鲜明地体现当代精神，始终坚守"现代人格"和"尊重自然"的艺术创作原则，重视青瓷工艺本源的研究探索。

五、周武"萃取"青瓷

周武，中国美术学院手工艺术学院教授、博士生导师。1964 年出生于浙江龙泉，龙泉对他的艺术生涯起到了至关重要的启蒙作用。少年时期的他便开始步入专业的陶瓷院校——龙泉陶瓷学校接受系统的学术教育，1983 年毕业之后，进入龙泉青瓷研究所，在中国工艺美术大师徐朝兴的悉心指导下开展研究工作。1988 年，他赴中国美术学院继续深造。

周武的陶艺作品与传统陶器相比，具有明显的差异。他坚信："通过材料与造型来传达个人情感和理解，使作品更富有生命力。"器皿并非仅仅是一种实用物品，更是一种精神象征，体现出特定时代的文化特色。他的创作灵感源于对生活的深度感悟，他称之为"萃取"，即通过形态设计来展示陶瓷的内在价值。

周武认为，对于那些逐渐远离人们日常生活的手艺，既无须刻意保留，亦不能简单地任由其自然消亡，而是应当采取适当的策略，对其进行保护。首先，可以对这些手艺进行抢救性的研究和记录，通过文字、图像等形式，妥善保存有关此类非遗手艺的宝贵资料。将来若有需要，人们便可借助已保存的数据和资料，使这些手艺得以"重生"。其次，需要政策的引导。在翻新一些具有代表性的历史建筑时，政府应引导相关部门采用传统工艺，这样才能让传统工艺充分发挥其价值，实现活态的传承。最后，可以尝试对其进行创新性的转化。换言之，将其视为创作过程中的一种母题进行演绎。尽管某些器物可能对现今社会而言已失去实际使用价值，然而作为审美创作，它们却具有极高的意义。这些器物可以成为当代创作的主题或元素，在手艺人的手中重获新生。周武在其众多作品中对此深有感触，如《丘壑》《湖·山》《青雨》《炼金》等，无论主题选择还是材料与工艺运用，无不体现出对传统文化的深入思考。

在周武看来，手工就是记忆的凝聚，他巧妙地把小时候玩泥巴的记忆渗透到素材之中，通过艺术的手段，使得这些童年的记忆得以永恒地保存下来。他坚定地相信，如果艺术家放弃了与手的亲密接触，那么他们的创作道路很可能会陷入迷茫。因此，他将手工艺术尊崇为"人文生活的史诗，人类文明的源泉"，始终致力于将生活的经验与实用的器皿完美融合。当欣赏周武的作品时，不妨从制坯的环节开始，他的制作过程就像是力量与艺术的交织，将生活融入艺术，在坯胎上留下肌理的痕迹，将思想深深地埋藏在其中。

周武的卓越作品《紫金壶》系列，颠覆了对壶的传统认识——它的壶身并不局限于圆形或者对称的形式。此系列作品荣获了第十一届全国美术作品展的铜奖，得到了广泛关注。这份荣誉归功于周武对特殊材质——紫金土以及白泥的悉心研究和运用。作为龙泉独特的高含铁量黏土资源，经过高温烧制之后，紫金土能够呈现热情洋溢的朱红色调。周武对这种颜色有着深厚的情感，他深信"当紫金土与白泥相互交织，形成鲜明对比时，色彩的搭配将产生强烈的视觉冲击力，极具审美价值"。在整个创作过程中，周武始终保持着探索精神，既要防止泥土开裂，又需要考虑到烧制后的收缩比例，"尽管壶的主要部分，例如嘴、盖、把等都一应俱全，但是相较于传统壶型，仍然存在一些差异，这些部位以更加抽象的方式进行展示"。

周武在长达数年的时间里致力于对青瓷技艺的深入研究和探索，创作出了极具观赏价值的《青河》系列作品，生动描绘了故乡龙泉的溪水之美。青色的釉面如同山间潺潺流动的清泉，白色的泥胎则宛如水的流淌轨迹，这正是他对于陶瓷器物的独特理解与诠释。在周武眼中，每件陶瓷器物都应有"形神兼备"的特质，即形态能够准确传达所蕴含的内容，同时还需具有自身独特的意蕴，而神韵则能自然而然地表现出作者的审美情趣，唯有将二者完美融合，方能使作品散发出深远的意境。在周武的精湛技艺下，泥土仿佛被赋予了生命力，成为一种会呼吸的存在。

在进行陶艺创作的过程中，除了要掌握好材料的塑形技巧之外，还必须经历火的考验，每一个环节都充满了无法预知的变化因素，正是这些变幻莫测的因素，赋予了陶瓷艺术独特的魅力。周武对材料的精准把握，使得他能够游刃有余地展现自己的艺术才华，构建出理想中的艺术世界。他的大型作品既可以被看作是雕塑，又可以被视为装置艺术，并不需要过于明确的界定。只要仔细观察作品的纹理，就能深刻体会到作者那份从容不迫的创作心态。

主 要 参 考 文 献

［1］包亚明.布迪厄访谈录——文化资本与社会炼金术［M］.上海：上海人民出版社，1997.

［2］薄松年.中国绘画史［M］.上海：上海人民美术出版社，2013.

［3］曹昭.格古要论［M］.北京：中华书局，2012.

［4］陈来.宋明理学［M］.北京：生活·读书·新知三联书店，2011.

［5］陈万里.瓷器与浙江［M］.上海：中华书局，1946.

［6］陈万里.中国青瓷史略［M］.上海：上海人民出版社，1956.

［7］陈野，等.宋韵文化简读［M］.杭州：浙江人民出版社，2021.

［8］陈振.宋史［M］.上海：上海人民出版社，2020.

［9］邓白.中国历代陶瓷饰纹［M］.上海：上海科学技术文献出版社，1989.

［10］邓椿.画继［M］.北京：人民美术出版社，2016.

［11］邓小南，杨立华，王连起.宋风雅美学的十个侧面［M］.北京：生活·读书·新知三联书店，2021.

［12］方闻.宋元绘画［M］.上海：上海书画出版社，2017.

［13］冯先铭.中国陶瓷史［M］.北京：文物出版社，1982.

［14］郭若虚.图画见闻志［M］.北京：人民美术出版社，2016.

［15］何忠礼.南宋全史［M］.上海：上海古籍出版社，2011.

［16］胡坚.宋韵文化创意［M］.杭州：杭州工商大学出版社，2022.

［17］金登兴.龙泉瓷厂厂志［M］.杭州：浙江人民出版社，2007.

［18］柯玫瑰，孟露夏.中国外销瓷［M］.张淳淳，译.上海：上海书画出版社，2014.

［19］李刚.青瓷风韵：永恒的千峰翠色［M］.杭州：浙江人民美术出版社，1999.

［20］李家驹.陶瓷工艺学［M］.北京：中国轻工业出版社，2007.

［21］李文杰.中国古代制陶工艺研究［M］.北京：科学出版社，1996.

［22］廖宝秀.历代茶器与茶事［M］.北京：故宫出版社，2017.

［23］林世荣.龙泉县志［M］.上海：汉语大词典出版社，1994.

［24］林武军.宋代青瓷论［M］.上海：同济大学出版社，2013.

［25］林志明.龙泉青瓷烧制技艺［M］.杭州：浙江摄影出版社，2009.

［26］刘方.宋型文化与宋代美学精神［M］.成都：巴蜀书社，2004.

［27］龙泉市博物馆.比德尚玉：龙泉青瓷博物馆馆藏精品图录［M］.杭州：西泠印社出版社，2014.

［28］陆容.菽园杂记［M］.北京：中华书局，1997.

［29］吕鸿、王拥军.传承与中兴："人类非遗"龙泉青瓷传统烧制技艺和青瓷文化［M］.长春：吉林大学出版社，2016.

［30］马骋，杨寒桥.龙泉窑［M］.上海：上海大学出版社，2011.

［31］马聘、李剑敏.中国名窑地图［M］.上海：上海文化出版社，2005.

［32］秦大树，秦溥泰，高究平.闲事与雅器——泰华古轩藏宋元珍品［M］.北京：文物出版社，2019.

［33］秦大树.中国龙泉窑［M］.北京：中国华侨出版社，2015.

［34］三上次男.陶瓷之路：东西文明接触点的探索［M］.胡德芬，译.天津：天津人民出版社，1983.

［35］沈岳明，郑建明.北宋龙泉窑纵论［M］.北京：文物出版社，2018.

［36］石少华.龙泉青瓷赏析［M］.北京：学苑出版社，2005.

［37］宋画全集编辑委员会.宋画全集［M］.杭州：浙江大学出版社，2008.

［38］宋应星.天工开物［M］.潘吉星，译注.上海：上海古籍出版社，2013.

［39］苏梅.宋代文人意趣与工艺美术关系［M］.北京：中国社会科学出版社，2015.

［40］唐圭璋.全宋词［M］.北京：中华书局，1965.

［41］田自秉.中国工艺美术史［M］.上海：东方出版中心，2010.

［42］王朝闻.中国美术史［M］.北京：北京师范大学出版社，2011.

［43］王洪伟.传统文化隐喻——禹州神垕钧瓷文化产业现代性转型的社会学研究［M］.郑州：中州古籍出版社，2011.

［44］王拥军.龙泉青瓷在英国的传播和影响［M］.上海：文汇出版社，2019.

［45］吴锦荣.龙泉青瓷古文献钩校［M］.杭州：浙江古籍出版社，2014.

［46］吴越滨，何鸿.浙江青瓷史［M］.北京：中国文史出版社，2008.

［47］吴越滨.青瓷艺术史［M］.南京：江苏凤凰美术出版社，2021.

［48］夏侯辉.龙泉青瓷装饰研究［M］.上海：上海辞书出版社，2017.

［49］项宏金.龙泉青瓷装饰纹样［M］.杭州：西泠印社出版社，2014.

［50］徐邦达.古书画过眼要录·晋隋唐五代宋书法［M］.北京：紫禁城出版社，2005.

［51］徐飚.两宋物质文化引论［M］.南京：江苏美术出版社，2007.

［52］徐渊若.哥窑与弟窑［M］.香港：百通出版社，2001.

［53］许之衡，杜斌.饮流斋说瓷［M］.北京：中华书局，2012.

［54］宣和画谱［M］.俞剑华，点校.北京：人民美术出版社，2017.

［55］薛晓源，曹荣湘.全球化与文化资本［M］.北京：社会科学文献出版社，2005.

［56］杨程，吴龙伟.龙泉青瓷传统烧制技艺保护研究［M］.杭州：浙江大学出版社，2013.

［57］杨渭生，等.两宋文化史［M］.杭州：浙江大学出版社，2008.

［58］杨永曦.中国古陶瓷对泰国陶瓷的影响［M］//中国古陶瓷学会.中国古陶瓷研究：第八

辑．北京：紫禁城出版社，2003．

［59］杨指月，卢湛．春山秋水：卢伟孙的青瓷［M］．杭州：中国美术学院出版社，2017．

［60］尹承楚．原料与坯釉料配制［M］．景德镇：景德镇陶瓷杂志社，1989．

［61］赵佶．大观茶论［M］．日月洲，注．北京：九州出版社，2018．

［62］浙江省文物考古研究所．龙泉东区窑址发掘报告［M］．北京：文物出版社，2005．

［63］郑建华，谢西营，张馨月．浙江古代青瓷［M］．杭州：浙江人民出版社，2022．

［64］政协杭州市上城区委员会．宋风流韵［M］．杭州：杭州出版社，2022．

［65］中国古陶瓷学会．龙泉窑瓷器研究［M］．北京：故宫出版社，2013．

［66］中国硅酸盐学会．中国陶瓷史［M］．北京：文物出版社，1982．

［67］钟琦．中国传统龙泉青瓷［M］．北京：人民美术出版社，2010．

［68］周武．传承延续国家非物质文化遗产·龙泉青瓷［M］．杭州：中国美术学院出版社，
2009．

［69］朱伯谦．龙泉窑青瓷［M］．台北：艺术家出版社，1998．

［70］紫禁城出版社．陈万里陶瓷考古文集［M］．北京：紫禁城出版社，1997．

［71］李国桢，叶宏明．龙泉青瓷釉的研究［J］．硅酸盐学报，1964（03）：1-13．

［72］刘净贤．元代龙泉青瓷的仿金银器元素及其成因探讨［J］．文物，2017（08）：43-58．

［73］森达也，胡一超．中国青瓷对日本陶瓷的影响［J］．紫禁城，2019（07）：78-99．

［74］沈琼华，孙秋珍．龙泉窑盛衰述略［J］．东方博物，2008（02）：106-110．

［75］沈岳明．"制样须索"龙泉窑［J］．文物天地，2016（07）：62-72．

［76］沈岳明．龙泉窑厚釉技术和粉青釉瓷器的烧造［J］．故宫博物院院刊，2020（05）：15-
22．

［77］汤苏婴．龙泉窑露胎装饰探析［J］．东南文化，1991（Z1）：202-205．

［78］叶宏明，李国桢，郭演仪．宋代龙泉青瓷的研究［J］．陶瓷学报，1999（20）：64-78．

［79］叶宏明．宋代青瓷生产工艺研究［J］．河北陶瓷，1986（08）：13-24．

［80］周仁，张福康，郑永圃．龙泉历代青瓷烧制工艺的科学总结［J］．考古学报，1973（01）：
131-156．

［81］朱伯谦，王世伦．浙江省龙泉青瓷窑址调查发掘的主要收获［J］．文物，1963（01）：
21-39．

后　记

　　龙泉青瓷是中华陶瓷文化中的瑰宝，在世界陶瓷史上占有重要地位。宋代是中国瓷器全面发展时期，龙泉青瓷将青釉之美推向极致，温润如玉的粉青、青翠欲滴的梅子青受到国内外广泛赞誉，成为人们热衷追求的对象。联合国教科文组织国际陶艺学会原主席珍妮特·曼斯菲尔德曾赞誉龙泉青瓷："青瓷的唯美釉色是国际陶瓷的标杆。"获得如此高的评价，得益于龙泉青瓷的精湛技艺与深厚的历史文化底蕴。龙泉青瓷融合了多种传统文化思想，展现了中国传统自然观与人文观高度地统一，呈现出典型的东方美学意境。

　　韵，是美的极致，宋韵则象征了两宋文化的精髓，代表了当时物质文明和精神文明的顶峰。宋韵青瓷是指基于传承宋代人文精神的当代龙泉青瓷艺术，是对宋代青瓷文化内涵和审美精神在当代的创新与实践，是具有宋代韵味的当代青瓷创新。笔者致力于宋韵青瓷文化传续的研究，聚焦宋韵青瓷工艺技术创新，并将宋代审美意蕴、美学理念与现代艺术元素相结合，应用到日常生活用品的设计中。青瓷艺术史上以龙泉窑为代表的宋代青瓷技艺达到历史高峰，造型极简大气，釉色淡雅含蓄，契合了宋代理性精神至雅至简的审美意趣，充分体现了崇尚自然，以艺载道的人文精神。宋韵青瓷艺术文化的传续研究，对弘扬优秀传统文化具有重要作用，是国家级非遗传承的关键路径，是解读中华文化基因的密码。

　　20多年来，笔者聚焦宋韵青瓷文化传续实践探索，通过考察龙泉窑和文化产业现状，探究其现代转型以及当代文化产业开发的时代价值；结合艺术人类学、历史学、社会学等多元学科知识与丰富文化视角，深入剖析宋韵青瓷文化艺术传承发展及其美学意蕴。对宋韵青瓷文化传承中的人文精神实践进行深度探讨，以期为持续传承弘扬民间艺术，推动其创造性转化、创新性发展提供理论支持；同时也为提升民族文化自信、增强国家文化软实力和中华文化影响力贡献力量。

　　在对宋韵青瓷进行考察和研究的过程中，笔者有幸得到中国美术学院周绍斌教授、陈淞贤教授、周武教授，河南大学王洪伟教授，扬州大学吴越滨教授，复旦大学郑建明教授，浙大城市学院杜正贤教授，丽水学院周晓峰教授，以及中国工艺美术大师徐朝兴先生、中国工艺美术大师卢伟孙先生、浙江省工艺美术大师雷慧仙等人的倾力指导与帮助，在此表示衷心的感谢！对学生王苗妙、赵怡鑫等在田野考察、成果梳理汇编、书中部分参考文献校对等工作中的辛勤付出表示感谢！

在书稿撰写与出版的过程中，得到中国大百科全书出版社的全力支持，同时得到了丽水学院科研处、丽水学院中国青瓷学院、中国（丽水）两山学院、浙江省博物馆、龙泉青瓷博物馆、南宋官窑博物馆、四川宋瓷博物馆、龙泉青瓷装饰纹样研究所等单位的关注和协助，在此一并致谢。

在撰写过程中，笔者借鉴了诸多与青瓷有关的权威数据资料以及专家、学者的研究成果，在此诚恳地表示感谢！由于本人学识疏浅，文笔与研究水平有限，在研究的深度、广度、体系构架等方面难免存在不足之处，敬请读者朋友、专家给予完善纠正，对存在的问题给予批评、指正！

雷慧珍

2025 年 5 月于丽水南明湖畔